珍藏本
纪念版

汉译世界学术名著丛书

伦理学与哲学的限度

〔英〕B. 威廉斯 著

陈嘉映 译

商务印书馆
SINCE 1897 The Commercial Press

2017 年 · 北京

Bernard Williams
ETHICS AND THE LIMITS OF PHILOSOPHY
Routledge Press，2006
本书根据罗特里奇出版社 2006 年版译出

汉译世界学术名著丛书
（120 年纪念版·珍藏本）
出 版 说 明

2017 年 2 月 11 日，商务印书馆迎来 120 岁的生日。120 年前，商务印书馆前贤怀揣文化救国的理想，抱持“昌明教育，开启民智”的使命，立足本土，放眼寰宇，以出版为津梁，沟通中西，为中国、为世界提供最富智慧的思想文化成果。无论世事白云苍狗，潮流左右激荡，甚至战火硝烟弥漫，始终践行学术报国之志，无改初心。

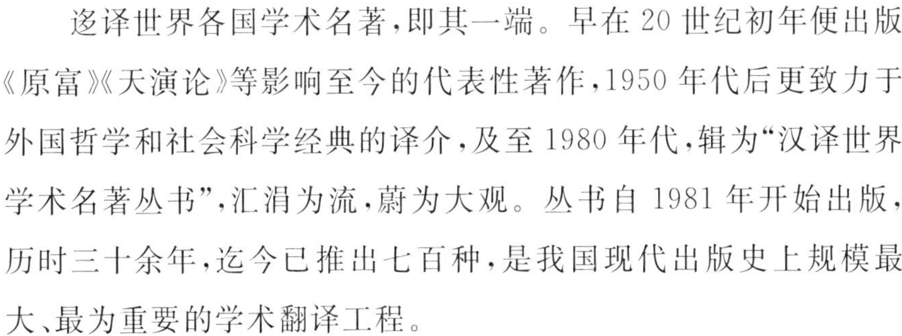

迻译世界各国学术名著，即其一端。早在 20 世纪初年便出版《原富》《天演论》等影响至今的代表性著作，1950 年代后更致力于外国哲学和社会科学经典的译介，及至 1980 年代，辑为“汉译世界学术名著丛书”，汇涓为流，蔚为大观。丛书自 1981 年开始出版，历时三十余年，迄今已推出七百种，是我国现代出版史上规模最大、最为重要的学术翻译工程。

丛书所选之书，立场观点不囿于一派，学科领域不限于一门，皆为文明开启以来，各时代、各国家、各民族的思想与文化精粹，代表着人类已经到达过的精神境界。丛书系统译介世界学术经典，引领时代思想，为本土原创学术的发展提供丰富的文化滋养，为推动中国现代学术和现代化进程做出了突出的贡献。

为纪念商务印书馆成立120周年，我们整体推出“汉译世界学术名著丛书”120年纪念版的珍藏本，寄望既利于文化积累，又便于研读查考，同时向长期支持丛书出版的译者、编者和读者致以敬意。

两甲子后的今天，商务印书馆又站在了一个新的历史时间节点上。我们不仅要铭记先辈的身影和足迹，更须让我们的步伐充满新的时代精神。这是商务人代代相传的事业，更是与国家和民族的命运始终紧密相连的事业。我们责无旁贷，必须做好我们这代人的传承与创造，让我们的努力和成果不仅凝聚成民族文化的记忆，还能成为后来人可以接续的事业。唯此，才能不负前贤，无愧来者。

商务印书馆编辑部

2017年10月

魅影消隐，

现实主义者心旌摇落，

初次看到现实，

那片空洞何其冰冷。

致命的否也

划出空洞而悲凉的终限。

悲剧却也许，再一次，已经开始，

萌生于想象力的新芽，

萌生于现实主义者的然也，

一声然也，因他不得不说：然也，

因在每一次否也之下

蛰伏着然也的激情，绵绵无绝。

—— 瓦莱士·斯蒂文斯："恶之美感"

若无品格，只好诉诸心术。

—— 加缪：《堕落》

目　　录

序　　言

本书讨论的主要是道德哲学实际上是怎样的，而非可以是怎 vii
样的；既然我认为它们实际上不像它们应该是的那样，本书自然会对现有哲学提出批评。本书还进一步追问：不管什么样的哲学，它在多大程度上能够帮助我们重建伦理生活？我将尝试表明，哲学至少能帮助我们理解伦理生活。我论述了哲学的现状，表述了我的不满。我希望，我这么做的时候同时引入了一幅伦理思想的画面以及与这幅画面相适应的一套想法，它们也都可能有助于我们思考伦理思想的画面可以是怎样的。

我愿一上来就简短地谈到两点。本书研究的主题是当代道德哲学，但我花了不少时间，尤其在前三章里，考虑古代希腊思想提出的一些观念，这似乎有点儿奇怪。这不只是哲学对其历史的虔敬。这里还有一个特殊的理由，我希望这个理由在本书的进程中会逐渐浮现出来（我将在“补论”里对它加以明确表述）。这里的想法当然不是现代世界对伦理思想的需求跟古代世界的需求没什么两样。正相反，我的结论是，现代世界对伦理思想的需求是没有前例的，而大一半当代道德哲学所体现的那些理性观念无法满足这些需求；然而，古代思想的某些方面，若加以相当的改造，却有可能满足这些需求。

 第二点关涉风格。本书的哲学,宽泛加以界定,无疑可以叫作“分析哲学”,本书所讨论的不少近世哲学也如此。我认为这的确只是个风格问题,若说它对内容有所限制,这种限制只来自一个一般的事实——风格注定会在一定程度上决定内容。与其他类型的道德哲学相比,分析哲学的道德哲学在内容上并没有什么独特之处。分析哲学区别于其他当代哲学之处(而非区别于其他时代的很多哲学之处)在于它的工作方式:它提供论证,做出特有的区分,采用比较平常的话语——如果它记得要努力这样做并最终做到了的话。平常话语之外,它明确区分晦涩和技术性。它永远拒斥晦涩,但认为技术性有时是必要的。挺奇怪的,它的有些敌手为这个特点恼火。他们希望哲学既深刻又易懂,为此,他们恼恨技术性,却坦然接受晦涩。

分析哲学一向说它的目标是清晰。它是否配得上这个主张,尤其是,是否唯独它配得上这个主张,我不那么有把握。我不打算在这里讨论这个,一部分是因为这些事绪讨论起来没完没了,此外也因为我不大在意人们是否把本书看作分析哲学——我只是认为人们会这样看。不过,我的确在意,它应该做到我所设想的“清晰”。有些论者把理性(reason)和清晰的理解解释为说理理性(discursive rationality),在本书中我多处表示,这样的解释损害了伦理思想本身,也扭曲了我们对伦理思想的认知。但我既然作为一个哲学作者提出这样的主张,它们若要有说服力,它们自己也最好是以一定程度的明述理性和论证方式呈现出来,这正是我努力去做的。无疑,我经常没有做到;很多内容,尽管我努力把它们讲清楚,却仍然晦涩。这一点我相当肯定。我不大肯定的是,某些内容仍然晦涩，是不是因为我尝试用这种特定的方式把它们讲清楚，但这种情况无疑也存在。

我感谢很多人为我提供了帮助，但若成果不佳则怪不上任何别人。我曾有幸受邀做过下列讲座，在这些讲座里，我曾提供过我对伦理学理论进行批判的各种原初版本：牛津大学布雷齐诺斯学院的特纳讲座，约翰霍普金斯大学的塔尔海默（Thalheimer）讲座，还有位于阿伯里斯威思的威尔士大学的格力吉诺格（Gregynog）讲座。在这些讲座中，我得以尝试给出了我对伦理学理论进行批判的各种原初版本。感谢每次讲座中在场听众对我提出的意见和批评。我还于1978年有机会作为人文学科的高级访问学者参加了在普林斯顿大学组织的一场道德哲学座谈，期间与很多人做过讨论，从中受益匪浅——尤其是从内格尔和斯坎伦那里。在很长一段时间里，德沃金是一位友好的、刨根问底而永不满足的批评家。杰佛里·霍松（Geoffrey Hawthorn）、德里克·帕菲特（Derek Parfit）、乔纳森·李尔（Jonathan Lear）、阿玛蒂亚·森读过这本书的部分或全部草稿，并提出了他们的建议，在此一并致谢。我也要感谢我的研究助理马克·塞克斯（Mark Sacks），感谢彼得·波比芝（Peter Burbidge）协助编写索引。

书前的诗句引自瓦莱士·斯蒂文斯（Wallace Stevens）的诗集，斯蒂文斯于1954年注册其版权，出版商艾尔弗雷德·A.克诺夫公司（Alfred A. Knopf，Inc.，New York）和费伯—费伯出版社（Faber and Faber，London）惠允在这里重印这些诗行。

英国，剑桥大学

第一章　苏格拉底问题

我们所谈的，可不是个无足挂齿的问题。苏格拉底说，我们在 1
谈论的是，人应该怎样生活。也可能是柏拉图报导他这样说——他在一本书里这样报导，那是关于这个话题最初写就的几本书之一。[1] 柏拉图认为哲学可以回答这个问题。像苏格拉底一样，他曾希望，一个人可以通过哲学理解为自己的生活制定方向，如果需要，就为自己的生活重新制定方向；是的，这里所说的理解是哲学特有的：普遍而抽象的，理性反思的，关心的是我们能够通过各种探究获知的东西。

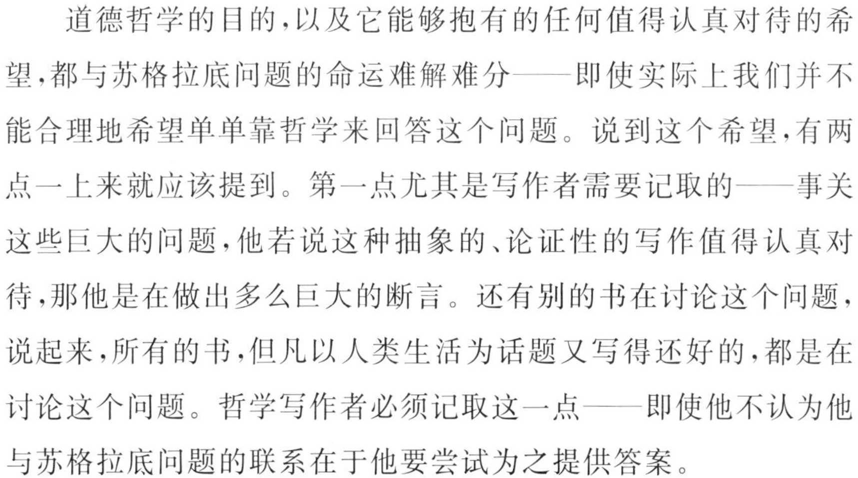

道德哲学的目的，以及它能够抱有的任何值得认真对待的希望，都与苏格拉底问题的命运难解难分——即使实际上我们并不能合理地希望单单靠哲学来回答这个问题。说到这个希望，有两点一上来就应该提到。第一点尤其是写作者需要记取的——事关这些巨大的问题，他若说这种抽象的、论证性的写作值得认真对待，那他是在做出多么巨大的断言。还有别的书在讨论这个问题，说起来，所有的书，但凡以人类生活为话题又写得还好的，都是在讨论这个问题。哲学写作者必须记取这一点——即使他不认为他与苏格拉底问题的联系在于他要尝试为之提供答案。

一上来就要提到的另一点是针对读者的。哲学能不能回答这

个问题，这是一件值得严肃考虑的事情。一个人们在大学里（但不
2 止在那里）研究的**专题**，一个积累了大量技术性文献的**专题**，怎么
竟可能为这么基本的人生问题提供回答，而我们竟还看得出它是
这个基本问题的回答？很难看出这怎么可能，除非像苏格拉底那
样相信，读者识认出这个回答，因为它是他原本可以对自己给出的
那个回答。但这怎么可能？这又怎么能跟存在着这样一个专题连
在一起？对苏格拉底来说，这不是一个专题；他只不过是在平平常
常地与朋友们交谈，他加以引用的（至少，怀有敬意加以引用的）作
者是诗人。仅仅一代人之后，柏拉图把道德哲学研究与数学这样
困难的学科连到一起；两代人之后，出现了专题论文，尤其是亚里
士多德的《伦理学》，直到今天，那还是一本最富启发的论著。[2]

有些哲学家会愿意回到苏格拉底所处的位置那里，从头开始，反思着追问常理和我们的道德关切或伦理关切，不为文本重负和哲学研究的传统所累。这个想法自有可称许之处，本书也打算在一定程度上尝试这样做：本书将以探究问题的方式展开，并希望把读者牵引进来。但在另一个层面上，没有根据可以认为，我们能够或应该甩开这个专题的研究史。一项探究之为哲学探究，在于反思的一般性，在于要求具有理性说服力的论证样式。很多敏锐的反思者曾劳其心力表述过讨论过这些问题，忘记这一点就太幼稚了。道德哲学面对的是这些而非那些问题，这是其历史和当今实际研究使然。此外还有一个重要之点：逻辑、意义理论、心智哲学等等其他哲学分支也有自己的研究传统，其中又包括某些技术性的内容。虽然除了数理逻辑，其他分支很难说有什么“成果”，但在这些分支的现状那里肯定有很多我们需要了解的东西，其中有一

些对道德哲学颇为重要。

我们还有一个理由:不能忘记我们是生活在当代而不是苏格拉底的时代。哲学是反思的,哲学从日常实践和争论退开一步来界说和批判日常态度;在苏格拉底和柏拉图那里,这些都是哲学特有的态度。而在现代生活中,反思无处不在,高度的自我意识对各种生活建制都是很基本的,这些品质不再成其为把哲学跟其他活 3
动区分开来的主要特征。就说法律吧,它越来越意识到自己是一种社会创制;再说医学,它被迫认识到自己既是疗治,也是企业和应用科学;更不说虚构作品——即使那些再大众化的虚构作品也需要自觉其为虚构。在现代世界中,哲学无法再声称反思性为其特有,虽然它也许能够以特有的方式来运用反思。

本书将尝试勾画出道德哲学最重要的那些发展,但所取的方法是沿着在我看来最富意义的一些方向来探究这些发展都有些什么问题。我希望本书对他人论著的阐述是准确的,但当然也只能是选择性的。这倒不只是因为我对道德哲学这个主题的阐论将不同于别人所作的阐论(想来必定如此——若本书还值得一读),这也不是本书有多大代表性的问题;这更多是因为我不会一味关心它有多大代表性。就当今学界——至少在英语世界里——讨论这个主题的种种常见进路而言,至少在一个方面,本书没有代表性。比起大部分当今道德哲学,本书对哲学具有多大力量抱有更多怀疑,它对道德也抱有更多怀疑。

道德哲学的目的应该是什么,这依赖于其结果。因为它的探究是反思性的,一般性的,它关心哪些东西是可知的,因此,它必须给出一种阐释来说明回答苏格拉底问题必须加以考虑的一些问题:科学知识能发挥哪些作用;纯粹理性探究能带我们走多远;在不同社会里提出这个问题,回答距预想会差多远;说到头来,有多少内容必须留待每个个人去决定。像这样,哲学反思不得不考虑,回答这个问题或任何实践的、不那么普遍的问题都涉及哪些方面,不得不询问,它可以调动的是哪些心智能力与哪些知识形式。在这个过程中,不得不加考虑的一件事情是哲学本身的位置。

4 这里似乎有个循环:在追问可以怎样回答苏格拉底问题之际,哲学将决定它自身在回答中的位置。这不是循环而是推进。无论从哪个角度来看待哲学,哲学都是从它可以且应该提出的问题出发的——这些问题问的是我们有哪些可能的途径来发现怎样过上最好的生活;从这些问题出发,在探问的过程中,它逐渐看到它自身在何种程度上可以为这种发现提供助益,这包括采用分析和论证这些论辩式的方法,以批评方式表现不满(critical discontent),以想象方式比较各种可能性——哲学正是要把它这些最具特征的内容添加到历史的个人的知识之上,添加到我们的这类日常知识资源之上。

苏格拉底问题是道德哲学的最佳起步之处。它优于"我们的职责(duty)[①]是什么?"或"我们怎样可以是善好的?"甚至优于"我们怎么样能够幸福?"这几个问题都把太多的东西视为理所当然,然而,理所当然的究竟是什么,却并非人人看法一致。说到最后,这个问题,有些人,例如那些要从第一个问题起步的人,会认为它把起步之处弄错了,因为它忽视了道德特有的那些维度;而另一些

① duty 也许可以更宽泛地译作"责任",但我们把"责任"留作 responsibility 的译名。——译者

人可能简简单单地认为它过于乐观了。在这些方面，以及在其他很多方面，苏格拉底问题是中立的。但若以为它不把任何东西视作理所当然，那就错了。我们首先要做的就是问一问苏格拉底问题都涉及哪些东西，以及我们若认为这个问题问得有意义我们需要先认定多少东西。

“一个人应该怎样生活？”[1]——“**一个人**”这个用语的一般性已经含有某种主张。而希腊语的相应表达甚至还不是“**一个人**”：这个句子是无人称的。此中蕴含的意味是，某种重要的或有用的东西是可以一般地对任何一个人说的，而这又意味着可以说出某种一般的东西，这种东西涵盖或塑造所有个体性的志向，即每个人自问“我该怎样生活”之际有可能用来回应的志向。（在这种一般性里不难发现一个更广泛的蕴含：这个问题自然而然把我们从自我的关切那里引开。我们后面将回到这一点。）苏格拉底问题在几个方面超出我们平常所问的“我该怎么办”，这是一个方面。另一个方面是，它不是眼下直接的发问，它问的不是我现在或接下来应该做什么。它是关于生活方式的发问。希腊人深深刻有这样的想法：这样的问题问的一定是人的整个一生：良好的生活必须是这样 5
一种生活——到生活结束的时候，人将看到这一生过的是良好的生活。有的人生活得花团锦簇，后来却被命运击得粉碎，有些希腊人——苏格拉底是其中最早一批中的一个——对命运的力量印象

① How should one live? 我们一般译作“人应该怎样生活？”但鉴于后面的讨论，我们在这里不得不译作“一个人应该怎样生活？”——译者

深刻，于是去寻找对生活的理性设计，藉以把命运的作用减到最少，最大限度地造就不受运道影响的生活。[3] 这同样也是后世思想的目的之一，尽管它们的形式不同。在这个十分一般的层面上，人必须思考的是人的**整个一生**，这个想法对我们中的某些人也许不像对苏格拉底那么势所必然。但他的问题的确至今仍在把一项要求压到反思上：从**整个一生**来反思人的生活，从所有方面来反思，把反思贯彻到终了，即使我们不再像希腊人那样极其看重一生是怎样结束的。

我们翻译成"**一个人应该**"的这个希腊短语不仅没提到它所涉及的生活是哪个人的生活，它也完全不曾指定要从哪个方面来考虑这个问题——这有很大的好处。"我应该怎样生活"并不意味着"我应当怎样道德地生活"。由于这个缘故，作为起点，苏格拉底问题不同于我刚才提到的那些关于义务或关于人怎样作为善好之人去生活的问题。它有可能等同于关于良好生活、值得去过的生活的问题，但这个概念本身并不包含鲜明的道德要求。结果有可能像苏格拉底所相信的那样，像我们大多数人所希望的那样，良好生活正是善好之人的生活（苏格拉底相信，**必定如此**；我们大多数人希望，**可能如此**）。但果若如此，这也是个有待得出的结论。**应该**只是**应该**，就这个词本身来说，它在这个极为一般的问题里并没有什么不同于它在"我现在应该怎么办"这种普普通通的问题里。

有些哲学家认为，我们的出发点不能是这样一个一般的、不确定的现实问题，因为"我应该怎么办"、"我怎样才能过上最好的生活"以及诸如此类的问题是**含混多义的**，同时包含道德含义和非道德含义。依这种看法，碰到这种问题，我们首先要做的是去确定它问的是这两种不同事情中的哪一种，否则我们甚至无法着手回答它。这是错的。意义分析并不要求把“道德”和“非道德”视作意义范畴。当然，一个人说另一个人是“好样的”，我们可以问他，你意
谓那人在道德上善好还是意谓——例如——那人在军事突击行动 6
中是好样的？“好”的确能有这些不同解释，但这并不使得“好”或“好样的人”产生出一种“军事上的”意义（或“足球上的”意义等等），同理，也并不使得这些语汇产生出道德上的意义。

当然，在一个给定场合，我们可以问：“从伦理角度来看我应该怎么做”或“从我自己的利益角度来看我应该怎么做”。这类问题要的是审思的一个分支所得出的结果，这时，在与这个问题相关的种种考虑中，我们检视一类特殊的考虑，想想这类考虑单独说来会支持什么结论。同理，我可以问如果只从经济方面或政治方面或家庭方面来考虑的话我应该怎么做。但最后，有一个问题是：把各个方面都考虑进来我应该怎么做？说到最后，只有一种问题，那就是一般说来我应该怎么做——苏格拉底问题是这样发问的一个很一般的例子，而道德考虑是回答这个问题时的一种特定类型的考虑。[4]

在这里以及在此前我都提到了“道德”考虑，我是在一般意义上使用这个词的，它对应于我们这个课题的一个改易不了的名称：道德哲学。但这个课题还有一个名称：伦理学。与之对应的是伦理考虑这一概念。从起源上说，这两个用语的区别在于一是拉丁语一是希腊语，它们都意指**性向或习俗**。它们的一个区别是，“道德的”所自的那个拉丁词更多强调社会期待这层含义，而“伦理的”

所自的那个希腊词则更偏重个体品格。但到现在，“道德”这个词的内容变得愈益独特鲜明，我将建议，我们应该把道德理解为伦理的一种特殊发展，这种发展在近代西方文化中具有一种特殊的意义。它的奇特之处在于格外强调多种伦理概念中的某一些，尤其注重于发展一种特殊的义务概念。它还有某些奇特的预设。由于上述特征，我相信，道德是我们应该特别抱以怀疑态度来对待的东西。所以，从现在起，我将多半把“伦理”一词用作广义的名称来指称这一课题一向讨论的内容，而用“道德的”和“道德”来指称那个较为狭窄的系统。这个系统的奇特之处我们后面再谈。

7 我不打算定义准确来说什么算是一个伦理考虑，但我会说说伦理这个概念都包含些什么。这个概念有点儿含糊，这没什么关系。实际上，是**道德**这个特殊系统要求为自己划出一条鲜明的界线(例如，要求分出语词的“道德”含义和“非道德”含义)。这是它那些特殊的预设带来的要求。伦理没有这些预设；我们能看到落入伦理概念范围里的都有哪些考虑，同时我们也能看到为什么无须明晰界定这个范围。

落入伦理范围之内的一样东西是义务概念。平常视作义务的是一套相当驳杂的考虑，我后面(在第十章)会讨论为什么会是这样。一个熟悉的类型是我们自己给自己带来的义务，突出的例子是做出许诺。此外有职责观念。这个词今天最熟悉的用法大概相对狭窄，跟某一制度连在一起，在那里列有一张职责清单。在这个范围之外，职责典型地与身份、地位、关系相联系，例如，如布拉德雷在一篇著名论文的题目中所称的，那些来自当事人所在岗位的职责。[5] 一个工作岗位要求特定的职责，这里，工作可以是当事人自愿选择的；但一般意义上的职责，以及守诺义务之外的大多义务，并不是当事人自愿招来的。

康德以及那些受他影响的论者认为，一切真正的道德考虑归
根到底在深层面上依据于行为者的意志。人们不能只因为我在社
会中的位置，例如事实上我是具体谁的孩子，**要求**我以某种方式行
为——如果这里的要求是**道德要求**而不只是反映某种心理上的强
制或社会的、法律的制裁。以道德方式行为是以自主方式行为，而
不是社会压力的结果。这在相当程度上镜映出道德这个子系统特
有的关切。与此相反，一向以来，在所有社会里，人们都认可这样
一种伦理观念：只因为我是这个人，只因为我处在这个社会环境
中，就可以对我提出这样的要求。我们今天的社会仍然认可这样
的观念。也许，当今西方社会中有些人不愿意接受这种考虑，但以
往，这差不多是人人都接受的；并没有什么必然的道理强求说，这 8
类要求经理性查验后都须予以摒弃或转变成自愿的约束。这种强
求，像道德专有的其他特征一样，与现代化进程紧密联系：在法律
关系的世界里，迈纳（Maine de Biran）曾把这个进程称作从身份
到契约的转变，而上述强求则是从伦理角度来理解同一个进程。
这一强求还对应于一种进入到了伦理关系之中的、改变了的对自
我的认知。[6]

义务和职责往回看，或至少是往侧面看。它们所要求的行为——如果正在审思的是怎么做——位于将来，但这些行为的理由则在于我已经做出的承诺，我已经承担的工作，我已经据有的地位。另一类伦理考虑则向前看，看的是行为给我带来的后果。这类考虑的一般形式不妨说是“那会是最好的结果”。理解这种形式

的一种途径，在哲学理论中格外重要的一种途径，是用人们在何种程度上得到了他们想要的东西，在何种程度上使人们幸福，或诸如此类的考虑，来衡量何为**最好**。这是福利主义或功效主义的领地（我将在第五章、第六章讨论这类理论）。但这只是其中一个版本。E.G.摩尔倒也认为那种向前看型的考虑是重要的，不过，他把满足之外的一些物事也视作良好后果，例如友谊和对美的感知。正由于这一点，他的理论对布鲁姆斯伯里小组[①]富有吸引力：它巧做安排，既拒斥了职责的僵固又拒斥了功效主义的俗气。

还有另一类伦理考虑，这些考虑把一项行为刻画为具有某种伦理意义的行为。我们会因为一项行为的伦理特征选择它或拒斥它。被当作伦理特征的东西范围甚广；我们拒斥一个行为，也许因为它是，例如，偷窃或谋杀，或因为它是骗人的或可鄙的，或没有那么严重，因为它会让人失望。这些描述——类似的描述有很多——在不同层面上起作用；例如，一个行为可能因为它是骗人的因而是可鄙的。

我们会在这些描述的名下选择或拒斥一项行为。与这些描述
9 密切相关的是各种德性。德性说的是一种品格的性向，它因为某项行为与伦理相关的特征去选择之或拒斥之。“德性”这个词往往连上了某种滑稽意味或别的不佳意味，除了哲学家很少还有人使用它，但没有哪个别的词合用，道德哲学非用到它不可。我们会希望它能恢复其本来含义，重新获得令人尊重的用途。它本来的用

① 也称“布鲁姆斯伯里文化圈”，20世纪上半叶著名的文化人圈子，著名作家伦纳德·伍尔夫、著名经济学家梅纳德·凯恩斯都是圈子中人。他们对摩尔和罗素的哲学也深感兴趣。——译者

法意指伦理上可钦慕的品格性向。它涵盖很广的一类特征，不过，这个类别，像这类话题那里常见的，没有确切的边界，也用不着划出确切的边界。有些可欲的个人特质显然不算德性，例如具有性吸引力。这可以跟性情相关（有些人因其性情而具有性吸引力），但未必是德性，实际上，那像有人唱歌时音调绝准一样，并不被我们认作德性。此外，单纯有技能也够不上德性，因为德性包含欲望和动机方面的特性样式。一个人可能是个出色的钢琴家却没有弹琴的欲望，但若一个人慷慨或公正，这些品质本身就有助于确定在适当的场合他会要去做什么。

但这不是说德性从来不可能被误用。显然可能被误用的一类德性是所谓执行力方面的德性，例如勇敢或自制，它们更多在于协助实现另一些目标，而非自身就包含目标。尽管如此，它们的确是德性，是品格方面的特点，就它们怎样联系于本身之外所追求的目标而言，它们不同于单单掌握某种技能。依苏格拉底，德性不可能被误用；实际上，他的观点甚至比这更强：人绝不可能因为他有某种德性而结果他的所行所为还不如他没有这种德性。这使他能够前后一贯地认为，根本说来，只存在一种德性，即做出正确判断的能力。在这些想法上，我们不必跟随他。更重要的是，在促成这些想法的动机方面，我们不应该跟随他——苏格拉底的动机是在个体生活中寻求一种**无条件的**善好，在一切可能环境中都是善好的东西。这种寻求在现代也有其相应表达，我们在一味关注道德的学说那里将遇上这样一种表达。

德性概念是道德哲学里的传统概念，但有那么一段时间无人问津。近年来，有几位作者在他们的工作中正当地强调这个概念 10

的重要性。[7] 人有某种德性，这将影响他怎样审思。不过我们得看清楚它通过怎样的方式影响审思。一个重要之点是，德性话语本身通常并不出现在审思内容之中。一个人具有某种具体的德性，他因为某种行为符合某种描述而为之，因为某种行为合于另外一种描述而不为之。我们用刻画这种德性的语词来描述这个人以及他或她的行为：他或她是个公正的人或勇敢的人，做出了公正的或勇敢的事情。然而，我们这里要说的是，尽管这种描述适用于行为者及其行为，但行为者很少会基于对事情的同样的刻画来选择他或她的行为。说到公正，的确，一个人公正或公平，那他是基于某些行为是公正的所以选择去做这些行为，因为某些行为是不公正不公平的所以拒绝去做这些行为；不过，像“公正”这样的例子不多。勇敢者通常不是因为要做到勇敢而选择去做勇敢之事；更广为人知的是，谦逊之人并不以谦逊之名行事。仁慈之人、善良之人行仁慈之事，但他们在其他描述的名下行事，例如，“她需要这个”，“这会让他高兴”，“这会消除痛苦”。关于德性的描述并不是出现在考虑之中的描述。此外，突出的是，并没有一个伦理概念能够刻画一个具有特定德性之人的审思。倒不如说，如果一个行为者有某种特定的德性，那么，某些事情就会因为他或她有这种德性而对他或她成为伦理考虑。有些伦理考虑在有德性之人那里分量很重，而从这些考虑进到去描述这种德性本身，其间的道路崎岖多折，这条道路既要由自我意识的影响来界定，又由于自我意识的影响而满途坑陷。

德性作为一个伦理概念不大受人欢迎，恐怕实际上也与自我意识的这种影响有关。关于德性的讨论曾特别关注**德性培育**。用

第三人称形式来从事德性的培育——不一定顶着“德行培育”这个
名称——是很常见的：在社会化过程那里，在道德教育那里，或就
说在一般教育那里，它都构成了很大一部分。然而，采用第一人称
来做这些，德性培育就难免让人起疑，疑心那是自大或自欺。这主
要倒不在于这样思考问题是在思考自己而不是在思考世界和他
人。某些伦理思考，尤其是自我批评类型的思考，当然要思考自 11
己。近来，不止一位作者强调，我们具有二阶欲望的能力十分重
要——它们是对某些欲望的欲望，[8] 这种能力对伦理反思和实践
意识都有重大意义。而对满足二阶欲望的审思尤其突出地会导向
自我。把德性的培育视作第一人称的，视作审思性的实践，其问题
毋宁在于你的思考在自我导向上还做得不够。用德性的语汇来思
考自己可能处在何种状态并不就是在思考你的行为，它不同于去
思考那些你可以或应该特特以之思考你的行为的语汇：它倒更多
是去思考别人就你怎么思考你自己的行为会做出何种描述或评
论，如果这表现了你的审思的主要内容，那它实实在在像是把伦理
考虑引向了错误的方向。然而，所有这些告诉我们的，并非德性不
是重要的伦理概念。而是：伦理概念的重要性并不在于它本身是
第一人称审思的内容。慷慨之人或勇敢之人的审思，还有那些努
力变得更慷慨些更勇敢些之人的审思，有别于不慷慨不勇敢之人
的审思，不过，区别却主要不在于前者用慷慨或勇气这类语汇来思
考他们自己。

上述这些是伦理概念和伦理考虑中的几个种类。哪些种类的考虑与行为有关同时却**不是**伦理考虑？有一个候选项很显然：那

些仅仅联系于舒适、刺激、面子、权力以及当事人的其他好处的自我中心考虑。人人都了解这些考虑和伦理考虑之间的反差，这一反差基于某些显然合情合理的想法——关于为什么要有伦理实践、伦理实践在人类社会中充当何种角色的想法。但即使在这里也需要做出某些区分。一个区分只是字面上的。我们在讨论的是“人应该怎样生活”这个苏格拉底问题，而自我中心，在不加修饰的、赤裸裸自利的意义上的自我中心，再怎么说也仍然是这个问题的一种可理解的回答，尽管我们大多数人出于本有的性向会拒斥
12 它。“伦理”这个词可以有一种用法，用来指任何生活样式，只要它能够为苏格拉底问题提供可理解的回答。依这种用法，即使最赤裸裸的自我中心也可以是一种伦理选择。我不认为我们应该采纳这种用法。我们对伦理有一种理解——尽管一开始十分模糊——那就是它与他人有关，它把他人的要求、需求、主张、欲望以及一般说来把他人的生活与我们及我们的行为联系在一起。我们后面会把一类考虑称作伦理考虑，在这类考虑那里，保留对伦理的上述理解是有益的。

然而，自我中心可以多走一步，超出这种赤裸裸的形式。有一种关于我们该怎样行为的理论，它有个相当让人困惑的名称：**伦理自我中心**。它主张每个人都应当追求他或她自己的利益。它有别于赤裸裸的自我中心，因为它是一种反思性立场，采取一种一般观点来看待人们的利益。我们是否像它自称的那样把它称作一个伦理系统其实不怎么要紧。重要的问题是它以何种方式影响“某种**伦理考虑**”这个观念。乍一看，它似乎对此没啥影响，因为它说我们每个人都应当依非伦理考虑来行动。如果它说的不过是这个，

那它看起来只是个教条：如果人们实际上依自我利益之外的考虑行动，有什么可以表明他们那么做是非理性的呢？这种观点更可能做的实际上是把伦理考虑的角色置于**未决状态**，询问那种不基于自利考虑的生活是怎样联系于自利的。

还有另一种主张，看起来很像上一种而实不同。它也主张某种普遍的东西，说**应当出现的事态**是人人都追求他或她自己的利益。事涉我们在行为中要把哪些考虑包括进来，这种主张的影响多半颇不确定。它可能引入某种在日常意义上是伦理性的考虑。如果我认为应当出现的事态是人人都追求自己的利益，我有理由去做的事情之一也许是促进这种事态，而这可能包括我帮助他人去采纳这一策略。这一路做法很可能与我直截了当追求自己的利益相冲突。

实际上很难单单持守“应当出现的事态是人人追求自己的利益”这种看法。更自然的是用另一种考虑来支持这种看法，即：**最** 13
好是人人都这样做。这种考虑可能取这样那样的形式，例如，它可能主张，要努力去善待他人只是把事绪搅浑而已。谁要是这样立论（或这样认为），他实际上又接受了另外一些伦理考虑，例如，但凡人得到他所要的，那就是件好事；此外他还相信，要让尽可能多的人尽可能多地得到他们所要的东西，最好的办法是每个人都追求他或她所要的。这当然就是19世纪前期自由放任资本主义鼓吹者所主张的东西。甚至到20世纪后期还有人这样主张，尽管事实很显然：任何经济系统都依赖于社会里有些人具有超越自我利益的性向。说不定这个矛盾有助于解释为什么有些自由放任鼓吹者喜欢道德说教，不仅说给那些未能好好追求自己利益的人，也说

给那些追求得蛮起劲的人。

我们是在拿伦理考虑跟自我中心考虑对照。但一个人要的不会是另一个人的幸福吗？当然会。那么，自我中心岂不就与所谓的伦理类型的考虑重合了，我追求我所要的就与关心另一个人的幸福重合了？是的，但这一点没多大意思，除非在更一般更系统的意义上自我中心考虑与伦理考虑相合。我们在第三章将考虑良好生活的基础，那时我们将讨论这个问题。

从以上所说的可以看到，关于伦理的观念，即使模糊，却仍是有实质内容的；它不只是个纯形式的概念。关于这一点，可以对照另一类非伦理考虑得到例证。这类非伦理考虑可称之为**反伦理的考虑**。反伦理动机是具有重要意义的人类现象，它们以多种形式出现，这些形式由它们在正面的伦理动机中的相应项界定。这类动机中我们最熟悉的是恶意，它经常和行为者的快感连在一起，人们通常也认为那是它的自然形态。但也存在一种纯粹的、无私的恶意，一个人抱有这样的恶毒，甚至不必亲自在场来享受他所愿望的伤害。这种恶毒有别于反公正（counter-justice）——这说的是那种因任性的不公平而生的快乐。这种反公正牢牢寄生于它的伦
14 理对应项，这是说，反公正才获得自己的方向，首先需要仔细地确定何为公正。恶意却不尽如此，它用不着先等仁爱有了一番作为才知道自己该怎样施展，情况倒更像是，恶意和仁爱从同样的感受性出发，分别行向两个相反的方向。（这就是为什么像尼采评论的那样，残忍须像同情一样富有感受性，而残暴则无须如此。）还有另一些反伦理的动机，它们并不寄生在伦理考虑的结论上，而是更多寄生在声誉上或珍视自身伦理形象的感情上。可以想见，这尤其

会涉及德性。一种行为是懦怯的，一个行为者很少会出于这种考虑而去做这种行为，但这种考虑有可能以反伦理的方式服务于自取其辱的受虐倾向。

我前面谈及自我中心考虑和超出自我的考虑，例如仁慈或公平。但这里还有一个问题——它已经表明对伦理学关系重大：这类考虑超出自我要超出多远？你只考虑你的家庭、社群、民族的利益和需求，这算伦理考虑吗？这类局域性的忠诚肯定提供了人众生活的经纬以及——这么说似乎没错——伦理生活的评审厅。然而，还有一些伦理要求，只有普世的关切才能满足它们，这种关切必须扩张到整个人类，甚至要超出人这个物种。道德这个子系统格外在意培养这种关切，乃至人们常常会认为，一种关切若达不到这种普世性就算不上是真正道德的关切。

对道德来说，伦理的选区从来是一样的：它是普世选区。效忠于较小的群体，忠实于家庭或国家，这些都是由外到内得到辩证的，这种论证要表明的是，人们具有够不上普世性的那种效忠为什么会是好的。（我将在第五章和第六章考虑这类进路的动机及其危险；并考虑关于何为普世选区的一些不同的既有阐论。）在较为日常的层面上（道德评论家会说，在较欠反思的层面上），伦理的位置会在一组对照的两端之间移动。相对于我的个人利益，市镇的 15
利益或民族的利益可能表现为一种伦理要求，但若伦理要求来自更大尺度的共同体，我们就可能把市镇的利益视作自利。这只是因为仁慈或公平总有可能针对自利伸张它的要求。**我们**，正像**我**一样，代表的可能是自利；我们是谁，这依赖于每一具体情境下共同体的尺度有多大，依赖于一组特定对照的边界在哪里。

我提到了几种伦理考虑以及不止一种非伦理考虑。传统哲学在这两个方面都显示了还原这些多样性的欲望。首先，它倾向于认为所有非伦理的考虑都可以还原为自我中心主义这种最狭窄的自利形式。事实上，有些哲学家要把这个也进一步还原为一种特殊类型的自我中心兴趣：追求快感。尤其康德，他认为，一项行为只要不是来自道德原则，那它就是为了给行为者带来快感。这种看法须区别于另一种想法，它认为一切行为，包括因伦理理由所做的行为，同样都是由追求快感促动的。这种理论，心理快乐主义的理论，进退失据：它要么显而易见是错的，要么——如果它干脆把行为者有意所为之事统统等同于行为者所期待的快感——那它就只是无聊空洞的主张。但不管怎样，说到伦理与非伦理的区别，这种理论没有什么特别可说的。如果心理快乐主义有什么真正的有意思的版本，那些由非伦理动机促动的行为就没必要构成寻求快感活动的一个特殊类型了。另一方面，康德的观点则对上述问题有的可说，因为它认为独独是道德行为摆脱了心理快乐主义；但这种观点肯定是错误的。[9] 如果我们没有受到这样一种理论的影响，那我们就能接受一个显而易见的事实：存在着不同种类的非伦理动机，而且，逆对伦理考虑而动的动机也不止一种。[10]

有一个时期，道德哲学的关切主要不是集中在什么是正确的
16 做法、什么是良好生活这些问题上（人们以为这类问题的答案显而易见），而是更多地集中在怎样才能克服自私和快感这类动机，获得追求良好生活等等的动机。与那个时期相比，把所有非伦理考虑都还原为同一种类型的欲望现在不那么强烈了。但另一方面，把所有**伦理考虑**都还原为同一种类型的欲望却不减其强烈；形形

色色的理论试图表明这种或那种伦理考虑是基本的，其他种类的伦理考虑须据以得到说明。有些理论把义务或职责视作基本概念；它们并不否认，我们会把某项行为很可能带来最佳后果这件事或诸如此类视作一种伦理考虑，但这些理论提出，要这样来解释我们何以有这种看法：那是因为我们在种种义务之中有产生最佳结果这样一种义务。这种类型的理论被称作“**道义论的**”。（人们有时候说这个词来自指称义务的古希腊语词。古希腊没有指称义务的语词。它所自的那个希腊表达式的意思是：一个人**必须去做**之事。）

与这些理论形成对照，另一些理论把产生可能的最佳事态放在首位。这类理论常被称为“**目的论的**”。其中最重要的一种理论把良好结果等同于人众的幸福或人众得到他们所要的或所偏好的。我已经说过，这一种理论被称作功效主义，虽然，有些论者，例如摩尔，也把这个名称用于更广意义上的目的论系统。[11]这一类还原式理论中，有些只是告诉我们，如果我们采用理性的眼光，或最真实地对待我们的伦理经验，我们就能看到上述同等关系。另一些则更加大胆，它们声称可以从我们的话语的意义中发现这类关系。于是，摩尔申称“正当的”本来就意指“产生最大的善好”。[12]摩尔的哲学有一个特点，那就是它总是做出谦虚谨慎的模样，行文立论套上一重重限制，但这并不曾妨碍它大错特错；这里，它申称为语词意义的东西，简简单单就是错的。更一般地说来，如果这类理论采纳的是描述性的形式，意在阐论我们在现实中把什么等同于什么，那么，这些理论同样都是被误导的。我们采用各不相同的伦理考虑，它们互相之间有真实的区别；这也是我们应该预料得到

的，不说别的，至少是因为我们有一个长久的复杂的伦理传统，它由多种多样的宗教来源和其他社会来源汇流而成。

17 如果还原的做法要做的是意在描述的工作，像人类学那样，那么，它干脆就是脑子糊涂。不过，这项工作也许另有目标。它也许尝试在较深层面上为我们提供关于伦理物事的理论。但我们仍然不清楚为什么那样的目标就一定要鼓励我们还原到一些基本的伦理概念。如果确有关于伦理物事的真理——我们也许可以说，伦理真理——为什么要期待这个真理该是简单的呢？这尤其是说，为什么伦理真理在概念上是简单的呢？为什么要只使用义务或良好事态这样一两个概念而不是使用多个概念？也许我们需要多个概念，需要多少就使用多少。

我们只有在伦理学理论的另一个目标那里才能发现人们为什么要还原我们的伦理概念——他们不只是要描述我们怎样思考伦理生活，而是要告诉我们应该怎样去思考。后面我将争辩说哲学不应尝试提供伦理学理论，尽管这并不意味着哲学不能对伦理信念和伦理观念提出批评。我将主张，在伦理学中，还原事业得不到辩护，应该隐退。然而，我眼下不过是要强调还原是需要为自己辩护的。大批道德哲学眼都不眨就从事还原，可除了这种做法行之已久而外并无其他理由。

此外还有一种还原论动机，它不单单涉及伦理考虑也不单单涉及非伦理考虑，而是要把所有考虑都还原为同一个基本类型。这种动机背后是关于理性的一个预设，大意是说，除非我们能找到另一类考虑，能用它来比较这两类考虑，否则我们就无法理性地权衡这两类考虑。这一预设既十分强势却又完全没有根据。且不说伦理考虑吧，我们能拿（例如）美学考虑来跟经济考虑权衡比较，但这却不是在实际运用经济考虑，也并不是把这两类考虑都当作第三类考虑的例子。政治家知道，他并不总是在政治考虑和某些用同种材料做成的另一些考虑之间折冲权衡；不同的政治考虑本身甚至也可以是用不同的材料做成的。我们比较两种工作，两个度假计划，两本手册，这时我们不需要另有一套砝码来权衡判断。

这不只是一种智识上的错误。否则，既然人们的经验与之冲 18
突，既然人们并不曾使用同一种货币充当参照却也通常得出他们视之为理性的或至少是合情合理的结论，这种错误就不可能存续至今。这种**对理性的理性主义认知**，其驱动力来自现代世界的一些社会特点，它们从对公共理性的一种特殊理解那里抽出一个模式，把这个模式硬加到个人审思之上，硬加到实践理性本身之上。这种理解原则上要求每一个决定都要基于能够以说理方式得到说明的理据。这种要求实际上并未得到满足；若说其目的在于让权威应当真正负起责任，这种要求对此目的恐怕也甚少助益。但这是一种影响深广的理想，把因果顺序倒转以后，它看上去像是在把理性的某种独立理想应用于公共世界的结果。关于这个理想，我们后面将有更多的讨论。[13]

让我们回到苏格拉底问题。作为个人的实践问题，这个问法可谓志向高远。与之对照，这类问题中最直接最简单的是："我该怎么做？"或"我要怎么做？"我们讨论过的各种伦理考虑和非伦理考虑都参与回答这样的问题。它的回答，审思的结论，是这种样子的："我将做……"或"我要做的是……"——这是对意图的表达，表达了我通过审思形成的意图。临到行动之际，我也许没有付诸实现，但之所以没有，是因为我忘掉了，或受到妨碍，或改变了主意，或因为（也许我后来看到）那其实不是我当时的真正意思——它并非我审思的真正结论，或并非真正的审思。如果一有结论即须付诸行动，这些改变的余地就不大了，这时，我得出了这样一个回答却不马上去做我刚刚说我马上要去做的事，就成了自相矛盾。

“我应该怎么做”这个问题则为想法与行动之间留下更大空隙。这里，适当的结论是“我应该做……”，但这时有好几种可理解的方式加上说“……但我不要这样做”。**应该**把注意力引向我这样
19 做而不那样做的理由。“我应该……但我不要这样做”的通常功能是把注意力引向某些特殊类型的理由，例如，伦理理由或审慎理由，这些理由格外适合于讲给别人听——因为它们可用来为我的行为辩护，例如，让我的行为适配于他人的行动计划——但结果它们对我自己此时不是最强的理由；最强的理由是我非常想要做另一件事。想要做某事当然是做这事的一种理由。[14]（这个理由甚至可以用来向他人为自己的行为提供辩护，虽然在有些情况下它行不通，尤其在事涉公正的时候。①）所以，在这类情况下，把所有因素都考虑在内，我认为我最有理由去做的就是我非常想要做的事，如果**我应该**指的是我最有理由去做的事，那这就是我应该去做的事。这里还有一个问题，一个更深的问题：即使我认为我最有理由做某事，我会不会有意地、未曾受迫地没有去做？自从亚里士多德为这种现象起了个名称，它就以 *akrasia* 问题为人所知。[15]

① 译文失去了 justification（辩护）与 just（公正）在字面上的联系。——译者

于是，苏格拉底问题就意谓“人怎样去最有理由地生活?”我前面说这个问题里的**应该**的效力无非是**应该**而已，我是说这个问题并不曾预先预设哪类理由具有压过另一类理由的优势。我尤其是说，这里并没有给予那些值得敬重的辩护理由以特殊的考虑。举例来说，如果伦理理由在答案中占了大分量，那这并不是因为问题本身就已经特别地把它们挑选出来了。

不过，苏格拉底问题的确有某种奇特的重点：它问的不是在任何实际的具体的场合里怎么做，它与这类问题保持一定距离。它问的是一般意义上的怎么做，因为它问的是怎么生活；在某种意义上它还是个无时间性的问题，因为它吁请我不是从我生活的哪个具体节点去思考我的生活。基于上述两点，它是个反思性问题。这并不决定答案，但的确影响答案。在特定时间特定境况中回答一个实践问题，我会格外关心我**当时**要的是什么。我问苏格拉底问题却不是在一个特定时间发问——或不如说，我实际上提出这个问题的那个时间点与这个问题没有特定的联系。所以，这个问题本身就促使我采取更一般的实际上也是更长远的眼光来看待生活。这一点并不决定我的答案是长远的审慎。对这个问题的回答 20
仍可以是：对我来说，最好的活法就是什么时候都是当时想要什么就做什么。不过，如果我确有不够审慎的弱点，苏格拉底问题很可能把它暴露出来。

此外，苏格拉底问题是**人人的**问题。这当然不是说，一个个别的人问这个问题的时候，它是关于每个人的问题；这时，它是关于那个人的问题。不过，当这个问题以苏格拉底的方式向我提出来吁请反思的时候，“它可以对任何人提出来”这一点将是反思的一部分，因为这一点是构成这个问题的知识的一部分。既然这个问题是这样构成的，那么，它就很容易从无论谁提出的“我应该怎样生活”这个问题转变成“人人应该怎样生活”这个问题。这似乎是在追问理由——我们大家都有这些理由去这样而非那样生活。这似乎是在追问什么样的生活是**良好生活**——良好生活也许可以说成：对人之为人来说，那是正当的生活。

苏格拉底式的反思要把这个问题在这个方向上推进到多远？它会对回答带来哪些影响？这种反思的无时间性未必决定回答会偏爱审慎。同样，反思性问题是人人都能问的，这也可能允许自我中心式的回答。但若回答是自我中心式的，那它也是某一种类的自我中心——普遍的自我中心；前面曾区分出这个种类，它说，所有人都应该偏爱自己的利益。这自然而然引发这样的想法：若如此，那么，以这样的方式去生活一定是更好的人生。但若如此（我们会很愿继续想），那么，人们以这种方式生活一定是在某种非个人的或人际间的意义上更好。我们既经被引到这种非个人的立场，我们也许可以被要求从这种立场回望，顺着相反的方向行进，乃至去修正我们的出发点。因为，如果从这种非个人的立场看来每个人都以自我中心的方式生活并不更好，我们也许就有理由说我们每个人都不该这么生活，于是，到头来，我们必须为苏格拉底问题给出非自我中心的回答。如果这一步步都成立，那么，仅仅问出了苏格拉底的反思性问题，经过长长的路途，我们就将到达伦理世界。但这一步步成立吗？

21 实践思考从根本上说是第一人称的。它必须探问并回答“**我**将怎样做？”[16]而苏格拉底的反思似乎驱使我们去把**我**普遍化，甚至，单单反思的效力就驱使我们采纳了伦理眼光。在第四章，我们将看到反思能不能带我们走这么远。但即使不能，苏格拉底问题也肯定会带我们走上一程。反思看来包括做出某种承诺，而哲学则肯定对反思做出了承诺。所以，本书若值得一写，它就不得不提出一个双重的问题：反思要求我们承诺的东西有多少？我们为什么应该对反思做出承诺？苏格拉底认为，他的反思是躲不开的。他不是说每个人都会去反思，因为他知道并非人人都会；他也不是说谁只要开始反思生活，就会受内在的冲力所迫继续下去，哪怕违乎自己的心愿。他的想法毋宁是，良好生活之为良好必包含反思于其中，用他的话说：**未经考察的生活不值得一过**。

这种想法要求对他的问题给出一个特有的答案，这个答案，对他来说，为何以提出这个问题提供了最终的辩护。本书承诺于提出苏格拉底问题，然而，是否要承诺于苏格拉底那样的回答？所有思考伦理生活和良好生活的哲学探究都必须要求哲学本身的价值以及智性反思的态度成为答案的一部分吗？

第二章　阿基米德支点

22 当人们要求为道德提供辩护的时候，常能听到声音里有一种紧迫感，哪怕相关作者平时蛮从容的。除非哲学能为伦理生活或（较窄说来）为道德提供辩护，否则我们就可能陷入相对主义、非道德主义和混乱。他们常常这样说：如果非道德主义者对伦理考虑提出怀疑，提议说我们并没有什么理由遵从道德的要求，**我们能对他说些什么呢**？

但即使有为道德辩护的理由，我们又能对他说些什么？好吧，我们可以把辩护理由摆到他眼前。但我们为什么能期待他会待在我们摆出道德理由的地方？他为什么会听取这些理由？相关文著把非道德主义者，更进一步也包括他们那些多一点理论色彩的同伴即相对主义者，描绘成让人惊恐的角色，描绘成一种威胁。对这样一些人来说，伦理生活有哲学辩护或没有哲学辩护，又能有什么区别？

在哲学史上，至少有一次，非道德主义者被具体表现为让人惊恐的角色，他就是出现在柏拉图的《高尔吉亚篇》中的卡里克勒斯（Callicles）这个角色。诚然，依柏拉图对话的套路，卡里克勒斯一直在进行理性对话，洗耳恭听苏格拉底的论证（那些论证实际上甚少说服力，乃至柏拉图后来不得不写《理想国》来改善那些论证）。

然而，柏拉图在这个角色身上展现出某种让人不安的东西，而那也是这篇对话的主题：他明明白白地轻蔑哲学，他待在那里洗耳恭听哲学论证，只是纡尊迁就，或找个乐子。

——这不是问题所在。问题不在他是否信服，而在他是否应 23
当信服。

——是吗？上面说到一些作家的紧迫感，这种紧迫声调提示着别的什么：哲学论证的结论能够带来某些实际后果，为伦理生活提供的辩护理由能够具有某种**强制力**。我们若认真看待这一点，那么，谁会来听取就成为真实的问题。他们为什么会来听取？他们破门而入，砸碎教授的眼镜，把他拽出课堂，这时，教授的论证能有什么作为？

无论如何，即使我们这样的人也许会把某种东西视作道德或伦理生活的辩护理由，可那位非道德主义者，就叫他“卡里克勒斯”吧，当真**应当**被说服吗？难道这最多不过意味着，他被说服的话会是件好事？无疑，这对我们会是好事，但这恐怕不是要点所在。要说的是，这对他是好事吗？例如，他若逆着自己的最佳利益而行，他是不是会过于轻率？抑或，在更抽象的意义上，他是非理性的，他自相矛盾或违背了逻辑规则？好吧，就算他是，他又干嘛在乎那个？针对“不道德之人”提出的不一致性这一指控能有何种效力，诺奇克的问题提得好：

> 设想我们表明，他持有的或接受的或做出的某种 X 理当要他按道德行事。他现在必须放弃以下诸项中至少一项：(a)不道德地行事，(b)继续持有 X，(c)在这个方面保持事理一致。这个不道德之人告诉我们：“说实话，如果我非做选择不

可，我会选择放弃一致性。”[1]

为伦理生活提供辩护的目的何在，或我们为什么要提供这类辩护，这些并非不言自明。关于这类自命的辩护，我们有三个问题：它在对谁发言？它从哪里起步？它针对的是什么？先来说说针对什么，因为我们必须问一问提出来作为伦理生活之外的选项的是什么。另有选项这一点十分重要。“非道德主义者”是个有特指的名称。这一点有助于从某种一再出现的哲学关切即针对怀疑论的关切来界定这些问题。怀疑论可以涉及人们声称具有的各类
24 知识：存在一个“外部世界”；他人有他们自己的经验（还可以说，存在着他人）；科学研究可以产生知识；伦理考虑具有强制力。哲学怀疑论遍涉这些物事，但怀疑的方式十分不同，结果也十分不同。就外部世界问题言，怀疑论提出的真正问题——对头脑正常的人来说——不在我们关于世界所说的任何东西是否为真，甚至也不在我们是否知道任何东西为真，而在我们怎么知道任何东西为真，以及在何种程度上知道其为真。在生活之内，必须相信某些东西为真，此外别无选项：若竟有选项，那只能是生活之外的选项。就“他心问题”言——这是人们常用的名称——情况类似（以头脑正常为限），但问题扰人地转移到**何种程度**。我们当然知道别人有感觉，但我们在何种程度上知道这些感觉？这个问题的一部分是哲学问题，比起单单问“我是怎么知道的”，这个哲学问题有更多现实意义。

从这些方面看，外部世界怀疑论处在一条线上的一端，伦理上的怀疑论处在另一端。在另一方面，后者又不同于对心灵研究或

心理分析的怀疑，在那里，人们提出的是实实在在的怀疑，这种怀疑最后有可能获得认可，结果，这类研究有可能遭遇颅相学那样的命运：我们也许会发现它们完全没有根据自称为知识或哪怕自称为合情合理的信念，从而完全拒斥它们。伦理考虑完全不可能遭遇这种类型的集体拒斥。然而，对于某个个体，似乎在接受伦理考虑之外确实存在着别的选项。这个选项即选择去过一种非伦理生活的生活。

这个种类的伦理怀疑论与外部世界怀疑论相去甚远，根本不能用同样的方法来处理。人所周知，摩尔当着物质客体怀疑论者的面举起一只手——摩尔的手，来为难他反驳他（好吧，如果有这么一个怀疑论者在那里，这就谈得上“当面”反驳了）。[2] 摩尔这个姿势有什么效力，就此一向有不少争议，例如，它是不是循环论证；但它的确有某种效果，它提醒我们说，跟这样一个怀疑论者较真的

办法也许是在字面上对待他，以及什么算是在字面上对待他。伦 25
理上的怀疑则不同。也许，如果有伦理真理，其中有些是可以确切展示的，例如，只要条件许可，给一个孩子动手术时不可不施麻醉；[3] 然而，虽然摩尔的手对物质客体怀疑论者具有扰乱效果，这里展示的例子对伦理怀疑论者却不产生同样的效果。单说一点：关于物质客体可知为真的一个孤立命题将了结前一类怀疑——摩尔的手是物质客体的一例，而因为**有一例**既已否定**全无**断定，所以**有一确定之例**既已否定**也许全无**断定。但给孩子动手术这样的例子，或其他触目但孤立的事例，只对承认伦理的人来说才是伦理事例。非道德主义者，就说卡里克勒斯吧——如果我们把他视作非

道德主义者——有可能去救助一个孩子。几乎谁都可能被有限度的仁慈感情或利他感情促动，认为他在特定场合应该以某种方式去做点什么，但这一事实并未向他呈现出伦理性，不像摩尔的手向怀疑论者呈现了某种物质客体。伦理包含更多的东西，它包含很多考虑形成的一整个网络，而伦理怀疑论者可以过着完全无视这些考虑的生活。

传统怀疑论者主要是怀疑有**知识**，但伦理怀疑论者不一定等同于怀疑有伦理知识的人。按我的界定，伦理怀疑论所怀疑的是伦理考虑的效力。一个人可以承认伦理考虑的效力，因此不是怀疑论者，但他同时并不认为它们构成知识，因为他认为这里的要点不在于它们是不是知识。（是否存在伦理知识？见第八章。）但即使这样界定伦理怀疑论，我们也不应该认定只要是怀疑论者，他就一定要过一种反对伦理考虑的生活。也许我们不如说，他为这样一种生活留出余地。说到底，怀疑论者只是怀疑而已。只要可能，他既不断定又不否定，彻底的怀疑论者，古代的皮浪主义者，据称既不断定也不否定任何东西。他做不到彻底，[4] 而且，颇可怀疑，伦理怀疑论者竟能够做到**这一点**：一边使用伦理语汇一边对所有
26 伦理问题不做判断。只是想想该怎么做到这一点就困难重重。例如，很难既使用关于许诺的语汇而同时持有这样的看法：对人是否应当守诺这个问题并没有任何确定的应当不应当可言。此外，怀疑论者也得有所行为，如果他把自己包括在使用伦理话语的世界里，那么他的所作所为必将被认为是表达着他在这个世界之中的想法。如果他的话语里包括行为在伦理上的可与否这样的说法，

而他又欢欢喜喜地做某事，那么我们必须认为这样做在他看来是蛮好的。所以，这不是伦理怀疑论者的选项。不过还有另一个选项，那就是选择完全不使用伦理话语——也许用它来欺骗除外。怀疑论者也许能够把自己造就成一个完全不关心伦理考虑的人，虽然做到这一点很不容易。到这一步，我们可以看到，的确存在着其他选项这一点是有效力的。怀疑论者并不是无计可施。

非道德主义者仍可以为自己保留一份选择，伦理主张所寻求的辩护理由可以是**针对**这份选择而发。但若以为有什么客观的前提给予非伦理生活以优先地位，以为伦理怀疑论是自然状态，以为我们若不为伦理生活提供辩护或我们发现伦理生活并无辩护理由的话我们大家就都会想要成为我们刚才设想的那种人，那就错了（如我们下一章将看到的）。道德哲学家在寻求辩护理由的时候，有时煞有介事，仿佛事情真像上面所说的那样，就此而言，他过高估计了辩护的必要性，一如他过高估计了辩护的效力——至少是过高估计了辩护对怀疑论实践者的效力。

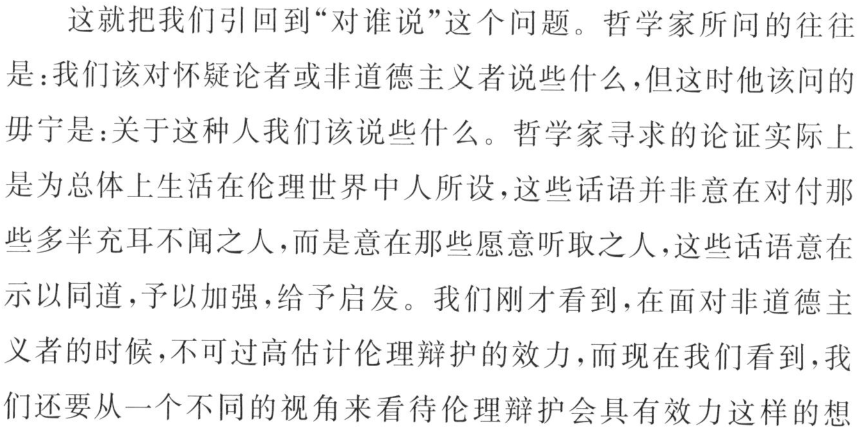

这就把我们引回到“对谁说”这个问题。哲学家所问的往往是：我们该对怀疑论者或非道德主义者说些什么，但这时他该问的毋宁是：关于这种人我们该说些什么。哲学家寻求的论证实际上是为总体上生活在伦理世界中人所设，这些话语并非意在对付那些多半充耳不闻之人，而是意在那些愿意听取之人，这些话语意在示以同道，予以加强，给予启发。我们刚才看到，在面对非道德主义者的时候，不可过高估计伦理辩护的效力，而现在我们看到，我们还要从一个不同的视角来看待伦理辩护会具有效力这样的想

27 法。人有可能生活在伦理世界之外，柏拉图比任何其他哲学家都更深刻地看到这一事实带来的问题；他本人并不认为伦理生活的辩护会理所当然地具有效力。他认为，伦理的力量是理性的力量，它须被**造就成**一种效力。他把这视作一个政治问题，是的，它的确是。但他相信，这种辩护是智识上的，是十分困难的，而且，人人都多多少少有冲破伦理秩序并毁灭它的自然倾向。这种倾向在大多数人那里始终存在，他们缺乏把握辩护理由的能力，从而也缺乏把握自己的能力。[5] 对柏拉图来说，把伦理造就成一种效力这个政治问题在于怎样把理性辩护落实到社会之中，而这个问题只能有威权式的解决方案。与之对照，如果辩护面向的听众是已经具有伦理的共同体，那么，伦理话语的政治，包括道德哲学的政治，就将大不一样。其目的不是去控制共同体的敌人以及逃避共同体的人众，而是为那些已经有心听取理由的人们提供理由，从而有助于不断创生一个已经由这种相同心性凝聚在一起的共同体。

我到此为止多半预设了：我们若能跟谁开展理性论证，那我们跟他都处在某种伦理生活之内（虽然不一定是在同一种伦理生活之内）：处在任何伦理生活之外的人大概不会来跟我们说理，即使来说理，我们也没多少理由信任他。但也不是必然如此。前面说到，卡里克勒斯漫不经心地、实际上是装模作样地跟苏格拉底对话；这类情况暂且不论。此外另有一种重要的情况：人们可能受某种共同需求——其极端例子是面临灾难产生的共同恐惧——所驱使来协商就某种有限合作或至少是就互不侵犯达成谅解。基于某些根深蒂固的理由，若无外部强制，这类协议注定不会牢靠。[6] 不管怎么说，它们自身并不产生任何共享的伦理理解。这足以表明，人们无须共享某种伦理系统也能够进行理性讨论。也许,如果目的有限,他们谁都无须有个伦理系统也能够理性地讨论问题。但这多半不可能发生,因为两造之间实际上进行的理性对话需要某种东西把对话合拢。当然,这种东西可以是某种特殊的关系,并不 28
更一般地延展到伦理,然而,如果不是这种特殊关系,如果不是卡里克勒斯那种纡尊迁就或各方面临共同危机而产生的共有需求,那么,把对话合拢的东西就必定包括最低限度的伦理意识。

这再一次表明了那个朴实的道理:一个共同体中人不可能统统生活在伦理生活之外。但个别人也许能够在伦理生活之外生活。这把我们引向"是否有可能从根基处开始来为伦理考虑提供辩护?"这个问题的第一人称形式。提出苏格拉底问题的行为者想弄清的也许是:只给定行为、欲望或信念的最低限度结构,他自己是否能够获得伦理生活的理由。这个行为者无须实际上只具有最低限度的东西:他无须处在伦理世界之外,尝试看到有没有进入伦理世界的通道。他蛮可以是,的确,最好是,身处伦理世界之中的人,而他正在考虑他有哪些理由身处伦理世界之中。(再说一次:他会怎样理解自己的反思,这本身受到反思结果的影响。)这时,我们用不着考虑"对谁说"这个问题。这里的重要问题是我们最初那三个问题中的最后一个:"从何处开始"。据设想,这个人最低限度要有些什么?如果他要从根基处开始来为伦理生活提供辩护,什么是那个根基?

用另一个已经磨得光秃的意象来说,哪里有一个阿基米德支点?这个问题不仅已经磨秃了,而且,无论哪种探究,一旦采用这个问题的形式来发问,都会深感沮丧。在有些探究那里,我们很熟

悉这种沮丧，我们发现很难设想怎么就算找到了支点。假使我们现在预设的任务是找到某个立场，这种立场处在我们的一切知识和信念之外而我们可以从这一立场来确证我们的知识和信念，那我们甚至可能不大明白这会是怎样的一项任务。不过，就伦理问题而言，这项任务会是什么样子我们能看得比较清楚。我们会要求从理性行为的观念那里找出一个支点。如前所示，理性行为这个观念本身并不直接展现对伦理的承诺。正因此，苏格拉底问题还不是个伦理问题，也因此，非道德主义者或怀疑论者似乎在伦理考虑之外仍有可能坚持一种理性生活。但也许只是因为我们反思
29 不足才似乎是这样。苏格拉底问题本身没有使用专属于伦理的用语，这的确是个事实。尽管如此，结果也可能是，只要我们适当地思考这个问题，我们就会发现，仅仅因为我们是理性的行为者这一点，已经让我们对伦理生活做出了承诺。有些哲学家相信事情正是这样。如果他们是对的，那就的确存在我称之为阿基米德支点的东西：就连非道德主义者和怀疑论者也对这种东西做出了承诺，但同时，若以适当的方式思考下去，它又能向我们表明他们是非理性的，或不合情理的，反正，是错误的。

合乎以上模式的有两种基本类型的哲学构想。一种起步于对理性行为者的尽可能最低限度的和最抽象的观念。我们将在第四章讨论这一种。我们接下来这一章要讨论的是另一种，它对何为理性行为者有更丰厚更确定的看法，认为理性行为者这个观念通过一种专属于人的生活表现出来。这两套观念各自植根于其前的哲学，亚里士多德对何为理性行为者所持有的更丰厚更确定的看法是这样，康德对之所持有的更抽象的看法也是这样。不过，这两

位哲学家都不认为苏格拉底问题应该简简单单照它的原样接受下来，仿佛它是一个可以直接回答的问题。两者各自重新定义了对阿基米德支点的寻索。他们的进路不一样，但与道德哲学史上较少成效的其他进路相对照，这两者有一个重要的共同之处，这个共同之处把他们与苏格拉底问题连到一起。他们各自提供了一种实践理性论证。他们的目的都不在于首先证明某个伦理命题的真理性——那将要求我们基于对真理信念的旨趣把这个命题接受下来。他们更在意的都是，要我们接受某种行为方式，要我们基于对理性地行为的旨趣或基于过上一种令人满意的人生的旨趣接受这种行为方式。对亚里士多德和康德来说，接受伦理命题的人，是有意于理性行为的人或有意于良好生活的人，而伦理命题的证成端赖于此。

第三章　基础:良好生活

30 在柏拉图的《理想国》里,苏格拉底在与特拉叙马克的讨论中提出了他的那个问题。特拉叙马克看来是个虚构的角色,用来代表当时智术师所持有的一些比较粗砺的看法。特拉叙马克承认,人不仅关心他自己的利益,他有时也有理由关心他人的利益,但那只是因为他的力量是受限的——通常是受到他人的更强大力量的限制。依特拉叙马克,人自然而然追求权力和快乐。他会因为他人的力量理性地约束这些追求。人也可能非理性地认为:尊重他人的利益是正当的、高贵的;但这时他是被习俗或曰社会规则所误导,这类习俗培养了这些可敬的但毫无根据的看法。人们这样想,又一次,通常是因为他人有更强大的力量;人们的错误由受骗而来,欺骗他们的习俗是强制所使用的一种工具。

特拉叙马克说,教导我们要尊重他人利益的那些习俗——也不妨称之为"公正"(justice)[1] 吧——是强者用来盘剥弱者的工具。这立刻提出这样的问题:什么使这些人成为强者?依特拉叙马克,仿佛政治权力或社会权力本身不是习俗似的,而这即使在小学操场上也未见得能完全成立。在《理想国》里,紧接在他后面提出来的另一个看法就提出了这一点。依这种看法,一群人为了保护他
31 们自己采纳了一套习俗,公正是这套习俗的产物。公正是弱者通

过契约变强的手段。浮面上看，这种说法与第一种说法正相反，而且它肯定更加精巧，但两种说法有不少共同之处。这两种看法都把公正当作满足自私欲望的工具，这些欲望是自然存在的，独立于任何伦理相貌。它们都把公正视作人只要不必遵从就会不愿遵从的东西。

在柏拉图看来，这是这类看法的根本缺陷。柏拉图认为，关于伦理生活的阐论若要能够回答苏格拉底问题并战胜怀疑论，它就必须能够表明，无论谁，无论他的境况如何，秉持公正对他来说都是理性的。就此而言，第二种阐论，契约式阐论，并不比最初那种比较粗蛮的看法来得更好。假使一个人生来足够强壮、聪明、运道好，那么，服从公正的习俗要求对于他就会成为不理性了。从这个方面看，契约理论格外孱弱，因为相对于占优势的行为者——他比其他人更聪明，更左右逢源，更能言善辩——契约理论就靠不住了。在柏拉图想来，主要是针对这样的行为者，我们必须回应怀疑论的挑战，必须表明公正和伦理生活是理性的。

在柏拉图看来，契约论在这个方面是个失败。此外，它的失败又来自于其结构上的一个特点：它把一种可欲的或有用的**做法**，即公正这一习俗，当作伦理上最基本的东西。但对于柏拉图和苏格拉底，伦理上首位可欲的东西必须是行为者所具有的某种东西。用他们的话说，如果伦理上首要的东西是灵魂之外的东西——例如某种规则或体制——那么，就可能出现一种情况：可能有这样一个人，就他最深层的需求和他的灵魂状态所是的那样，遵从那种规则或体制来行为对他来说不是理性的；但凡可能出现这种情况，我们就无法完成以偏护伦理生活的方式来回答苏格拉底问题这一任务。我们必须对**每一个人**，无论他是谁，都表明公正对**他**来说是理性的。这一要求意味着对苏格拉底问题的回答必须首先在根基处阐明一个理性的人是个什么样的人。

32 近世批评者有时说，柏拉图的伦理学——他们也这样批评亚里士多德的一般观念——是自我中心的，而这与道德的基本性质相冲突。[2] 据称，希腊人尚未达到对道德意识的成熟理解。道德系统强调一个特殊的概念，义务；就此而言，的确，希腊人尚未达到独独关注**道德**的程度。（我们后面将看到，他们在这一点上十分幸运。）但柏拉图和亚里士多德都不曾把伦理生活认作使一己之私获得更大满足的工具。就形式而言，他们的一般观念是自我中心的，这说的是，他们认为自己必须对每一个人[3] 表明他有很好的理由去过伦理生活；这个人听取这个理由，因为这个理由与他自己相关，因为它涉及的是如果他是具有如此这般性情的一个人那么他将是怎样的人以及将怎样生活。但他们的一般观念在另一个意义上却不是自我中心的，即，他们并非意在表明，伦理生活将服务于伦理考虑出现之前就已经得到界定的个人满足中的哪些部分。他们的目的不是先就自我及其满足做一番说明，然后表明伦理生活怎么一来就（碰巧）适配这些东西。他们的目的在于阐明伦理生活所适配的自我是怎样的。

比起那些粗拙的宗教阐论，这已经是精致得多的目标；前者把伦理考虑当作由上帝应许的赏罚所封准的一套法则或命令。这个层次上的粗拙的宗教道德是更加自我中心的。然而，即使这种粗拙的阐论，我们也不要因为它所诉求的自我中心动机是绝对不能接受的或因为据称我们只能从上帝的良善而不能从上帝的力量那里导出**应当**[4]而把它轻易打发掉。这种阐论总体而言并没有什么不对头的：它说明了我们为什么会有良好的理由去过那种尊重他人利益的生活。麻烦倒是出在我们知道它不可能是真的——**不可能**是真的，因为我们但凡对世界有点儿理解我们就理解世界不是这样被管理的。的确，今天有很多人，包括很多基督徒，会说我们知道世界根本就不是被管理的。

说这种宗教阐论是粗拙的是一种蛮自然的说法，但意思并非
它是宗教因此粗拙，而是它是宗教中粗拙的部分。不那么粗拙的 33
宗教伦理学并非把宗教因素只视作一种外部添加的封准，它提供的一套人性阐论同时既备有伦理目标也备有人神关系。然而，从粗拙宗教出发，这难免于一种批评，而这种批评的确提出了一个重要问题。如果宗教的实质归根到底事关世界是怎么回事，那么，为什么世界**不该是**那么粗拙？为什么要用伦理理解来评判宗教呢——虽然从人世间的(secular)眼光来看，伦理理解也许要来得多多少少更精致些更成熟些？答案想必是，上帝之为全能执法者那种最初的粗拙观念自身也是通过我们(粗拙的)伦理理解获得的。但这样一来，若伦理理解会发展，若宗教要联系于这种发展来理解它自身的发展，那么，看来无可避免，宗教必定会最终把自身理解为人类建构；但若这样理解，它最终必定要坍塌。

是的，伦理意识的发展的确意味着宗教的坍塌，不过，这不是因为宗教伦理学，即使是粗拙的那种，逻辑上就不可能是伦理性的。这更多出于一种辩证理由：如果宗教的自我理解不应被伦理意识抛在后面，这种自我理解就必定走向最终摧毁宗教的方向。

事情的关键不在纯逻辑问题之中。实际上，关于宗教伦理学的逻辑问题或结构问题，一如关于上帝的很多问题，唯当你信仰上帝才有意义。如果上帝存在，关于上帝的争论就是关于宇宙的争论，具有宇宙论意义，但若上帝不存在，它们就不是关于任何东西的争论。这时，重要的问题必定是关于人的问题，以及人为什么竟曾相信上帝存在之类的问题。宗教伦理学的问题是在这种伦理学中表达出来的人类冲动问题，而我们也应该在这样的背景下来看待它们。不相信宗教伦理学却继续对其结构争论不已，这里含有某种躲避——躲避这个富有意义的问题：宗教伦理学的一般观念关于人性告诉了我们什么。尼采说，上帝死了。我们可以认为这个说法说的是我们现在应该把上帝视为一位死去的人(person)：我们应该分配他的遗产，并尝试为他写一份忠实的传记。

回过来说柏拉图。他的目的是提供这样一幅自我的图画：如
34 果人们正确地理解他们是什么，他们将看到，公正的生活并非外在于其自我的善好，而是他们凡理性地行为就必定会去求取的目标。对柏拉图来说，对亚里士多德来说也是一样，如果去求取一种生活或成为一种人是理性的，那么，所求取的东西就一定会造就一种让人满意的状态，称为 *eudaimonia*。这个用语通常被译作 happiness(快乐)，但在这些哲学家那里，*eudaimonia* 指称的不同于现代的快乐观念。只说一点吧：说你有一天挺快乐另一天不快乐，这话今天说来蛮顺耳的，但 *eudaimonia* 却是就人的整个一生何如来说的。我将把上述状态称作**良好生活**(well-being)。

苏格拉底立足于知识和说理理性来提供这样一套阐论。他之

所以能给出这样一套阐论,是因为他持有极端的灵魂肉体二元论。良好生活是人的灵魂的可欲状态——而这里的人就意味着灵魂,因为不可毁灭的非物质灵魂才是一个人的真实所是。[5] 这种看法作为基础支持着苏格拉底对何为我们至深利益的看法,并让他较为容易相信,用那句名言来说:**善好之人无可伤害**,因为如果竟有什么东西能够触及他,这种东西就只会是能够触及其灵魂的良好状态的东西,而灵魂是不可能被欺害的。这个看法的一个问题在于:在描述伦理动机的时候,这种看法对一个人自己的利益采取了极端精神性的看法,然而,伦理学的课题内容要求它在事涉他人利益的时候给出不那么精神性的看法。如果伤害身体不是真实伤害,德性为什么强烈要求我们不伤害他人身体呢?

苏格拉底的画面还带来一个特有的结果,这与他对哲学的再生力量抱有期望连在一起。苏格拉底,以及在某种程度上还有柏拉图,相信哲学这个学科得天独厚,凭借其培养德性的力量,单靠它自己就可以导向良好生活。理性的哲学意在提供导向良好生活的识见。这意味着,哲学要么能教给我们满足内生需求的手段,要么能让我们理性地塑造对自身需求的新观念。亚里士多德的总设想没这么雄心勃勃,由于这个缘故,也由于在他那里,心理思考和社会思考要远远更加细密,所以,亚里士多德的《伦理学》[6] 直到今天仍是这样一条进路的范本——这条进路尝试把伦理学建立在良好生活和值得去过的生活的考虑之上。对亚里士多德来说,人不 35
是非物质的灵魂,人本质上是具身的,而且本质上过着一种社会生活。亚里士多德对理性的力量做了一种基本的区分,一方面是实

践理性，它是对伦理生活起核心作用的智识能力，一方面是理论理性，它的用武之地是哲学和科学；无论就功能还是目标来说，这两种能力都很不一样。他的确认为培养哲学和科学是人类活动的最高形式，但他设想，要从事这些活动，在个人生活和社会生活(civic life)中施用实践理性是必需的；其为必需不仅仅在于，像柏拉图认为的那样，对于社会来说，这些活动是必要的，而且也在于，每一个人都需要社会生活。不过，亚里士多德的强调之点摇摆不定——社会生活之为必需，是因为即使圣贤也逃不开它抑或因为无论谁要充分展现其力量都必然会需要它？可以肯定，从他的哲学人类学来看，后者是更加一致的也更加令人信服的结论。

实践理性生活的核心处是某些卓越品质或德性，它们是行为、欲望、感觉的内化性向。亚里士多德对某些德性的阐论，有些部分至今仍似曾相识，如说到勇气、自制；在另一些方面则属于另一个世界。对道德哲学来说，要点在于后面这些更多文化特殊性的因素是否可以从主要结构分离开来。有些可以，它们包括某些严肃事项：亚里士多德的一般观念并不理所当然地导向关于奴隶和女性的亚里士多德的观点。然而，让人产生重重疑虑的是，在一个要点上，亚里士多德似乎离现代的伦理感知十分遥远，而这常常是因为令人钦慕的行为者关心的是他自己，这让人觉得不舒服。的确，亚里士多德同意，良善之人需要朋友，实际上，友谊是良好生活的组成部分；但他仍感到有必要为此争辩一番，以图调解友谊与自足理想。[7] 甚至他关于诚实的阐论也怪怪地显得自我执迷：我们会期待，与诚实这种德性相对照的恶品或缺点是不诚实(事涉真伪时不可靠)，非也，他说是吹牛和假谦虚。我们后面将讨论亚里士多德伦理学中这些较为自我中心的方面是否来自其伦理学的结构本身。

我在前面说，在亚里士多德那里，德性是行为、欲望、感觉的一种内化性向。它是一种含有智识的性向。它包含当事人的判断， 36
即包含与实践理性同样的品质，因此不止是习惯。它也包含对他人以及对他们的品格和行为做出反应，正面的或负面的反应。在亚里士多德那里，对这个话题的看法是与中道学说连在一起的，依这个学说，每一种品格上的德性都位于两个相关缺点或恶品之间（可由诚实那个例子来表明），它们一个在于过度另一个在于不足，而德性代表了不多不少。中道学说是亚里士多德体系里最出名的学说之一，也是最没用的学说之一。这个理论一会儿采用没什么助益的分析模式（亚里士多德本人这时并不总能保持逻辑一致），一会儿在宣扬允执厥中的沉闷信条。中道学说不如忘掉它算了，不过它倒蕴含这样的想法——一个正确的想法：既然有德之人明白他们自己的所作所为，所以他们看得出他人那里的失误和恶品各是什么，看得出那些失误之人恶劣之人——至少看得出他们的行为——是在各式各样的方向上恶劣、可厌、无益或下贱。

我们有些人拒斥这样的想法：有德或具有某种可佩的品格，这其中还应包含对他人做品评的性向。这种拒斥有多种多样的来源，其中有些与亚里士多德的任何关切都毫不相干。其中一项是天真单纯这个观念，这种德性的形象是：完全没有自我意识，不会拿自己去跟对他人做判断时所蕴含的自我相对比。另一个来源是怀疑论，怀疑我们谁都从不可能对他人［更为矫情的（insidious）版本把一个人自己也包括在内］有足够的了解，因此无法做出判断。

还有一个来源是，我们接受这样的想法，甚至认之为寻常道理：人可以有一种德性而同时没有另外的德性。亚里士多德却拒斥这样的想法；在他那里，以及在苏格拉底那里，实践理性要求行为和感情的性向在整体上和谐一致；如果一种性向确实称得上德性，那它须是包括一切德性在内的理性结构的一部分。这跟我们的看法很不一样，我们会认为，德性这类性向跟其他一些心理特点——这些心理特点能够解释一个人为什么在一个领域比在其他领域做得更好——颇为相似。这种看法也使对他人作出反应成为某种禁忌。

37 不管这些考虑对不对，伦理性向与对他人的反应确有某种联系。这些反应的确切性质或深度，其自信的程度，因人而异，且因文化风气而异，但如亚里士多德所主张，一种伦理性向不只是一个人的某种个人行为模式，仿佛他倾向于指责或恼恨他人没有这种性向是偶然外加在这种模式上的。伦理性向依它本身的结构就包含对他人的反应。我们不把诸德性视作统一体，所以会接受这样的想法：有些人缺少某些伦理性向只是他们的特异之处。人们甚至可能认为，任何一种伦理性向都可能在某个人眼里只是个特异之处，没有哪一种性向是基本的，基本到有它没它不可以被当成，这么说吧，闲闻轶事。但谁若把所有的伦理性向（或不如说与伦理性向相当的那些内容，因为他自己有可能不使用这些概念）都当成闲闻轶事，那他肯定缺乏某种基本的伦理性向（不用说，也许会很难确定某个人是不是这样看待伦理性向）。

我上面一大半时候谈的都是具有伦理性向这回事之中所包含的对他人的“反应”。[8]“反应”是个宽泛的词儿，内容不怎么鲜明，正方便用在这里；关于可以包括在这个标题之下的一系列正面态度

和负面态度，有很多可说的。然而，颇为可怪的是，道德哲学，至少英语传统的道德哲学，对此几乎缄口不言。这背后远为重要的原因是道德概念的统治地位：道德倾向于把所有相关反应——也就是说，“道德”反应——都用**判断**、**评估**和**赞成不赞成**这些名目来归类。这种做法多方面误人。首先，所有这些概念都透出某种优越地位，至少是一时的优越地位，法官的地位，即使这些概念出现在本来并不鼓吹优越感的道德理论里也莫不如此。其次，它们透出某种两分判断，有点儿像判断有罪无罪似的。再其次，它们据称只针对自愿行为：谁都不该为不属于他的错误受到道德评判。因为道德以上述方式渴求终极公正，所以它不会甘于只提供种种反应的地形图。道德不止关心哪些反应应该被叫作道德反应。道德的 38
目的是公正，而公正不仅要弄清楚你的反应应该被叫作什么，它还要弄清楚，你可以公正地具有哪些反应，从而，它一开始索求一种表态，然后索求优越性，最后还要无所不在。“与道德无关”的反应，例如不喜欢、气恼、看不起人，或那些多多少少透露出伦理生活消息的反应，例如觉得某人有点儿阴森，都被纪律森严的道德良知赶到角落里去，在那里伺机粉墨登场并施加报复。

道德判断体系的上述各种特征互相支持，它们整体上依照贝拉基教派[①]的上帝所颁许的特权建造成形。据认为，终极说来，只存在一种公正，而道德判词所提交的正是这终极的公正，道德判断标准之严格则与判词之重大程度相呼应。也正因为同样的缘故，

① 贝拉基教派是17世纪由贝拉基(Giacomo Filippo di Santa Pelagia)创立的一个教派，他们主张，上帝创造了人的自由意志，人能够凭借自己的自由意志从善避恶。——译者

道德判断的各种特征构成的整体招来了我上面提到的怀疑论。道德判断面临这样一个困难:人的品格或性向怎么能够成为这样一种判断的对象?人不大可能为他们的品格或性向承担全部责任,更不可能的是,我们竟能知道他们在何种程度上负有责任——即使假设我们知道的话我们能够理解我们所知道的是什么。但道德竟要求我们把人们的行为与他们的品格隔离开来加以判断?

这些问题不是亚里士多德要操心的。他实际上的确相信人在某种绝对的意义上是自由的,人"像生儿育女"一样做出他的行动。[9]他还认为人对他人的行为有臧否,并通过这些行为而对他人有臧否,而这要求人的行为是自由自愿的。但他不会理解这样的想法:这是对他人做出适当反应的限度,即对他人有所反应只是基于他人具有伦理性向。我们应该接受他的想法:伦理性向也同样是做出反应的性向,这时,我们须记得,这里所称的反应的范围也许远远广于道德观念所建议的。

亚里士多德不会认为,至少在最基本的方面,人应对自己的品格负责。[10]他从习惯和内化来阐论道德发展,这一阐论没有为实践
39 理性大幅改动成年人已获得的目标留下多少空间。给定这个结论,亚里士多德呈现其研究的方式就成了问题。的确,他该怎么考虑伦理哲学何为就成为一个问题。他把他的研究呈现为一种实践研究,这种研究实际上旨在回答苏格拉底问题。从他的做法看来,你似乎可以反观你的整体生活并考虑它是不是导向最有价值的方向,然而,依他自己的阐论,这是一幅不大可能的图景。他和柏拉图共有的想法是:如果德性是人类善好的一部分,它就不可能外在于终极可欲的良好生活状态:这种状态必定部分地是由有德生活

构成的。但我们并不能富有实效地把这种考虑用在实践推理中——而亚里士多德似乎提议我们能够。人只是通过习惯成为有德之人或无德之人。亚里士多德认为，人在中年以前不应学习道德哲学，而他的理由恰恰表达了我们眼下的这个困难——唯到中年人才长于实践审思。然而，到这个时候，就实践审思而言，人早就已经成为事事善好之人或无可救药的坏人了。（这里只涉及实践推理的力量；这与亚里士多德的另一个说法是一致的：通过归信之类的其他途径，一个人的生活有可能发生根本改变。）

亚里士多德的有些推理也许具有某种实际的审思实效。有些人，他们以政治荣誉为生活目标，关于这样的人，亚里士多德做了一番出色的论证：他们意在胜过另一些人，但由于他们在这个意义上依赖于这另一些人，胜过他们就相当于自我挫败。我们可以把这番论证称作**科里奥兰纳斯悖论**的发现；对某个有此经历的人来说，这肯定可以是一种发现或一种诊断。但总体上，亚里士多德无法合情合理地认为他的反思——关于有德生活的反思，以及关于德性对构成良好生活起到何种积极作用的反思——能够在某个给定的人进行一般审思这个方面具有教育意义。有鉴于此，伦理哲学的定义，还有伦理哲学为之努力的目标，都须有所修正。它不再是把它的考虑说给每一个人以便他们能回答苏格拉底问题。我们回到前面已曾预见的一个要点：对怀疑论者的回答主要有益于我们——怀疑论者之外的人。亚里士多德实际上并不关注伦理生活上的怀疑论，这是他的世界与苏格拉底及柏拉图的世界的许多紧 40
要区别之一。他关注的只是抱持错误价值或糟糕品格的人。但问题还是一样：那些（在其他人眼里）最需要苏格拉底问题答案的人

用不上相关的答案。

不过，这并不把我们抛向另一极端，仿佛这类回答仅仅意在鼓舞系统内的人众，使他们有更多识见，并有助于他们教养其子女。这类回答起到这些作用，但不止于此。依亚里士多德的阐论，即使对那些教养不良的人，有德的生活本来也会把他们引向良好的状态，即使他们自己看不到这一点。他无可救药，他不能恰当地理解对他的诊断，这些并不意味着他没病。我们前面看到，亚里士多德对苏格拉底问题的回答并不能够给予每个个人，但它却是**对人人成立**的答案。我们应该怎么确切地安置这个想法？关于糟糕的人，确切说来它在说什么？我们不仅仅在说我们发现他是不易摆脱的危险（如果我们的确这样认为），或从统计上看他不正常（如果他在统计上的确不正常）。我们在说，一个受造物要过上人之为人的生活，他就必须具有某些人类所特有的品质，而糟糕的人却不具备这样的品质。不止于此；如果我们要彰显亚里士多德哲学或类似哲学的本质要点：真正要紧的是这个人自己的良好生活和这个人自己的利益，那么，我们就还有更多的要说。我们不得不说，这个人误解了他自己的利益，的确，他的这种误解恰恰是其种种错处的主要症结所在。

人众的真实利益有可能不同于他们以为什么是他们的利益，这个观念产生出数量巨大的文献，以及差不多同样巨量的可怀疑之处。黑格尔一系的作者对这一观念有一种用法，并由马克思主义作者所继承；上述文献中的大部分即来自这种用法。一直以来，这种观念的应用大多是政治方面的；就这类应用来看，上述怀疑大多是有根据的,因为诉诸人众的真实利益往往被用作理由来强迫他们去抗拒他们的“表面”利益(这是说,人众所感知的利益)。不过,这些怀疑和批评有时指错了方向,指向了真实利益这个观念本身。即使一套行为符合某人的真实利益,但若它不符合他所感知 41
的利益,那么,要去追求他的真实利益,设若劝导不动他,就必须强迫他了。但在这类情况下,我们凭什么去追求他的真实利益?这还需要进一步的辩护。不喝酒也许符合鲁滨逊的真实利益,但这并不直接给予任何人禁止他喝酒的权利。(给予谁这个权利?——你吗?医生?政府?)真实利益与所感知的利益不相重合,这个事实本身已经提出了政治上的伦理上的问题。

政治思想中的真实利益问题提出一些进一步的问题,特别是关于阶级利益的问题,这里无法展开讨论。不过,这个问题的一般轮廓是清楚的。首先,如果行为者缺少某种信息,而从他既有的其他偏好和态度来看这个信息会改变他的欲望,那么,这里就不存在关于真实利益的争点。他以为喝下这东西符合他的利益,因为他相信那是友善的药剂师为他配好的药水,可那实际上是氰化物,那他肯定是错认了他的利益。这一点也可用在审思推理的混乱上,不过,这里另有个紧要的问题:对于审思推理来说,什么算是纯理性方面的约束?例如,很多哲学家[11]认为我们若只因为较早实现的满足早于较晚实现的满足而偏爱前者,那就是非理性的。(他们接受确定程度不同对实际做法带来的影响。)而另一些哲学家则认为,边沁所称的满足的“切近”本身显而易见是实践推理的一个维度。这一争点的不同结论肯定会对我们把什么算作自利理性出了错误产生影响。

行为者的舛误有可能超出缺少信息或缺少单纯理性(不管单纯理性的边界何在),它可能影响到他由之进行审思的欲望和动机,或者,再说一次,行为者的舛误在于他不相信他出于理性原应该相信的东西;这时候,真实利益问题成为重大的问题。典型的例子是绝望的少年少女企图自杀这样的事情(我说的是他或她要自杀,而不是已做出了的未遂自杀——那是另一回事)。苏珊要自
42 杀,她不相信再过三个月事情会见好,或她虽然相信却不在乎——她不愿扛到三个月后事情见好那时候了。我们相信再过三个月事情会见好,采取措施保证她活下去,似乎,我们的做法符合她的真实利益;如果我们是对的,她(例如)六个月后多半会认识到那的确符合她的利益。这种利益没有体现在苏珊当前的动机中——其原因比缺少信息或单纯理性更深一层。她没有活下去的欲望,她不相信将来会变好,这些本身都是在三个月的时间里将得到治愈的整体状况的一部分。看不到什么是她的利益,这本身是一个症结。

不过,即使后来——作为改变的结果——她会承认我们当时的做法符合她的利益,我们也不能简单地由此说这一改变符合她的真实利益。你被某个宗教团体洗了脑,这时你也许会强烈地把自己的利益等同于这个宗教团体的利益。你成为一个被洗脑的信徒,你也许有很多心得可说:你怎样摆脱了从前的迷茫,悟性和理解不断增长——但这并不能确立洗脑的价值。有些心理活动过程常会生发对这些活动自身的信念,凡遇到这种情况,就会出现上述困难。对这类困难的一种反应是放弃努力,把真实利益这个概念视作主观得无可救药的概念,或者,也许是个意识形态概念。但这里仍有实实在在的问题有待解决,即使只是因为必须进一步界定,

哪些改变我们可以正当地认为它带来的是某个人的状况得到了改善;与此相对照的则是,得到改善的是一般状况,或者是我们自己的状况。“他还不如死了好”这话背后可以有很多可疑的理由,其中最可疑的一个理由是:他要是死了我们会好过些。

若要为真实利益这个概念找到某种较为牢靠的根据(而且,即使极其怀疑论地对待这个概念似乎也要求有某种进一步的限制),那么,我们一定要在这样的方向上寻找:我们将能够在这个方向上把洗脑一类自我确证的(self-validation)变化排除在外。一个自然的建议如下。设若一个行为者先前不承认某种改变会符合他的利益,再设若改变实际发生之后的结果是他转而承认这种改变符合他的利益,那么,如果满足以下条件,上述情况就表明这种改变真实地符合他的利益:他的一般观念的转变是这样得到说明的——他在初始状态中受限于某种**一般的能力缺失**(general incapacity),而发生的改变消除或减轻了这种缺失。“一般的能力 43
缺失”是个含混的短语,但它含有两个值得注意的想法。一个想法是,行为者在改变发生之前被认为没有能力认识到他自己的真实利益,但这里所称的能力缺失不单单是依所建议的改变的内容量身界定的,这种能力有某些更为一般的蕴含;所谓没有能力认识到某个宗教团体的优长则不具有这些一般蕴含。第二个想法是,这里的问题的确是一种**能力缺失**。事情不仅仅在于行为者不承认一些物事而他在改变之后却加以承认,而且在于人们可以预期,在这类文化环境中承认这些物事是一种人类能力,是人发挥有效功能的一部分。最后这一因素依赖于对人类功能的规范性理解,正是这一因素使得我们能够在描述自杀企图时可以使用“治疗”“症结”

这些语汇。

如果我们最终要引入这些概念,那干嘛不早点儿引入?为什么不干脆说:如果改变的结果将使某人较为接近能够履行正常的人类功能,那么这种改变就符合他的真实利益?回答是:合乎某人利益的东西不见得都是他履行人类功能所必要的,或不见得都是他**需要的**东西。他真正需要的是籍以求取符合他利益的某些物事的能力,包括各种基本的动机样式。真实利益这个观念,如果不是从纯粹意识形态来说,必须伴有一种关于错误的理论,它实质性地说明人们怎么一来就会认识不到自己的真实利益。[12]

亚里士多德自己持有很强的总体目的论:每一类事物都具有发挥功能的理想形式,这一理想形式又与其他事物的理想形式相适配。他相信各种卓越品格相互适配,共同构成一个和谐的自我。此外,他一直认定人性的最高发展——他认之为智性探究——会与较为日常的城邦生活德性相契合,尽管这些最高发展表现的是另一些力量的菁华,这些力量与其说是实践理性方面的还不如说是理论理性方面的。他未曾很成功地表明这种契合。此外,尽管他的总体阐论包含了丰富的目的论资源,但他实际上未曾做出很
44 多努力来提供真实利益概念所要求的关于错误的理论。他的确描述了形形色色的糟糕人,他的描述比柏拉图在《理想国》里的描述更富现实主义;柏拉图在这篇对话里(并非在所有对话里)屈从于道德家的诱惑,把糟糕人表现得像是强迫症式的瘾君子,一无是处的完蛋货。亚里士多德则看到,一个人完全可以不是那个样子,然而从伦理角度看来却的确很糟糕——尤其是,那人也许能够运用其理性来有效地求取他自认为对他有好处的东西。说到这种人的

状况,亚里士多德解释说,他得到的是糟糕的教育,所以他养成了求取那类错误快乐的恶习。但在亚里士多德的目的论宇宙里,每一个人(或至少每一个没有残疾且不是天生奴隶的男人)都有一种内在冲动(nisus)去过至少拥有社会德性的生活,然而,这怎么一来就被糟糕的教育败坏了,亚里士多德却不曾做充分的讨论,从而他也不曾确切地说明,经历了糟糕的教育之后,那人的真实利益为什么仍然是去做一个不同于自己的人。

亚里士多德持有每一种类的自然物都内在趋向于其完善的强固预设,然而,就连他也不能牢靠地提供上述结论,那么实没有什么理由认为我们能够。亚里士多德通过形而上学目的论所表述的那些事实,今天是演化生物学能够让我们对之获得最优的理解,而就尝试表明伦理生活对每个人都是良好生活而言,演化生物学并不能做得更好。这倒不是因为,它为所有个体提供的是同一个回答,而这个回答却是敌对于伦理生活的,例如,唯彻头彻尾的“鹰派”策略对每一个个体来说都是正确的策略。不是这样的,因为其结果将不能构成J.M.史密斯所称的“演化稳定态”。[13]关键之点在于,演化生物学并不直接关心个体的良好生活,它关心的是适应,所谓适应指的是个体遗存后代的概率。社会生物学对伦理学最有可能提供的助益来自另一个方面:它也许能够提示,某些建制或行为样式不是人类社会的现实主义选择。这可以是很重要的成就,但社会生物学首先将需要能够更好地——远远好于它现在所做的——解读人类文化的历史记录。

若说哪门科学能为每一个个人提供结论,如我此前所称,那它 45
会是心理学的某种分支。的确有一些理论,尤其是心理分析类型

的理论，人们曾希望它们能够支持这样的结论：某种伦理观念是构成人类幸福的必要部分。在有些情况下这些理论似乎是这样，而这是因为它们本身包含了已经是伦理思想的东西。[14]这样的理论没什么不好，因为它们作为个体的渠道是有助益的；很可能这样的理论更好些；然而，这一点的确使它们没有资格为良好生活给出独立的阐论，从而为伦理生活提供基础。设想会有任何心理学学科能够做到这一点也许颇不现实。尝试先天地、用几页篇幅来确定能不能有这样的理论，那是犯傻。这样一种理论必须独立于据认为是伦理性的那些观念，必须紧密联系于包含在伦理生活中的个人人格的诸种复杂面相，必须带来确定的结果，同时又理所当然地要以某种形式偏护伦理的考虑。我说它必须“理所当然”地偏护伦理考虑，倒并非只是因为一个平淡无奇的理由：唯当如此它才算得上为伦理考虑提供基础，而且也因为，如果它并非偏护伦理考虑，它与实践就会有完全不同的另一种关系。我们需要生活在社会里——这肯定是一种内在需要，而不只是技术性上的必需——既然我们必须生活在社会里，就必然有这样一些或那样一些伦理考虑体现在很多人的生活里。所以，如果一门心理学表明，无论一套伦理考虑多么充分，它都不可能真正使我们幸福，那么，它就没有告诉我们怎样去生活：毋宁说，它是在预言我们不可能幸福地生活。

完整的性格心理学理应以某种可以科学地加以呈现的方式包括这个事实——好多人混账，是因为他们不快乐，而反过来：他们的不快乐却不是特别从伦理方面界定的，而单单就是基本的不快乐——悲催、火气大、孤独、绝望。这是人所周知的、触目的事实；

但此外还有很多其他日常事实。有的人人不混账,努力做到慷慨大度,努力照顾他人的利益,但他们仍然悲催,由于其伦理状态而悲催。他们有可能是自我主张(self-assertion)受到压抑的受害 46
者,这种被压抑的自我主张也许曾经是被认识到的,但现在却不能被认识到,更别说被克服或得到调整。还有另外一些人,虽然也许不像卡里克勒斯设想的那么常见,但确实存在,他们足够混账,却一点儿也不悲催,反倒——以目光炯炯衣着鲜亮这类人种学标准来衡量——兴旺发达,兴旺得让人害怕。对那些要把伦理生活建立在心理健康之上的论者来说,哪怕只有几个这样的人存在恐怕也是个难题。不过颇值得一问:存在这种人,或实际上,设想有这种人存在,在何种程度上是一种文化现象?隔得远了,他们似乎越发光鲜曼妙。法西斯长官,黑帮,大班人等,即使只作为想象的对象,似乎也是这种类型的主要的现代样板,与这些俗丽的现代角色相比,某个文艺复兴时代的大人物来充当上述角色则更加有型。也许关于以往时代我们是在欺蒙自己。或者,也许现代世界的一项成就在于不再可能养出这种类型,因为现代世界把邪恶,就像把很多其他物事,造就成集体事业,这一变化把邪恶变得更加强大但却不那么有意思。[15]

最要紧的是,在这张简单幼稚的感知榜上,我们还得考虑到其他善好。这个人混账并且相当悲催,但他功成名就并且享受到了一些快乐,而他若不那么混账就会不那么成功,同时却不会较少焦虑,因为他会遭受挫败……若除了伦理性向而外干脆不认可任何东西具有价值——这种态度等于把心理健康的观念倒转到贬弃其他所有价值的方向上来——这将是返祖回到苏格拉底式的禁欲主

义，于是将需要重构一种自我来适应它。它还将需要一种所有人都贬弃其他所有价值的乌托邦政治；否则，既然德性（这里特指心灵纯洁）是唯一的善好，这种态度就将不得不承认善好是只有少数人能够成就的，从而，就将需要另一种相应的政治，以便建构德性与愚顽社会之间的关系。

如果“其他善好”属于创造性类型和文化类型，那么，无论对于相关个人还是对于社会中其他人，上述难题都会另有一种特殊的含义。我已经说到过，基于亚里士多德的人性阐论，要把这类成就视作与日常社会德性相和谐的一部分，会产生相当的张力。两者
47 之间也许不可能达至和谐，这当然不是单单属于现代的想法；实际上，柏拉图就采取了一种远远更为悲观的看法，结果他希望把艺术从有德的共和国里放逐出去，或把艺术加以驯服。但现代人对艺术和科学的看法，以及对这些创造性活动的心理机制的看法，就上述伦理方面而言，只会使得伤口与弓[①]的难题更加难解，在这里，不快乐和不可爱有可能是创造活动的一部分——创造活动往往与某种不平衡大有关系，与某种力量或敏感性的过度发达大有关系。

有些理论纲领希望通过整合（integration）或冲突还原这类概念来把伦理生活与心理健康连接起来，但它们也都会遇到上述难题。这些心理学目标本身不能承担伦理负荷，除非它们依其定义

① 这里涉及的可能是关于菲罗克忒忒斯（Philoctetes）的希腊神话。菲罗克忒忒斯在驶向特洛伊的途中因脚部受伤被抛弃在里姆诺斯岛上，脚伤脓肿发出恶臭。特洛伊城下的希腊联军得知，若不找到赫拉克勒斯的那套弓箭，他们将无法取胜，而这套弓箭在菲罗克忒忒斯手里。奥德赛遂带人来到里姆诺斯岛，找到菲罗克忒忒斯手里。奥德赛曾打算撇下伤口发出恶臭的菲罗克忒忒斯，只带走这套弓箭，但他的同伴狄俄墨得斯（Diomedes）拒绝这样做。最后，奥德赛不得不把“伤口与弓”一同带上。——译者

就要去承担;使某些人得以整合的最佳办法结果会是使他们更加粗暴。且不说这个,也不说那些创造性的冲突——它们让我们怀疑减少冲突在何种程度上在心理上是可欲的;这里还有另一种类的问题:在何种程度上在哪些情况下消除冲突**在伦理上**会是可欲的?冲突,尤其是伦理冲突,有可能正是对某些种类的情境的适当回应。如果这些情境应该被消灭,那要做的就不止于(也许主要不在于)去改造心理,而是去改变社会。

我们很难指望心理学能为奠定伦理学基础做出重大贡献,但另一方面我们得认真考虑没有心理学我们能走多远。能走相当远。人身上形成伦理性向,这是个自然进程。这并不是说伦理性向是自发的,无须教育或培养:在这个意义上,人身上几乎没有什么是自然的,包括语言的使用在内——学习语言的能力是天生的,而且很可能专属这个物种。[16]然而,若非处于接触一种特定语言的环境里,没有哪个孩子会习得语言,而特定语言本身当然是文化产物。这也并不是说伦理生活无需包含规约:对人而言,依规约生活是自然之事。人不像特拉叙马克所设想的那样;在任何意义上,在伦理考虑之外生活都**并不更加自然**。此外,我们自己(我们多数 48
人)认同某些伦理考虑,拥有某种可容纳这类考虑的良好人类生活的观念。由此,我们养育孩子时希望教他们共享某些伦理观念,一如共享某些其他文化观念;在我们看来,这样的养育不仅对我们好也对我们的孩子好,这既是因为在我们看来这是他们的良好生活的一部分,也因为,即使用更狭窄的眼光来看待快乐或满足,我们也没什么理由认为他们若被隔离在社会的伦理建制之外会更快乐

些。即使我们知道的确有些人在那些建制之外更加快乐——这是依快乐的最低限标准来说，我们同时也知道，他们很少是因为被教育去成为法外之人结果变成这个样子。把以上种种加起来，结论是：我们有很多理由在我们所生活的伦理世界之内来教养孩子，没什么理由反对这样做；如果我们的教养成功，孩子们就将从同样的视角来看待世界。

亚里士多德承认，一个人不可能靠回答苏格拉底问题重生其生活，这隐含着，苏格拉底问题在亚里士多德那里改变了位置。如果我们认可这种改变，那么，在一个层面上，我们就不必接受亚里士多德的所有内容也可以回答这个问题。位置改变之后，苏格拉底问题成为：**我们**应该怎样生活？而在一个层面上，即使我们不能像亚里士多德那样坚称我们为每个人都备有一个偏爱伦理生活的目的论回答，我们依然可以依据我们已有的伦理生活来对这个问题提出一种伦理回答。在这个层面上，问题简简单单就是：社会是否应该在伦理上繁殖下去；这是个单单从社会内部提出的问题，对这样的问题，我们有个答案。

在这个层面上，上述论证呈现的只是要某种伦理生活或不要任何伦理生活之间的选择。但伦理生活不是浑然一体被给予的东西，对教育、社会决定乃至对个人的再生来说，伦理生活内部存在着形形色色的可能性。我们身处其中的特定伦理生活内部存在着分歧、不洽，以及自我批评的工具。所有这些在现代社会都更加繁多，也许多于曾经存在过的任何其他社会。这一点具有巨大的重要性，它剧烈地改变了道德哲学的角色，这个新角色是古代作者无论如何都无法想象的。下一章我将考虑另一种为整体伦理学事业

发现基础的尝试,一种十分不同的、更现代的尝试;在这之后,我将 49
进一步探讨这些十分不同的伦理生活可能性带来的问题:其中有些涉及不同文化的可能性,有些涉及我们自己这种文化的可能性。我们将看到,现代哲学能够做些什么来帮助我们理解这些可能性,来为自我批评提供依据。

但眼下有另一个问题需要先讨论一番:在亚里士多德的观念与我们现在大致可以接受的伦理思想样式之间有多大差距是我们应该认下的?我前面说过,在很多实质方面,现代讨论不可能分享古代作者的一般观念。但这一点在多大程度上会延伸到整个事业的逻辑形式?我曾说,若要依其本来形式满足苏格拉底的要求,若要对每一个人证成伦理生活,那么,伦理价值就必须处在自我的某种状态之中。这一点也适用于亚里士多德,如果他的目标的确像我表述的那样,这种证成是为每一个人所设。但若我们把这个目标也放弃掉,伦理价值还会处在个人的状态之中吗?人们常常认为,这是希腊伦理学和现代观念之间的一个差异:希腊人以这种方式从事伦理思考而我们则否。而且,这个看法与我前面提到的一种更深的批评联系在一起:希腊伦理思想是无可救药地自我中心的。

为这个结论所做的一类论证如下。一个拥有亚里士多德式德性的人往往欲望去做各种有德之事。但所有以欲望为动机的行为都指向快乐,而追求快乐是自我中心的。与此相反的唯一动机是义务感。伦理动机包含与自我中心的一种反差,从而,伦理性所关切的必定是义务,而不是亚里士多德所建议去过的良好生活难免要包含的欲望。(看待事物的这种方式是一般道德观念的一种格外浓缩格外粗拙的版本。)这一论证中的设定几乎都是错的。认为所有的欲望都意在快乐,这是错的,而且也不融贯;即使欲望每一次得到满足都带来快乐(实际也并非如此),上述看法仍然是错的。而且,如果真的所有欲望都意在快乐,那我们就无法再依赖常识的
50 如下看法:伦理动机与寻求快乐之间存在着一种反差。伦理动机这样一来就会以某些种类的快乐为目的。事实上,有些伦理动机的确会产生快乐,休谟就颇为赞许地想到——在这一点上,他与希腊思想一致——因行慷慨助人之事而生快乐,这是有德之人的标志。

有不少理由说明我的欲望并不总是以我的快乐为目的,其中一个显见的理由是:我的有些欲望所欲的事态之中根本不包括我——在满足这样一种欲望的所有款目中,我都不被提到。[17]存在着超越自我的欲望。它们并不都是利他的或仁慈的——它们可以是恶意的或小心眼的(frivolous)。也许有人在其遗嘱中设立某些条款来羞辱某几个亲属,或促成某个荒唐的目的,这个人通常并不认为他将在场享受这个结局;但他要的的确是**这个结局**,而不仅是他现在想到那个结局的快感。基于所有这些理由,自我关涉和他者关涉之间的分界线并不对应于欲望和义务之间的分界线。(实际上,有些道德论者以他们自己的方式承认这一点——他们发明了一类**对自己的义务**:着眼于自我的义务。这些义务在道德系统中承担了好几样功能。其中一种功能是针对消费而鼓励长期投资;另一种则只不过是把欲望的现钞洗白。)

然而,即使我们消除了关于欲望和快感的上述错误认识,似乎仍有某种东西可被指责为自我中心。伦理性向是这样一些性向:

它们要某些物事，以某些方式对他人及其行为做出反应，使用义务之类的概念，促成公正这类结局，以及诸如此类。行为者很可能是上述这些关系中的一造，而且，当然是行为者在寻问并决定他怎么去做。然而，这些观念中没有任何一样（包括他的欲求在内）必须在贬损的意义上把行为者的自我包括到相关观念的内容之中：内容中没有任何东西涉及任何种类的自我中心。但苏格拉底问题引入了另一个想法。这涉及行为者的思考，**关于**这些伦理性向本身以及关于它们怎样联系于某种良好生活**的思考**。即使这些性向本身并不指向自我，但在苏格拉底的反思中，行为者在考虑的仍然是他自己的良好生活。自我中心似乎又转了回来。

对这个问题的回答在于这一核心事实：亚里士多德的阐论已 51
经把实质性的伦理性向植入了自我的内容。在成熟反思之时，我是我已成为者，我的反思，即使是对自己性向的反思，同时也必是这些性向的表达。我思考伦理善好和其他善好，是从我已经获得的伦理观点来思考的，而这些伦理观点是我的一部分。在思考伦理善好和其他善好之时，行为者由之出发的观点已经把这些善好——以笼统的方式——排布在相互联系之中，并赋予伦理善好以特殊的地位。从外部看去，这种观点属于这样一个行为者：在他身上，他所获得的伦理性向比其他欲求和偏好处在更深处。

内部观点是从一个人的性向出发来看，外部观点则是看到这些性向；内部观点与外部观点的区别表明怎么一来伦理价值在一个明显的意义上并不依栖于自我的性向而在另一个意义上则如是。从由伦理性向参与构成的观点——内在视角——看，有价值的事物并非只是人们的性向；更非唯当事人的性向才有价值。其他人的福利，公正的要求，以及另一些事物，这些具有价值。然而，我们若取另一种视角，从外部去看人们的性向，我们就有可能问“世上要存在什么东西，伦理视角才可能存在？”答案只能是：“人们的性向。”在一种意义上，这些性向是对伦理价值的终极支持。这一点不仅具有形而上学意义，而且也具有实践意义。对伦理价值的维护在于伦理性向的繁殖再生。

行为者本人也能够对他的性向采用外部观点。但若他在反思之际把自己完全从这些性向抽离出来，在思考自己和世界之际就仿佛他并不具有这些性向，那他就得不到——对此他无须感到奇怪——任何东西（包括他自己的性向）的价值的充分图景。然而他不可能把自己完全抽离出来，这恰恰是因为这些性向是他实际自我的一部分内容。此外，他要从自己的性向退步抽身来进行反思

52 之际，会有一个重要的问题：在他从外部看到的图景里与在他从内部看到的图景里有没有什么东西是互相冲突的？[18]对亚里士多德来说，有德之人不会发现有什么冲突。他会理解到，赋予他对世界的伦理观点的那些性向是人类潜能的正确的或充分的发展。至少就这一点（亚里士多德所意谓的无疑比这一点更多）——关于人性以及人在世界中的位置的最优理论会带来这样的结论——来说，事情**绝对**是上面所说的那样。而且，这种完善可以得到和谐的展现：这些伦理能力会与人的其他形式的卓越相契合。亚里士多德的理论意味着：行为者反思之际，即使他从外部来看他的所有需求和能力，他也不会发现它们与他的伦理性向有什么冲突。

我们在这里又一次碰到削弱这一阐论的现代人的怀疑。依我们现在的理解，我们没有理由期待伦理性向能够与其他的文化追

求和个人追求充分地协调一致，而这些追求蛮可能同样合宜地体现着人性发展。即使我们暂且认为也许有某种心理学有可能在亚里士多德的方向上推进一程，我们仍然很难相信哪种人性论——如果它并不已经是一种伦理理论——能够充分选定某一种伦理生活而不是另外一些。亚里士多德把某种伦理的、文化的乃至政治的生活视作人类潜能最终的和谐实现，而我们能够从对自然和人性的绝对理解出发揭示这是何种生活。我们没有理由相信这个。然而，我们一旦丧失了这个信念，外部观点和行为者的内部视角之间就出现了一条潜在的裂缝。我们知道——而最重要的是，行为者本人也能够知道——行为者的视角只是同样相合于人性的很多视角之一，所有这些视角都可能在它们之间以及在它们与其他文化目标之间发生形形色色的冲突。裂缝已经张开，于是，我刚才用“行为者的性向是伦理价值的终极基础”所表达的那种主张就有了点儿怀疑论意味。这种主张听起来不再那么充分。

我相信这个主张是对的，我们从古代作家那里重新揭示出来
(recover)的对伦理自我的描述就其一般形态来说是正确的。同 53
时，我们必须承认，亚里士多德的预设——行为者的视点与外部观点相互契合——已经坍塌。没有这些预设该怎么办，尚无人找出好办法。本书的论证将要探讨的就是这样一种现状，而且我将在种种不同上下文中一再回到内部观点与外部观点的关系问题上。不过，我紧接下来要考虑的是从基础处着手的一种不同尝试，它尝试不采用亚里士多德的预设来找到阿基米德点。

第四章　基础:实践理性

54 上一章的设计是要把伦理生活建立在良好生活之上,从关于人性的实质信念出发来探寻生活整体形态的确定结论。我们看到,要实现这项设计需要很强的预设,而这些预设是我们不能接受的。

还有另一种设计,它也试图从基础着手来建设,不过它所依赖的东西少些,承诺提供的东西也少些。它不是要阐明充分展开的生活是怎样的,它提供的是伦理关系的一些结构性特点或形式特点。它从理性行为者这一十分抽象的概念出发,而不是依赖于某种确定的人性目的论。它仍然试图回答苏格拉底问题,虽然那是最低限度的回答。它对每一个行为者提供回答,但这只是因为这个行为者能够寻问这个问题。因此,与亚里士多德样式的回答相比,它的回答更为抽象,较少确定的人类生活内容。这种类型的论证如果提供了什么,它提供的将是普遍的形式的原理,用以规范理性行为者之间的关系形态。这些即是康德的关心所在。

这听起来也许颇让人吃惊。人们往往认为,在与康德之名连在一起的道德进路那里,道德是根本不能有任何**基础**的。康德坚持认为道德应该是“自治的”,做有德之人不可能有任何理由。在康德式的框架里,有个简单的论证可表明为什么必定如此。做有德之人的理由要么是道德理由要么是非道德理由。如果那是道德理由,它就不可能真是做有德之人的理由,因为你必定已经在道德 55
之中才会接受它。而另一方面,一个非道德的理由不可能成为去做**道德**之人的理由;道德要求动机的纯粹性,要求从根基处即为道德的意图(在康德那里即是义务),而任何非道德的肇因都将破坏这种纯粹性。因此,成为有德之人不可能有任何理由,道德呈现自身为一种直接的要求,一种绝对命令。

康德特加关注的只是**道德**,对伦理生活的这种理解会面临不少更广的问题,这些问题我们到第十章再行讨论。康德的一般观念的确要求:道德没有理由——如果理由意谓做个有德之人的动机和肇因;但这并不意味道德没有基础。康德认为我们能够认识到为什么道德恰恰会对理性行为者呈现为绝对要求。这是因为理性行为主体自身就包含了对这样的要求的接纳,而这就是康德为什么会从实践理性为自身设置的法则这个角度来刻画道德。[1]

在《道德的形而上学基础》这部极不寻常的著作里——它是亚里士多德以来最重要的道德哲学著作,也是最让人困惑的著作之一——康德尝试说明这何以是可能的。不过,我不打算通过直接解读他的文本来梳理出他的论证。这会引出这个论证本身的一些特殊问题。我将把康德的一般观念当作目的地而不是途径。我接下来提供的论证将比康德自己的论证简单些,也更具体些。[2] 我这个论证无法为道德提供基础,这一点有助于说明为什么康德的观念必须像它实际上所是的那样要求在形而上维度上有一番作为。康德自己的论证我认为也是不成功的,但若要找出它为什么不成功，需要一路跟随这个论证走上长长一程。

有什么东西是理性行为者必然想要的？这是说，他们想要（或者说，但凡他们认真思考这个问题就会想要）这些东西，只因为它们是身为行动者的一个部分或其先决条件？

人开始行动时，他必然想要的首先是某种结果：他想要世界是这样而不是那样。你可能想要一个结果却不想要自己去造就这个
56 结果——也许你更愿这个结果自行出现。的确，在有些情况下，一个结果不是你直接造就的它才算得上是你所想要的结果（你想要她爱上你）。但与这种可能性正相对照，在很多情况下，你从根本上不仅想要一个结果，而且想要造就这个结果。换个方式说（这种方式比较复杂，但仍然掩藏了某些复杂性），你想要的结果本身就包括你的行为，包括你现在的审思将要导致的所作所为。[3]

我们想要的不只是世界包含某种特定事态（后果论者以为我们想要的只是这个，这是他们的一个深藏的错误）。我们想要的基本物事里包括以某种方式去行动。即使有时候我们从根本上想要的是某种事态，只要它出现了我们就心满意足，我们仍然知道自己并不生活在一个心想事成的魔法世界里。我们知道除非我们有所作为，我们想要的结果不会自行出现，于是，当我们想要一个结果，我们通常也想要造就这个结果。（可以与这一点直接类比的是这个原理：当我们想要真相，我们就想要探究真相。[4]）而且，我们想要的不只是**阴差阳错**我们造成了这个结果，我们想要我们自己的这些想法造就了这个结果。可见，我们有目的的活动所包含的诸种“想要”是很复杂的。最低限度说来，我们想要的东西是：那结果之

出现是因为我们想要它，是因为我们相信某些事情，是因为我们依据这些“想要”和看法做了某些事情。[5] 有时候，我们想要保持某些事情原样不变，这时候，以上诸种考虑同样适用。

合在一起说：我们在形形色色的情况下想要某种结果；我们通常想要造就这个结果；我们想要这样造就这个结果——造就它的方式表达出我们想要造就它。十分明显，我们在这些情况下不想要受到挫折，例如，不想要被他人挫折。想想所有这些，我们就能看到，我们具有一种一般的性向，即想要不受到挫折，尤其不被他人挫折。概括说来，我们具有对自由的一般需求。这并不是要否认，我们有时候想要失去自由，想要被他人挫折，甚至想要被强迫——但这时候我们不想要**达至这类结果的进程**受到挫折。[6]

但对这种自由来说，我们仅仅不受挫折地去做自己想要做的 57
事情是不够的。也许，我们之所以能够去做我们想要的一切事情，只是因为我们想要的太少。我们也许不自然地限制了或弱化了自己想要的。这一考虑表明，我们有另一个一般的“想要”：我们想要有（宽泛含混说来）幅度足够大的“想要”。

然而，从所有这些并不能推出我们想要我们的选择尽少受到任何物事或任何人的限制。我们并不想要我们的自由不受任何限制。乍一看好像可以推出这个结论，[7] 然而，若接受这个结论，就会丢失理性行为的另一个根本条件。显然，在某个特定的时候，对一个行为者来说，有些事情是可达获的而另一些事情则否。而且，什么是可达获的，有多容易达获，取决于内在于或者外在于行为者的特殊情况。就他能做什么不能做什么而言，他在其中做出选择、制订计划等等的世界具有某种特定的形态，这包括他身处的位置，他是什么样的人以及他会成为什么样的人。行为者不仅知道这些(这是说,如果他头脑正常),而且他通过反思还知道,如果他的确要成为理性行为者,这些都是必要的。此外,他不能前后一贯地设想:他在理想的社会中就不需要成为理性行为者。对他能做什么存在着某些限制,这正是要求他成为理性行为者的东西,同时也是使他能够成为理性行为者的东西;而且,这也是他作为一个个殊者存在的条件,是他去过**某一种**生活的条件。有时我们可能想,我们由于不幸受到制约而成为理性行为者,在一个更幸运的世界里就不必如此。但那是一种幻想(其实,这正是一切幻想**之为幻想**)。

说到行为者的所知也是一样。一个人在某种特定情境中行动之际,肯定想要他的计划不因为无知和失误而出错。但即使是在这种特定情境中,他也不想要知道一切,或想要他的行为不带来任何无意的后果。再一次,并不全知是过上一种生活的一个条件——例如,有些事情你不知道,是因为它们将构成你的未来。如果你不能前后一贯地想要全知,那你也就不会前后一贯地想要永远都不犯错。它们不是一回事(全知不同于不可错),但它们之间
58 有很多联系。例如,就像波普尔一向强调的,你必须犯错误,并认识到那是错误,你才会增益自己的知识。

最后这几项考虑说的是一个理性行为者不必想要哪些东西来充当他身为理性行为者的条件,实际上他必须不想要这些东西。这些考虑的前提是,他或她是有限的,具身的,处在历史之中的行为者:我认为世上只有这样的行为者,也许公司法人(corporations)及类似的行为主体是些例外,但它们是边缘的或可疑的事例;他们(同样除去上面那些例外)也是伦理学唯独与之有关的行

为者。(那些信上帝的人会把上帝当作行为者,尽管如此,他们不应该把他视作与伦理学有什么关系。)我设想大多数人会这么认为。但我们后面会看到这一点有某种重要的后果。

于是,作为理性行为者,我们想要我笼统地称作自由的东西,虽然它不是指无限的自由。这必定让我们认为我们的自由是一种益品,认为我们是自由的是件好事吗?导向这个结论的一条路径是说:一个行为者想要形形色色的特殊结果,这时,他必定认为这些形形色色的结果都是好的。于是,他注定会认为他有自由是件好事,因为自由有助于保障他得到这些结果。[8]

如果我们想要某样东西,着意求取它,那么我们就认为得到它是件好事——真是这样吗?这是个传统的成说,柏拉图在《美诺》中提出,经院哲学的金言,*omne appetitum appetitur sub specie boni*,凡被求取之物皆以其为善物而被求取,更为这个成说罩上光环。这在我看来却不是真的。依我们对**善好**的各种平常理解,说你想要某物或你决定去求取某物都不同于说它是好的或(更在点子上)你得到它将是件好事,从前者到后者肯定还缺一步。某物是好的,这个观念——也许细弱而含混地——引进了事情的另一个方面:能够有不止一个行为者认可它是好的。一个行为者有个目的,他当然有可能认为他的目的是好的,但他不一定这么认为。单就他有个目的来说,他一定会认为的想来最多不过是:他若实现这个目的**对他来说**是好的。但就连这一点也未必。即使这个退了一 59
步的主张也隐含着某种眼界,超出了行为者当下想要的东西,望向他的长远利益或良好生活。认某物事有价值,即使只是对你自己的利益有价值——当你认为那“对我来说”会比较好时就是这

样——总已超出了仅仅想要某物。我的确可能最终把我生活中的所有价值都押到满足单单一个欲望上，但即使如此，那也不仅仅因为我只有一个欲望。只有一个欲望蛮可以是：我的生活中根本没有价值；在单独一个欲望里看到所有的价值则是：**我在乎的欲望**只有一个。[9]

然而，即使我们放弃了传统的成说，不再笃定把凡我想要的都看作好的，但我应该把我的自由看作好的这一点仍然可能为真。我刚才提议说，"对我是好的"引进了某种指示，指向超出我当下目的之外的利益或良好生活，而我的自由就是我的这些基本利益之一。所以，也许我应该把我自己的自由视作好的。但若是这样，我一定不要被误导去以为，无须多言，我的自由构成了一种善好。惟当我是理性行为者这件事无须多言是件好事，这时，自由才无须多言构成一种善好；但没什么道理表明别人为什么应该对此表示赞同。事实上，连**我**自己是否必须赞同，这也不那么清楚。这里开始触及到一些更深的问题，关于我怎样理解我自身存在的问题。

迄此所说的所有关于理性行为的基本条件和预设似乎都是正确的。努力为道德提供基础的论证尝试表明，仅仅根据这些条件，每一个行为者就都承担了一种道德承诺。依照这一论证，每一个行为者都必须像下面这样来思考。既然我必然地想要我的基本自由，我就必须反对那些会取消我的自由的做法。所以，如果任何秩序使得他人会拥有取消我的基本自由的权利，这种秩序我都不能赞同。于是，当我反思我从根本上所需的秩序之时，我看到我必须主张我对自己的基本自由有一种**权利**。事实上，我必须把他人须尊重我的自由这一点设立为他人须遵守的规则。我主张这一权利,只因为我是个有目的的理性行为者。但若这一主张的基础完完全全在于这一事实,那么,相似的事实必然同样是他人提出这一主张的基础。若如我所认为,我是合乎法理地、恰如其分地认为他们应该尊重我的自由,那我就必须承认,他们也是合乎法理地、恰 60
如其分地认为我应该尊重他们的自由。我从我自己对自由的需求进到"他们不应当干涉我",我同样必须从他们的需求进到"我不应当干涉他们"。

如果这是正确的,那么每一个人的基本需求和愿望已使得他做出迈入道德的承诺,做出迈入权利与和义务的道德的承诺,谁若拒绝迈入,他就在实践上与他自己相冲突。结果就是,他一方面承诺做一个理性行为者,另一方面却要拒绝必然包含在其中的那些承诺。但这个论证正确吗?它的最后一步肯定成立,即,如果理性行为本身在我这里足以作为不受干涉这一权利的根据,那说到他人也一定是这样。它建立在"可普遍化原则"的最弱的、最少争议的版本之上——这一原则在这里单只借助**因为**或**有鉴于**来发挥其作用。如果在我这里,一种特殊的考虑真的足以建立一个结论,那它在无论谁那里就都足以建立这个结论。这错不了,如果"足以"真是足以。如果上述论证并不能够达到证成道德的结论,那一定是由于前面哪个步骤不成立。设若我们一开始关于理性行为者的愿望和需求所说的无误,那么,论证出错之处就一定出现在我开始申言我的所谓权利的时候。

我们来考虑一下这个行为者在设想他的权利主张时会怎么说,这将很有帮助。他可能这样说:

我有某些目的。

我需要自由去求取这些目的或任何其他目的。

所以我需要自由。

我规定:他人不得干涉我的自由。

让我们把这么想的这个人称作行动者 A。眼下设若我们知道“规定”是什么意思,然后把 A 的规定称作 Pa。于是,A 也认为

Pa 是合理的。

这话在这里的意思是,Pa 对他,即对 A 之为理性行为者来说是合
61 理的。A 当然可以承认另一个行动者,例如 B,可以有与自己一样的想法。例如:

B 规定:不让 A 来干涉我的自由。

让我们把 B 的规定叫作 Pb,这时,普遍化原则要求 A 承认

Pb 是合理的。

这也许看起来像是他现在承认 B 的规定在对 A 本人做出权利主张的意义上是合理的。这是上述主张道德的论证所要求的。但是 A 并没有承认此点。他只不过同意,Pb 和 Pa 是在同样的意义上合理,这意谓,Pb 只是就其联系于 B 是个理性行为者而言才是合理的——而这又是说,B 在做 B 自己的规定时是理性的,一如 A 在做 A 自己的规定时是理性的。这并不意谓 B 接受 Pa(或反过来)的话——如果这种接受意味着他承诺不去干涉 A 的自由——B 是理性的。

下面的考虑也显示同一要点:我们无法单单借助理性行为主体自身关于**应该怎样**或**应当怎样**的考虑,即借助**应该怎样**这个实践问题的考虑,达到所要求的结果:进入伦理世界。B 做某些事情所依的理由就其本身而言并不是另一个人做任何事情的理由。实

践理性之**应该**,像任何**应该**一样,有第二人称或第三人称,但这两个人称形式代表的只是我对你的或他的利益和理性计算的视角,即“如果我是你”这种形式的视角。以这些方式来考虑 B 应该怎么做,我的结论蛮有可能是他应该干涉我的自由。

但是我能为他做出这个“规定”[10]吗?这是什么意思?我当然不想要他干涉我的自由。但单只这一点就能产出那些引向义务和权利的规定吗?上一段的论证提示:如果我不规定他人不应当干涉我的自由,那逻辑上我就必须承认他们**可以**干涉我的自由——这是我不想要承认的。[11]这个论证断定的是:我只能要么给予他们干涉我的自由的权利,要么不给予他们这种权利。这个论证其实是在坚持,如果我要保持前后一致,我就必须制定一条内容大致如 62
下的规则:他人不得干涉我的自由,而且这非得是条规则才行。而这条规则,恰恰因为它是一条一般的规则,当然同样要求我不得干涉他人的自由。

但为什么我非要制定什么规则呢?如果是由我来制定规则,那我制定的规则当然既不会命令他人来干涉我的自由,也不会允许这个。但有另外一种可能:我并不把自己看作是在制定规则,在正反两方面都不是在制定规则。我也不必被认为是给出了许可。如果有一个规则系统,那毫无疑问,如果这些规则(至少,若这套规则从其他方面看相当周全)对某些事情保持沉默,我们自然而然可以认为这意味着这些事情是被允许的。法律,像其他拥有至高权力的主体一样,通过对某些事情保持沉默说出了点什么。但若没有法律,沉默就不是有意义的、有所允许的沉默:沉默不过是沉默而已。在另一个意义上,当然,人们“可以”干涉我的自由,但那只是说没有法律去禁止、允许或命令他们这样做。他们“可以”还是“不可以”是说，他们“能够”还是“不能够”，而这要看我和我能做什么。如自我中心论者 M. 施蒂纳所言：“攻击我的老虎是正当的，我击倒它也是正当的。[①] 这时，我面对老虎捍卫的不是我的正当**权利**，我在捍卫**我自己**。”[12]

我也可以这样问：既然我准备规定这么多了，我的野心为什么不能更大一点，规定别人不得干涉我碰巧具有的任何特殊目的？我所做的各种特殊事情我都**想要**获得成功，肯定不亚于我想要的任何其他东西；我不想要别人干涉它们。确实，我对基本自由的需求本身来自于这类“想要”。但是这个论证肯定不会允许我为我所有特殊的“想要”去做出规定。

这个论证依赖于对制定规则这件事的某种奇特理解，而这种理解是康德伦理学建构的核心。如果我能够制定我喜欢的任何规则，把它们作为压迫工具加以实施，那我就可以制定一套法则，合乎我的利益，打击与我竞争的他人的利益。别人谁都没有理由来遵从这样的法则，除了我给予他的那个理由。但是我们在上述论证中考虑的不是这种法则，它没有外部的封准，并不对应于各方之
63 间的不平等。它们是**名义上的**法则。问题从“我能制定何种法则”变成了“我能制定何种可合理指望别人接受的法则？”当我们考虑到，现在所有人都从这样一个无权力的平等的立场来问这个问题——既然在颁布这些法则的王国里根本无所谓权力——我们就能看到上述问题也可以是“我能接受何种法则”，并最后也可以是

① 这里的“正当”与下句的“权利”都是英语词 right。——译者

“应该有何种法则？”

如果这是我们的问题，基于这一宗旨并为这样的王国提出来，那么我们就可以看到，为什么应该依循康德的基本行为原则即绝对道德命令来回答这个问题，这个绝对命令（在最初得到表述时[13]）要求你“只根据这样一种准则来行为：你这样行为之时，同时能够意愿它成为一项普遍法则。”但麻烦立刻会转为：我们为什么要接受这样一幅图景？我为什么要既把自己想成是立法者又想成——既然这里没有什么区别——同时是被这些名义法则所管辖的共和国的公民？这始终是个棘手的问题，即使一个人已经处在伦理生活之中来考虑该如何思考它。如果所要求的是所有理性行为者都这样来看待事物，那问题就更棘手了。这个论证得告诉我们，理性行为者身上的什么东西会要求他们形成这样的看法，即把他们自己视作，这么说吧，抽象的公民。

我们也许会想，这个问题似乎有自明的答案，因为，他们现在仅仅是理性行为者，此外他们什么都不是，他们之间没有区别。但通过这条途径来获取这个模式完全没有说服力。我们关心的是，不管一个给定的人有多大权力或影响，他作为一个理性行为者应该怎样合理地行为，这不同于，如果他是一个理性行为者**且此外不再是任何别的什么**他应该怎样合理地行为。实际上，这个等式无可索解，因为没谁只是理性行为者而别无其他。一个比较可理解的检验是去问人们，如果他们仅仅知道自己是理性行为者，此外对自己毫无所知，或，他们知道的不止于此，但不知道自己特殊的权能和地位，这时，他们应该怎样合理行事。[14]就某些事情而言，这是个有意义的测试；尤其，它有可能用来测试公正问题，向那些关心公 64

正的人提议这个测试或能起到测试作用。但若你并非已经关心公正,问你应该怎样合理行事就不是有说服力的测试。除非你已经准备采取无偏私或道德的观点,否则,现在提议说决定怎样行为的办法是来问你如果你没有你实际具有的优势或者不知道你有的是什么优势那你会制定何种规则,你会认为这样的提议大不合情理。

康德的设计若要有点儿成功的希望,就得再退后一步,从更早的地方开始。在一种重要的意义上,比起我前面勾画的论证,它必须更像康德自己的建构。我们的论证从理性行为者需要什么开始,虽然这个论证关于这种需要所说的不假,但它不足以把所有行为者都引进道德。康德则从在他看来理性行为者**是什么**开始。他认为道德行为者在某种意义上就是理性行为者,且只是理性行为者,他为他的道德阐论提供了关于这种行为者的一种特殊的形而上理解,依照这种具有本质意义的理解,道德行为主体是他所称的"物自体式的"自我,处在时间和因果性之外,因此有别于具体的、经验上被决定的个人——这是我们通常认为自己所是的个人。康德相信,如果我们反思自由的要求,就能揭示出这个先验的自我观念;自由的这些要求处在更深层次,比我们迄此为止的探究所达到的层次更深。他不认为我们能充分理解这个观念,但我们能够看到这个观念是可能的,能够知道道德和理性行为都包含这个观念。

康德的阐论困难重重且十分晦涩。首先,他认为除非出自道德原理,其他所有行为都不仅要以决定论方式来说明,而且要根据自我中心的快乐主义来说明。[15]只有从道德原理出发来行为,我们才能不像动物那样被快乐驱力因果地决定;他有时还指出,只有依乎原理的行为才算得上是意志（他把意志等同于实践理性）的实施，因此才是真正的自由。这样来看待我们的行为，我们的其他行为都只是因果性的产物——像人们爱说的那样，是“盲目的因果”的产物；但这是个不恰当的说法，因为，即使康德本人也认识到，这 65
种因果性经常使得行为者（肯定使得动物）能够清楚地看到他们会得到什么结果。

我不打算讨论康德自己的理论能怎样从这些困难自拔。一种理论但凡打算提供基础就必须避免这些困难。我们感兴趣的是这个想法，即理性自由已经预设了伦理考虑，而理性自由必定意谓的是这样一种自由：即使道德怀疑者也**已经**对之做出了承诺。康德，或谁要像他那样进行论证，也许可以说，只要道德怀疑论者欲求个人的自治和理性，他就对唯在道德法则中才能**充分**实现的某种整体观念作出了承诺，但他们若要说道德怀疑者所追求的理性自由大大有别于在非道德的实践智识或慎思中所表现出来的那些东西则于事无补。我们不能把道德怀疑论者对自由和理性的承诺与他已经经验着的那些事物分割开来——例如，他经验到一个人清醒地做出决定有别于他糊里糊涂做着自己没打算做的事情。而且，这也不只是个辩证说法，尝试在怀疑论者那里找到能抓住他的抓手。问题还在于从哪里能合情合理地抓住理性自由的观念。

所以，我们是在寻找一种论证，这种论证要深深地探入康德的领地，最后带回来的是他的核心结论：理性行为者的最基本的利益必定与把他自己视作名义共和国的公民立法者所认可的利益相一致；但它同时却不要带回物自体式的自我这个过于沉重的形而上学包袱。这个论证可以像下面这样推进。我们已经同意，理性行为者对他的自由做出承诺，我们也已经多多少少说到，要获得这种自由，哪些东西是必需的。但关于这种自由必须是什么，我们还没有达到足够深入的理解。理性行为者这个观念不仅仅是关于某个受造物的第三人称观念——这个受造物的行为可以通过信念和欲望加以说明。理性行为者**依据**理由行为，这超出了合乎某种规律性或法则去行为——哪怕说的是信念和欲望领域的规律性或法则。如果他**依据**理由行为，那么，他就不仅必须是一个行为者而且必须把自己作为行为者来加以反思，这包括他把自己看作其他行
66 为者中的一个。所以，他要从自己的欲望和利益退开一步，从并非**他自己的**欲望和利益的立场来看待它们。这个立场也不是任何别人的欲望和利益的立场。它是无偏私的立场。所以，当理性行为者追求真正的自由和理性，其合宜做法是把自己视作在制定法则，制定将协调所有理性行为者的利益的法则。

在评估这条论证路线时，我们一定要记住，据康德，这一论证所引入的理性自由不仅体现在怎样行为的决定上，而且也体现在理论审思中，体现在关于真际的思考中。把我们导向无偏私立场的不仅是我作为行为者的自由，粗略说来，这指的是：我怎样做依赖于我怎样决定；它也是我作为思想者的反思的自由，而这对于事实性思考也是成立的。[16]康德认为，在这两种情况下，我都不仅仅是被因果驱使而达到结论：我可以从我的思想和经验后退一步，那些原来只是一个原因的东西**对我来说变成了一种考虑**。在通过反思达到某种看法的时候，发生这种转变的事项将成为证据，或我认之为证据的东西：例如，这一事项可以是一个感知。在实践审思中，这个事项很可能是一种欲望——我在决定怎么做的时候会包

括在考虑之中的一种欲望。从证据或我的欲望退开一步,它们就变成我依之达到结论的某些考虑;在这两种情况下我都是在施展我的理性自由。在实践情况中,我站到我的欲望和谋划之外的立场上,不过,我仍然可以首肯我原来的欲望,就像在事实情况下,我可以首肯我原来相信的东西。在这个过程中,我原来的欲望就可能变成我行为的动机。(虽然采纳这幅图景的人会很自然地说,在某些情况下,我最终所做的不是由我原来具有的任何欲望促动的,而是完全由我的反思产生的。)[17]

康德关于理性自由的阐论意在既适用于事实审思,也适用于实践审思,这就暴露出康德论证的错误所在。他关于反思所说的
的确适用于事实审思,但这是因为事实方面的考虑本质上不是第 67
一人称的。他所说的不适用于实践审思,也无法把某种必须是无偏私的立场强加到实践审思上,因为实践审思是第一人称的,而且从根本上就是如此;实践审思包含的**我**与我的欲望之**我**紧密相连,这种联系肯定比康德式阐论所认可的更加紧密。

当我思考这个世界并努力确定其真相时,我思考的是**世界**,我做出陈述,提出问题,这些陈述和问题是关于世界的而不是关于我的。例如,我问:

锶是一种金属吗?

或自信地自语:

瓦格纳从没见过威尔第。

这类问题和断言有第一人称的影子,比如:

我想知道锶是不是一种金属,

或

我相信瓦格纳从没见过威尔第。

但这些都是派生的，仅仅是那些没有提及我的想法的反身的对应物。我出现在这些说法中，仅仅扮演了有这种想法的人的角色。[18]

当然，我有可能以更实质的更个殊的方式出现在我自己的想法里。我的想法可能特别是关于我自己的，例如，在

我病了吗？

这话里就是这样。这类想法是关于我自己的，与之对照，有些想法则不是关于我自己的，而是关于其他人或者其他事情的。更有意思的是，我可以作为证据的场所出现在我的想法中，例如，

在我看来它是蓝色的。

在这样的例子里，我特别是作为我自己出现的，我的实际心理性状
68 牵涉其中（所以，基于我特有的视觉，在我看来是蓝色的东西有可能是个可靠的标志表明它是绿色的）。我问

我是怎么想这个问题的？

在一个意义上，这话也包含对我自己的特殊指涉，涉及我的实际心理属性；它可以是在促请我去发现我都有些什么信念，就像我能去发现他人都有些什么信念（虽然发现的途径未尽相同）。然而，

我应该怎么想这个问题？

则有时与

这个问题的真相是什么？

意思相同，而这时候，**我**只是以派生的方式出现在这话里；最后这个问法才是原生的。

因此，这种类型的**我**也是非个人的。

我应该怎么想这个问题？

也蛮可以是

人们——不管是谁——应该怎么想这个问题?

即便这句话是在问

就我所拥有的证据来看我应该怎么想这个问题?

情况仍是这样。它一定是在问不管是谁,他根据这些证据应该怎么想。同理,不管是谁,他真正所相信的必须与其他人真正所相信的相一致;审思事物真相之时,由这一审思进程的本性所致,所有人都承诺于一致性这一目标,力图达到一套一致的信念,无论这些信念是他自己的还是他人的。[19]

为行为所做的审思则不同。实践审思在所有事例中都是第一人称的,这里的第一人称不是派生的或自然而然可被**无论是谁**代替的。我决定的行为将是我的行为,“它是我的”在这里不仅是说它是通过这一审思达到的,而且是说(依循前面关于行为目的所说的那些内容)它涉及世界的这样一种改变:我在经验层面上将是这种改变的原因,这些欲望以及这一审思本身将是这一改变的部分原因。的确,我可以从我的欲望退开一步,对它们进行反思,这种 69
可能性的确可以被视为任何理性行为者目标所在的理性自由的一部分。这一点多多少少超出了前面讨论中所认可的关于自由和意向性的考虑,但是它还是没有给出与道德有关的所需结论。反思性的实践审思中的**我**不需要把任何别人通过适当审思得到的结果视作给定的东西(a datum),这个**我**也不曾一上来就承诺于所有人的审思将和谐一致——也就是说,承诺于从平等的立场出发来制定规则。对真相的反思性的审思的确带来了无偏私的、追求和谐的立场,但这是因为它在追求真相而不是因为它是反思性的审思;

关于怎样行为的审思并不会仅仅因为它同样是反思性的而分享上述特点。在理性反思之际从我的欲望退开一步的那个**我**仍然是那个拥有这些欲望的**我**，仍然是那个将要经验地、具体地行为的**我**；它并不仅仅通过反思的抽身退步就转变为另一个存在者——这个存在者的基本利益在于所有利益都和谐一致。仅仅通过这一步并不能达获公正的动机。

的确，如果我们认为反思对所有具体欲望都无承诺，那就很难解释为什么反思本身会要关心哪种欲望得到满足。理论审思或事实审思的反思性自我与前反思的看法，这两者的利益是一致的：两者各依自己的途径求取真相，这就是为什么在通常情况下，倾向于某些看法的前反思性向会轻易接受反思提出的矫正。但据我们正在考虑的模式，在反思的实践自我与任何具体欲望——无论是我自己的欲望还是他人的欲望——之间，却并不存在同一的利益。所以，我们不清楚为什么反思的自我要为满足这些欲望提供帮助。前面那个论证把反思与置身事外（detachment）错当成一回事，眼下所说的恰是这个错误的另一个方面。

如果一个人**确乎**具有公正的动机，这时，采取无偏私的视角是什么意思？我们在这里还面临一些深层问题。一个采取无偏私视角的**我**怎样还能保留足够的个人身份去过一种尊重自己利益的生
70 活？如果道德竟是可能的，它还会留下任何空间让我保持为个殊者吗？这些既是关于道德的也是关于人生的重要问题：它们关乎道德，因为道德作为伦理性的一种特殊观点以格外尖锐的方式提出这个问题；它们关乎人生，因为无论怎么看待伦理问题，在无偏

私性和个人满足、个人目标之间，乃至于和差不多所有个人承诺之间——但凡这些个人承诺比普遍关切或尊重权利所索求的承诺要狭窄些，哪怕它们并非必定是自我中心的——都存在着实实在在的问题。后文将提出这些问题中的几个。它们涉及的是我们力所能及的无偏私立场将怎样影响个人欲望与审思。我相信，本章已经表明的是，单靠理性审思无路可通达无偏私的立场。

第五章　伦理学理论的类型

71 我们也可能为另一种目的诉诸无偏私的立场，不是要通过论证把谁从单纯的实践理性引向对公正或仁慈的关切，而是要引他去支持或要求这种伦理观而非那种伦理观。这时候，问题就成为：既然他在宽泛意义上已经承诺以伦理方式来思考，他该如何进行思考？他现下的伦理思考健全吗？

我这里要讨论的不是对现有的种种伦理态度和伦理信念的各种类型的批评。存在着多种类型的批评，其中最强有力的那些批评从来都不是靠哲学论证，它们靠的更多是揭明这些态度来自神话，来自关于人是怎么回事的错误看法。有些批评包含更为明确的哲学论证，即使这些批评，也不都是我眼下要讨论的。这类论证中有一些处理的是局部问题，从一些伦理观点引申出某些后果，或指出这些观点自相矛盾。它们是伦理论证的一些工具。在本章与下一章，我要讨论的是那类更复杂、更周全、更雄心勃勃的结构，即**伦理学理论**。（此后我还将考察这个想法：有些伦理论证工具，若加以贯彻，结果也足以产生伦理学理论。）

什么是伦理学理论？我们可以借助一个有点儿复杂的定义最
72 好地把握这个表达式的最有意义的用法：伦理学理论是关于什么

是伦理思考和伦理实践的理论阐论，这种阐论或者意味着存在某种一般的检测，可用来确定基本的伦理信念与原则是否正确，或者意味着不存在这样的一般检测。前一类是积极的伦理学理论，我这里要讨论的是这一类。我在本章将阐述积极伦理学理论的两种主导类型，在下一章则将考虑这类理论的深层动机及其与实践的关系。但眼下我先就那类消极的理论说上几句，并说明我为什么会以这种特异方式来定义伦理学理论。

本来，只要你把自己的用法说清楚，怎么使用“伦理学理论”这个表达式并不怎么要紧。不过，像上述定义那样来使用这个表达式还是有个缘故，它涉及一个重要的哲学问题。二三十年前，标准的做法是区分“伦理的”和“元伦理的”。前者就人应该怎么做，人应该怎么生活，什么是有价值以及诸如此类的问题提出实质的主张。后者讨论的是上面这些主张的地位(status)：它们算不算知识？它们能不能得到证实？它们是不是(以及在何种意义上是)客观的？等等。这一区分背后的想法可说相当自然：我们有可能把这两种类型分开；元伦理类型的理论就其本身来说没有伦理意涵。

这个区分经常跟另外两个想法连在一起，但很有必要把它与这两种想法区别开来。一个想法是，元伦理研究应当是语言方面的研究，它探究的是伦理话语中使用的语汇。这还涉及另外一个看法，一个在道德哲学领域迄今没结出什么果实的关于何为哲学的看法。“伦理的”和“元伦理的”这一区分可以与这个想法区别开来，不过，从语言着眼来表述问题的做法很可能促进了这一区分，因为当时普遍认为，我们一定能够把两种东西区分开来：一种是语言用来说事情的手段，一种是用语言说出的具体事情。那时候，这

种看法得到广泛主张，并且出现在其他一些区分那里，例如，分析
73 与综合这一区分——这一区分现在不那么受人追捧了。不过，即使对语言哲学的专注的确促进了“伦理的”与“元伦理的”这一区分，这一区分也并不必然与语言进路连在一起。

另一个想法是，哲学不应该包含任何伦理断言，而应该自限于元伦理范围。这个想法也可以与上述区分分开，即使这个想法所取的是语言形式。这一要求自限的纲领显然也更进一步依赖于关于何为哲学的某些预设——并不是人人都认可的预设。例如，摩尔在《伦理学原理》中对说何为善好与说哪些东西是善好的做出区分，这是一个在书里得到强调而且产生广泛影响的区分；而他在这本书里既尝试探讨前一种内容也尝试探讨后一种内容。在哲学家圈子里影响很大的是他所做的这个区分，而一般读者更感兴趣的则是在他的阐论中哪些东西内在地是善好的。不过，关于善好和我们对善好的知识，摩尔的确有他自己的主张，正是根据这种主张，去谈论哪些东西是善好的才在某种意义上是哲学的适当任务。他认为善好是借助某种智性辨识力察知的，这个察知过程至少有一部分（摩尔对这个过程的界定太贫乏，我们弄不清楚这个部分有多大）与智性分析足够相似，我们因此可以设想，哲学或哲学家的能力也许能对察知善好这件事做出贡献。但有些论者则认为哲学的主要任务是分析，而做出实质伦理判断的过程与智性分析大不相同，他们从而认为没有什么理由把这类判断放到哲学范围之内，于是要努力——二三十年前，有些哲学家就曾做出这种努力——把它们从哲学中清除出去。

现在，人们不再认为“伦理的”与“元伦理的”的区分那么令人

信服或那么重要了。这有几个原因，但与眼下话题关系最密切的一个原因是，现在，有一点是显而易见的（重新变得显而易见）：人们就伦理思考这个主题都思考些什么，人们认为伦理思考是关于什么的，这本身一定会影响到哪些检测方式适合用来检测伦理思想的可接受性和一致性；而使用哪些检测方式又一定会影响到实质性的伦理结论。反过来，使用特定的检测以及论证模式也可以意味着关于何为伦理思想的这一种看法而不是那一种看法。如果 74
一种理论既包括关于何为伦理思考的看法又包括关于怎样运用这些伦理思考的看法，并把这些看法同这种特定运用所带来的实质结论结合在一起，这种理论就是一种积极的伦理学理论。

然而，关于伦理学内容和性质的有些看法则意味着没有这类测试。其中最极端的看法说，伦理立场无非在于选择一个立场然后抱住不放。我觉得很有理由把这也叫作一种伦理学理论，消极的伦理学理论。但应该把它与另一类关于伦理思想具有何种性质的理论区分开来——它们对能不能有这类测试**不置可否**。事涉伦理物事该说些什么，一个人蛮可以相当有把握也相当确定，但他仍然怀疑是否存在这类测试；还有比这更复杂的可能：他可能认为在某些文化环境中有这类测试而在另一些文化环境中则没有。我在本书中提出的就是这种阐论；有道理不把这种阐论叫作伦理学理论。伦理学理论所从事的是哲学工作，它们信守这样的看法：哲学能够决定——无论积极地还是消极地——我们应该怎样思考伦理问题，这里所谓“消极地决定”大致是说，在伦理领域我们实在没什么很多可思考的。过去有些哲学家说哲学决定不了我们应该怎样思考伦理问题，他们所想的通常就是这种消极看法。

与之对照，我要说：我们能够思考伦理问题，能够以形形色色的方式来思考，除非我们的历史文化环境使之变得不可能——然而，哲学很少能决定我们应该如何思考。我建议这样使用“伦理学理论”一语，目的在于突出这一点：无论积极的还是消极的伦理学理论，它们都意味着对哲学提出了相似的要求。这一点眼下看上去无关宏旨，但我希望它到后面看上去不再是这样。我们的目标是达到一种不同于上述任何理论的态度。这种态度体现了对哲学伦理学的怀疑，但这与其说是对伦理学的还不如说是对哲学的怀疑。

我们现在回过头来讨论积极的伦理学理论。有多个种类的伦理学理论，对它们有多个种类的分类法，因此产生出不同的类的
75 类。没有哪种分类法独具启迪，但一种有益的区分法是区分两种基本的类型：**契约主义**和**功效主义**。T. M. 斯坎伦曾对“道德过错”(moral wrongness)加以解说，在这个上下文里他曾这样表述契约主义的中心思想：“存在着一些一般地规范行为的规则系统，而无人能够合情合理地拒绝承认这些规则是信息充分的、非强制的、一般的协议之基础，如果在这些条件下所实施的行为是任何这样一个规则系统都不允许的，这个行为就是错的。”[1]（斯坎伦以及我将讨论的另几位作者所说的通常是**道德**；我有时也这样说。）关于过错的这种阐论是与关于何为道德思考或关于存在着哪些终极道德事实的特定理论连在一起的。据这一理论，道德思考涉及的是人们在这些有利条件下——没有谁是无知的或受到强制的——能够达成哪些协议。这一理论还提供了关于道德动机的阐论。基本的道德动机是“欲求能够以他人不能合理地拒绝承认的理由向

他人证明自己的行为的合理性。”[2] 可以看到，这套观念与上一章谈到的康德的看法很接近。只不过现在的要点不是尝试表明理性行为者一定是名义共和国里的公民立法者。现在的问题是对于那些据认为已经有意达成协定的人众，哪些规则会是可接受的。

与契约主义相对照，功效主义把个人福利视作伦理思考的基本主题。功效主义有很多种属。它们在应该怎样评估福利这个问题上看法不一；分歧还涉及通过最大化的福利得到辩护的是个人行为还是某种规则、实践、建制。（这是**直接功效主义**与**间接功效主义**的分歧所在。）但各种功效主义都赞同福利加总，[3] 这是说，以某种方式把所有相关的个人的福利加在一起得出总量（这个表述，甚至其中“相关的”这个词，都会引发很多困难）。

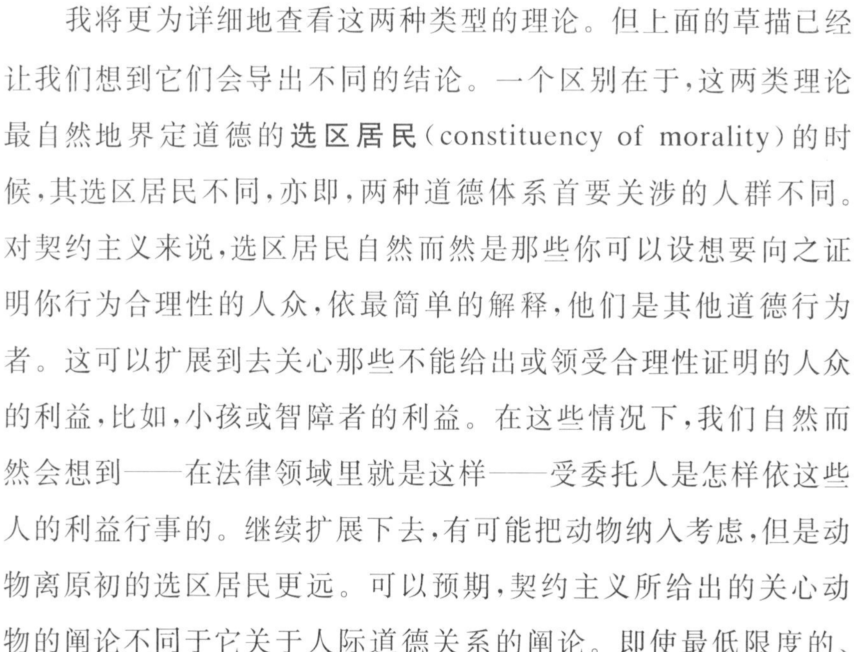

我将更为详细地查看这两种类型的理论。但上面的草描已经让我们想到它们会导出不同的结论。一个区别在于，这两类理论最自然地界定道德的**选区居民**（constituency of morality）的时候，其选区居民不同，亦即，两种道德体系首要关涉的人群不同。 76
对契约主义来说，选区居民自然而然是那些你可以设想要向之证明你行为合理性的人众，依最简单的解释，他们是其他道德行为者。这可以扩展到去关心那些不能给出或领受合理性证明的人众的利益，比如，小孩或智障者的利益。在这些情况下，我们自然而然会想到——在法律领域里就是这样——受委托人是怎样依这些人的利益行事的。继续扩展下去，有可能把动物纳入考虑，但是动物离原初的选区居民更远。可以预期，契约主义所给出的关心动物的阐论不同于它关于人际道德关系的阐论。即使最低限度的、

简略形式的契约观念，它作为其首先关切所引入的也总是那些既是道德思考的主体也是其对象的行为者间的平等关系。

功效主义别有一种视角。它关心的是福利，而对福利的最自然的解释之一(也是历史上最早提出的解释)是趋乐避苦，于是，功效主义的自然的选区居民就由所有能够感觉到苦乐的受造物组成。近代的工作更精细地界定这一基础——功效主义现在多半把它的选区居民界定为那些拥有偏好或欲求并会因其受挫而沮丧的受造物。在大多数版本中，这种界定仍然把动物包括在其首要的选区居民范围之内：事实上，把某些动物包括进来要比把某些人(例如，垂死之人)包括进来更自然些。这种观念所诉求的是仁慈这一道德动机。这一理论同时就引入了道德行为者与道德受益者之间的地位差别，从一开始，第二类成员就多于第一类成员。功效主义的这一特点是从它的福利主义来的。

功效主义是后果主义的一种，它用行为的后果来评判行为，[4]它由此有了另一个重要的特点。各种形式的后果主义最终都把伦理价值定位在事态上。(就功效主义这种福利后果主义[5]而言，价值在于定位在事态之中的福利差异。)这一点的结果是，在功效主义那里，行为主体只是第二位的——作为行为者，我们对世界的基
77 本伦理关系是：我们是那些可欲或不可欲的事态的原因。我们最基本的伦理关切是尽我们所能使得世界上有更多而不是更少的福利或功效；依最简单版本的功效主义，我们要做的只是以最有效的方式去产生更多福利和功效。这里有一个问题：行为者在行为之际有哪些因果杠杆可供施用？有时候，我能借以影响结果的原因链要经由他人的行为，[6]但这并不造成格外值得注意的区别。要

紧的只是哪些改变会产生最多福利。这意味着，有些与福利相关的事态，虽然我能够施加影响，但依非功效主义的前提来看，它们本会是别人该去关心的，而现在，只因为我能够施加影响，它们就成了我该关心的。而且，因为受益者这个类大于行为者这个类，所以会有一些情境，依非功效主义的前提来看，它们不是任何人要去关心的，而现在它们会变成某些人该去关心的。

这些考虑凸显出功效主义和契约主义的另一个区别——这里所依据的仍然是对这两类理论的最直接最自然的解释。功效主义对产生最大福利的要求是无限的。除了时间和能力的限制，没有什么东西来限制一个人能为改善这个世界做多少。此外，由于无法确定可能事态与特定个体的行为之间的关系，上述要求还在进一层意义上是无限的：对我的要求和对他人的要求这两者之间往往没有明确的界限。功效主义理论家下一步又**回过头来**对可以要求一个给定个体去做的事情（以程度不等的热情[7]）设置一些限制，他们说，例如，你格外关心自己的孩子或你有时停下辛勤劳作放松一下，这通常产生更高的效率。契约主义者以及很多既不属此主义亦不属彼主义的论者会抱怨说这是本末倒置：我本来就对我的孩子和我的时间拥有权利，用不着功效主义者把它们给还我。

用罗尔斯的话说，“承诺的压力”应该有个限度，而这个想法是帮助他形成其理论的一个因素。罗尔斯的理论是迄今为止最丰富最复杂的契约主义伦理阐论。[8] 他的正义①理论旨在发现治理社会 78

① justice，我们通常译作“公正”，但由于人们已经很熟悉罗尔斯的“正义论”，在涉及罗尔斯时我们译作“正义”——译者

生活和政治生活(而非个人行为)的原则。但它是从道德基础出发的,而且对单纯道德领域的思考有重大影响。

罗尔斯的理论在于阐发一个简单的想法:一个公平的社会安排系统在于:各方在不知道一种安排将给他们个人带来什么样的利益的情况下能够一致同意这个安排系统。他把这个想法发展为关于某种"原初状态"的构想,在这种状态下,人们在"无知之幕"后面来选择社会原则——隔着这道幕布,他们看不到自己未来的社会地位,甚至也看不到自己的个人趣味和利益。但它并不遮断一般的知识,例如社会科学的发现,所以,这些人拥有某些信息来考虑权衡,但谁都不拥有任何信息来分辨什么对他或她自己有利。我在上一章谈到,在康德那里,人们要作为"此外什么都不是"的理性行为者来进行选择;这意味着彻底的无知,在罗尔斯这里的无知则没有那么极端。(这个模式有一个很说明问题的后果:罗尔斯必须预设——虽然颇不合情理——历史知识对于社会科学的理解无足轻重,除非他认可——虽然这更不合情理——你可以知道历史进程却不知道你在历史中所处的位置。这一理论,就像其他这类理论一样,是彻头彻尾非历史的,而这一点是关于这个理论的一个重要事实。)各方要在这样的情况下来选择对自己有利的社会安排。但因为他们不知道自己是谁,所以他们很难做出选择,但这的确意味着他们并不把任何仁慈和利他的原则包括在据以进行选择的根据之中。我们在这里不应该把罗尔斯解读成:他试图从个人的自我利益发展出社会正义。这里的要点是:一个人在不知道他个人身份的情况下所做的自利选择,据认为,在某些重要方面,会模拟人们在通常的知识情况下所做的非自利的或道德的选择。

在“原初状态”下审思的结果是各方接受两项基本的正义原则。

> (1)每个人都有平等的权利去享有与他人自由相谐的最大自由……
>
> (2)社会和经济的不平等应当这样安排，使得(a)最不利 79
> 者能够获得最大利益；(b)这两种不平等所依系的职务和地位，应该基于公平的机会平等条件向所有人开放。[9]

第二项原则所基的想法是：各方在审思时将采用“最大的最小”(maximin)这一规则，这一规则以各个选项可能带来的最差后果为序来排列这些选项。这是罗尔斯理论的一个鲜明特点。据认为，在原初状态中选择这项原则并不是基于相关各方的任何格外保守的成见(无论在这个方向上还是在其他方向上都不许可他们具有特殊偏好)，而是基于这个选择的某些特殊性质：各方都不知道自己得到某物的概率是怎样的；他们对高于底线的好处兴趣不大；最坏的结果“风险极大”，谁都接受不了。

这传达出关于基本益品的一些重要观念——例如，无论奴隶制能换来什么好处，它都是绝不可接受的。罗尔斯拒绝一切概率计算，这实际上表明，他已经对如下结论作出承诺：一个即使只有少量奴隶的社会也是不可接受的。也许应该欢迎关于正义的道德理论得出这样的结论，但它不能顺理成章地从无知之幕下的理性选择模式中得出。如果问题只在于自利的理性选择，那么，很难看出怎么能够完全避开概率问题，或者，如果奴隶制换来的其他好处足够大，而选择者结果成为奴隶的概率足够小，各方为什么不会理性地选择允许奴隶存在的制度。由于这些缘故，论者对罗尔斯模式中的决定理论或理性选择因素批评多多。

据设想，参与各方要对不同益品做出理性选择，那么，它们是哪些益品也是一个重要问题。人们通常采用的理性选择理论一般在功效和个人福利基础上运作，而个人福利则是行为者的偏好和趣味的函数（我们后面将看到，在功效主义者那里，福利并不总是这么简单）。但参与立约的各方并不具有已知的个人偏好和趣味，
80 所以他们无法根据这些东西来立约。罗尔斯让参与者参照一份"基本益品"清单来进行选择，这份清单包括自由和机会，收入和财富，以及自尊的基本条件。这些益品是依他所称的"善好的薄理论"给出的；这里的想法是，无论一个人想要什么，这些都会是他一定想要的。但问题要比这复杂。之所以把它们收集到这张清单上看起来很不像是只因为考虑到唯有这些益品是我们求取任何其他东西的必要基础。如果只是从这种考虑出发，那么，除了自由，我们不大可能推导出别的什么。我们也很难理解，参与各方怎么会不去反思（他们依靠对一般社会事实的知识就能够进行这样的反思）：这些基本益品中的这一样或那一样，尤其是钱，在一些社会里比在另一些社会里更重要。

但说到底干吗要引进基本益品呢？在技术上不是不可能出现这样的情况：有些不带有已知具体偏好的参与者更愿选择某一种社会状态而非另一种社会状态。我们可以设想他们选择一种处境，他们（这是说，无论他们最后碰巧成为的是谁）在其中得到的他们在这个处境中所偏好的东西多于他们得到的他们在别的处境中所偏好的东西。我们将看到，这就是黑尔在建构其功效主义理论时所做的。用这样的方式来做比较也许想入非非，但罗尔斯在原

初状态中反对采用这类比较不是因为这个，而是因为，他不允许他的参与各方只去考虑他们在各种不同社会处境下会偏好什么。他的参与者反感这样的做法——实际上我们的确反感这种做法：仅仅因为他们若身处某种处境的话就会认为它是可接受的，于是就把这种处境视作可接受的（我们之前谈论“真实利益”时谈到过这种反感）。所以，即使社会科学告诉我们——事实上这很少可能——大多数奴隶没有自由（free from freedom）也过得挺满意的，这仍然不是参与者去选择奴隶制的理由：从“自由民自由选择政体”的立场出发，这不是一个选项。罗尔斯有权利（right）把这类信念带入他的伦理学理论，实际上，他这样做也是对的（right），但他同时挑出无知作为理性选择的条件，而这个条件下的理性选择机制却不能很好地表现这些信念。大概要从人格这一基本伦理观念着眼才能更好地理解这些基本益品，而罗尔斯本人现在已向这个方向发展。[10]

从形式上说，功效主义本身是契约主义之下的一个选项。如 81
果像在罗尔斯那里那样，契约主义的问题关涉的不是某些特殊的原则或实践而是一整套原则的话，参与各方就可以选某种功效主义体系作为回答。我们已经注意到这两种思考进路的标志性结论是不一样的，因此，这种选择的可能性不大，但相关机制也并不排斥这种选择。设想现在让一些人来选择一套原则。他们装备的是一些功效（而不是基本益品清单），同时，除了某方面的无知外——他们不知道在他们所选的原则所管理的世界上他们自己会是谁——此外没有什么限制他们做选择。这时候，某些原则是**无偏私地可接受的**就将等同于：它们是这样一些原则，你若认为自己结

果成为任何谁的机会都均等，你就会选择这些原则。（现在我们可以看到，只需要一个人去做选择就够了。）这就是 J. 海萨尼（John Harsanyi）的进路，他争辩说，这样就会得出使所有相关人众的平均效用最大化的一套原则。这类似于一个契约主义的论证，但它得出功效主义的结果。[11]

不过，功效主义更常见的版本是从福利或人众的利益出发的。功效主义（其最简单版本）的设计在于，从可选择的形形色色结果来考虑每一个人的福利，并把这些福利加总。这一设计既有深层概念困难也有技术性困难。一个技术性困难是，除了最简单的情况，不同后果影响到的人群不是同一个人群，一种可能后果所必须加以考虑的人群，若从另一种后果来考虑，他们可能根本不存在。[12]不过，我不打算在这里追究技术性的困难。

我前面说到过，对功效主义来说，标志性的道德动机是仁慈。这个词有点儿含混，它还可能误导，尤其是，它有可能意味着亲密个人间的温情，或与此类似的，一个人自然而然会对某些人要比对另一些人更多具有的情意。功效主义仁慈不涉及个人之间的亲疏，无关乎平方反比定律。仁慈这个用语表示的是对他人的欲望和满足有一种积极的关联，只因为这些欲望和满足是他人的，仁慈
82 之人才进入到这种关联之中。这个粗略的想法要经过加工才能在伦理学理论里发挥作用，在各家理论那里，加工方式各式各样。我这里考虑的是对欲望满足取无偏私态度这一功效主义的重要问题，为此，我将讨论 R.M. 黑尔阐发的功效主义的一种有趣版本。黑尔用“想象的认同”来处理行为者与他人欲望之间的关系（即我含混地称为“仁慈”的东西）。

黑尔的理论[13]从关于道德判断性质的一些主张出发：道德判断是指令性的（prescriptive）和普适的。“指令性”是个与语言相连的概念（我在第四章简短谈到它的一个可能用法，在第七章还有更多的要说）。指令性的言说属于“应该做如此这般的事情”（let so-and-so be done）这种类型，依黑尔，这种言说若是真诚的，它就是在表达一种欲望和偏好。而且，所有偏好都能被表达成一种指令，所以，每一个具有偏好的行为者都能够下指令。不过，行为者迄此还没有承诺他所下的是**普适**指令——**普适**指令是随着道德语言来的，特别是随着道德意义上的**应当**来的。所以，黑尔并不是在主张，所有实践推理的前提都包括普适指令。到此为止，我赞同黑尔：我们可以不涉足于道德推理，从而避免对道德推理做出承诺。

我判断我应当做某事时，我下了一个普适指令，大意是，我认可在相似环境里谁都应当做出相似行为。特别是，我认可，即使我处在行为的接受端我也认可这个指令。所以，在考虑我应当怎么做的时候，我必须考虑我若是承受行为结果的人事情会是怎样；我通过这样的考虑运用一种“角色转换测试”，我会想，如果我处在他的立场上，我所想要的或所偏好的会是什么？更加理想化的做法是，我在进行这个思想实验时要考虑到相似情境中的每一个人，甚至每一个有感知的生物。

角色转换测试不是功效主义独有的。它是伦理思考的一个基本组成部分，只是其形式不同。康德的绝对命令也包含它的一个版本。但黑尔的理论对把自己换到另一个人的立场上来思考这个想法给出了一种特殊的、极端的解释，这种解释带来一种极富功效 83
主义特征的结果。依这种解释，唯当行为者已经获得与假想情境中会出现的偏好相对应的**实际**偏好，他才会知道他若身处那个处境将会偏好什么。我后面将讨论黑尔这个想法的理由，并予以批评。现在我们且来看看这个测试在导出功效主义时起到了多么大的作用。无论谁，只要他在这些条件下完成这个从理想上说巨细无遗的思想实验，他就会实际上获得如下偏好——这些偏好将对应于处在这一情境影响下的所有人所具有的所有偏好。于是，所有偏好现在都会聚集到一个个体身上。这个人承载了所有这些偏好之后还怎么做决定呢？这些偏好现在全是他的偏好了，他可以把据称适合于任何第一人称的审思的理性要求运用于这些偏好。但他不能基于伦理理由轻视或贬低他通过认同他人身份而获得的任何一种偏好，同时，他也不能基于伦理理由轻视或贬低他自己一开始具有的那些偏好，因为这种理想层面的反思据称是要批评检验所有的伦理理由，其中没有哪一条可以被视为理所当然。进行理想反思的行为者在伦理层面上所被给予的全部东西只不过是不断累积的认同过程本身。所以，这些偏好经由理性标准——甚至第一人称的审思也须应用这些标准——调整之后，这个人所能做的就只不过是比较这些偏好的相对强度，并基于这种比较在各种后果中做出选择。这个结果就是功效主义。

这个结构等同于前面谈到的"理想观察者理论"的一个版本。这个理论假定了一位全知的、无偏私的、仁慈的观察者——我们也许可以把他叫作世界行为主体——他收集了每一个人的偏好，把它们聚到一起。"我们应该做什么"这一测试（或依间接功效主义理论，"应该采用哪些实践或制度"这一测试）就变成了这样一位观察者会选择什么的问题。黑尔说，他自己的模式其实是同样的东西。“理想观察者理论”还有另一个版本：它去掉了仁慈这个条件，并不设想这位观察者真的把所有人的偏好据为己有。R. 福斯（Roderick Firth）对这一理论的阐发广为人知，用他的话说（这说法也许有点儿古奥）：这位观察者“无所不知、无所偏好、不动感情， 84
此外则无异于常人”。依这个版本，各式各样的偏好并没有聚拢到世界行为主体身上，他只是不动感情地从外部浏览它们；这个版本据认为并不必然导致功效主义。功效主义只是这个理论做测试时有可能被选中的一个候选项。然而，这种类型的理想观察者理论面临这样的反对意见：如果只赋予这个观察者以无偏私性而不赋予他某种动机，那他就没有理由去选择任何东西；而且，除非这个动机是仁慈——或这个动机与他所了解的那些偏好之间有积极的关联——他就蛮可能选择去让尽可能多的偏好遭受挫折。[14]

黑尔早先的文著还不曾把这种假想的认同推行得这么完备，因此，他认为自己最后还是要面对这样一个困难：一个“狂热分子”有可能狂信某些理想，乃至于他会宁愿接受角色转换论证得出的不爽结论。如是，一个铁杆纳粹也许会接受这样的指令：“如果我是犹太人我宁愿受死”。黑尔认为曾把他导向功效主义立场的同一个思想进程现在已经解决了这个困难。这个纳粹若不折不扣地遵行这一思想进程，他将把自己认同为犹太人，于是，在这个假设的情形下他将失去反犹偏好，而将像所有犹太人那样获得反对反犹主义的实际偏好。这个思想进程本身构成对反犹主义的功效主义批评（假设加总加得正确）。当然不能否认，现实里的种族主义者也许拒不肯遵行这一思想进程，但这无伤于这个论证本身。

颇为引人注目的是，黑尔赋予了伦理学的理性论证以如此强大的力量。我们一上来就要问：为什么要把这个狂热分子视作一个困难问题？黑尔说："如果（这个狂热分子）能够聆听并理解功效主义者提出的所有论证，承认他引述的所有事实，却仍然坚持自己的观点，那么，这将暴露出为功效主义所做的辩护中存有一个裂罅。"[15]一眼看去，这意味着一种超强的辩护观：只有彻底毁灭对手
85 的观点，你才算得到充分辩护。与之相对，完全有可能你持有一套理性的或合情合理的伦理信念，而另一些人持有不同的伦理信念，你可能为此深感遗憾，却不能表明他们的信念前后矛盾或弄错了事实。（这还真是黑尔自己在他最早期的著作《道德语言》里所持的看法。）更有意思的是，你也许认为不同于你的某些立场是非理性的，而种族主义就是其中一个案例；但你并不一定能够用同一套论证来说明所有案例何以是非理性的，或用构筑你自己的伦理信念的那些核心论证样式来说明此点。种族主义的非理性也许是某种**特殊的**非理性。

黑尔把辩护和攻击等同起来，这有两个缘由：其一是他的总体观念所特有的，其二是很多伦理学理论共有的。共有的这一点是，我们可以颇为自然地把这种类型的伦理学理论视作进攻型武器，意在反对成见，所以，如果有哪种重要的成见落在它的火力范围之外，那就是这个理论设计得还不够好，不足以完成任务，很可能应该被替换，若不是用成见来替换，就是用另一种火力更强的伦理学理论来替代。在某种意义上，上述旨点适用于所有的伦理学理论，虽然它们每一个所怀的进攻抱负各不相同。

黑尔采用其辩护观所特有的理由则是：他相信他为功效主义提供的论证是严格地从道德语词的意义推出来的。如果能有谁既

正确地使用道德语言同时又逻辑一致地拒绝这个理论，那么，的确，为**这一主张**①所做的辩护就出现了一个裂罅：这一主张不仅无法得到辩护，而且已经被驳倒了。然而，这个主张不合情理。绝无可能表明其他的理论是对道德语言的误用或误解。即使"道德语言"有一种基本性质，即使这个性质在于它是指令性的、普适的，这仍然不注定要导向黑尔的伦理学理论。关于什么是接受一个指令，关于什么算是普遍化的，存在着其他解释，这些解释会导向不同的理论。就像J.麦基(John Mackie)所争辩的，存在着各种程度较低的普遍化，它们不像黑尔理论所代表的终极普遍化那么极端——这个理论把行为者的所有趣味和理想都沉聚到认同的思想实验之中。用麦基的话来说，"单纯数目方面的区别②在道德上并不相关，但排除掉这种区别，最多是建立起道德语言意义的第 86
一阶段"。[16]

角色转换论证的日常用法没有这么大的雄心，并不打算把所有的道德考虑都建立在这个论证之上；自然的做法往往是在想象的认同中纳入某些个人趣味而不纳入理想和伦理信念。做出这一区分意味着抵制功效主义思想中颇具特色的一步，它被叫作**还原**，并被界定为这样一种"机制，它把所有的利益、想法、追求、欲望都置于同一平面之上，它们都可以用偏好来表示，这些偏好也许强烈程度不同，此外则应一视同仁"。[17]功效主义作者往往从要求平等

---

① 即"功效主义论证是严格地从道德语词的意义推出来的"这一主张。——译者

② Numerical difference，数目上的区别相对于性质上的区别。个体乙与个体甲一模一样，但它仍有别于个体甲，这种区别是单纯数目上的区别。——译者

地考虑每个人的利益出发，而后（这么说吧）向上扩展到理想，向下扩展到单纯趣味。这样的同化让事情不止在一个方向上变得不合比例。一方面，它低估了理想或伦理观念的重要性，只要倾向于相反行为的偏好的集合足够大——无论它们是哪些种类的偏好——它就要求行为者不再坚守原则或深心持有的信念。这种同化没有充分估计我们的信念在我们自己做计算时占有多大的分量。同时，它可能高估他人的信念的分量。黑尔的思想实验是给出了反对种族主义狂徒的论证，但这个实验给出的不是那种正确的论证。

这里首先有个加总要加得正确的问题。功效主义把结论建立在计算上，这是它自然就具有的特点。但在我们眼下所讨论的这类问题上，这个特点格外不可欲。如果种族成见是多数人针对小群体的，而这多数人从中获得足够多的满足，那么，种族主义是否无可辩护就有点儿成问题了。这里的要点不在于这种情况有多大可能出现或在何种环境会出现，要点在于说到种族主义是否可接受这个问题，种族主义者有多少这个问题本身从一开始就不是一个可接受的考虑（参照罗尔斯对奴隶问题的处理）。此外，依功效主义的论证，种族主义者从犹太人所受的痛苦中得到一些满足成了**一项考虑**，只不过，如果加总加得正确，这种考虑不是决定性的
87 或有优势的考虑；然而，这**根本**不能是一项考虑。这不是说种族主义者受的苦统统不该计入。这是说他单单因为持有种族主义观点而经验到的痛苦不该计入。的确，海萨尼就在他的体系里加进了一个用来对付这类问题的条款，相当干脆地把这些“反社会”的偏好排除在计算之外。但他并没有说明应该怎样界定这些偏好；他为这一排除性条款提供的理据提示，要害在于它们是些反功效主

义的偏好。[18]

我已经提到，黑尔的理论要求，所有偏好汇总到一个行为者那里之后，应该参照第一人称理性的标准对它们做出修正。最终被纳入考虑的不必是行为者们的实际偏好（包括他们实际设想的偏好，即他们在假设情境下会实际具有的偏好），而是他们“充分慎思后的偏好”，也就是他们在信息充分、头脑清醒的情况下会偏好的东西。海萨尼也提出相似的条款。这两个理论（以不同方式）都把道德思考同化为一个单个个体的慎思。一个普通行为者依其审慎的理性去做的并不必然是他实际上偏好的，因为他可能头脑昏乱或所知有误。我们关于自己未来偏好的知也是这样。在我们的此刻对彼刻（now-for-then）的偏好之中，应该把我们所预期的“彼刻对彼刻”（then-for-then）的偏好（黑尔发明了这组有用的术语）也包括进来。依黑尔，这时候我们的做法是用此刻对彼刻的实际偏好用来充当替代物，完完全全像行为者在反思时采用其他人众的偏好那样。[19]这里有很多盘根错节的问题。我这里只打算重点讨论黑尔模式对偏好加总的那种处理方式。

理想观察者理论把行为者解释为世界行为者，在这个模式里，所有偏好名义上都成为一个人的偏好；只有对这类模式，上述这种修正偏好的程序（我们会说：**偏好理想化**的程序）才是合宜的。然而，真要说合宜，就必须认真按字面来看待这个模式；而一旦认真
或哪怕有点儿认真，就会暴露出这类模式的古怪之处。任何行为 88
者若像世界行为者那样拥有那么多相互冲突、相互竞争、所据纷杂不一的计划，都会不知所措（这还是往轻里说）。他将会需要一套价值或二阶欲望来权衡他的偏好以便排序。但若世界行为者拥有

任何价值之类的东西，而且它们在偏好总汇里仍然可以被辨别出来，那他拥有的又太多了。实际上，除非这些偏好被理解为**不同人众的**偏好，否则这种偏好总汇干脆就是无法理解的。世界行为者这个设置要求我们忘记这个事实，从而把伦理世界视作一片偏好之汪洋。各种形式的功效主义都是这样，只是程度不同而已。人们经常从这种想法的伦理结果着眼对之提出批评，但根本的异议是：它作为对世界的一种解释没有意义。恰因此，它使伦理学变得没有意义。“人是一个个分开的”，如 J. 芬德利(John Findlay)所言，“这是基本的道德事实”。[20]

但若不用那么极端的世界行为者模式来解释功效主义，偏好的理想化就变得不那么合宜了。**仅仅**因为行为者的偏好是基于错误信息就对这种偏好进行理想化无疑是绝不合宜的。如果依乎这种偏好的行为带来的结果是行为者和别人所得的功效较少，而依乎改正过的偏好去行为他们会得到较多的功效，那么，偏好的理想化就是合宜的。举一个政治上的例子：如果一个功效主义当局不是根据人众的偏好去行事，而是根据他们假使拥有更好信息就会拥有的偏好去行事，那么，当局为之举措的那些人众总有可能对当局的实际举措不满，因为他们有可能一直没有改变他们的错误，而只要没有改变错误，他们就始终不实际拥有那项政策意在加以满足的那种理想化的偏好。

理想化在功效主义理论中所起的作用颇为可疑，而这与我提到过的还原过程——把利益同化为偏好——连在一起。当我们思考人众的利益之时，理想化或矫正是合宜的——关于人众的利益的一个基本事实是，他们会错认自己的利益。这里的问题不在于你在考虑别人的利益时你能不能合宜地对他们的偏好加以矫正，而在于相关人众若对这些矫正缺少认识的话你在何种程度上有权基于这些矫正去行事。但若你考虑的只是这个世界有多少偏好会 89
得到满足，问题就不一样了，这时的问题是：特定事例下的理想化长远看来是否能够产生更多功效。可以看出，这两个不同的问题将自然而然地体现在两种不同的政治观中。

理想化模模糊糊地与角色转换测试本身相连。我们已经看到，当所有偏好都成为世界行为者的偏好，理想化可以合宜地应用于世界行为者的审思。但这个结果与一开始建议我们尝试把自己设想为他人的这个思想实验的初衷相悖。原初的问题是“我若处在他的位置上那我会怎样？”依黑尔的解释，这等同于“那他会是怎样？”这么一转换，原初的两个“我”都不见了。（这就把上述假设变成了那个有名的笑话——有人说：“如果我是罗斯福，我不会对斯大林做出那么多让步”；另一人应说：“别傻了，如果你是罗斯福，你所做的就是罗斯福所做的。”）然而，如果这里的要点在于认同的程度（完完全全认同），那么，如果那人的偏好是错误的，我设想自己会抱有的偏好就同样会是错误的，而如果要点在于**认同**，那么这些偏好就应该保持不变。但最后的结果却是，我同情共感地完全认同于他人使得我改善了他的偏好。这简要说明了一切功效主义政治的一个方面的真相：仁慈因它的同情获得信任票，再把这些信任票转送给父权主义。

到这里，我们应该回过头来看看黑尔的解释为什么会把每一个进行理想反思的个人变成世界行为者的一个版本。我们可以从

黑尔在下面两个命题之间设置的关系中找到根由。这两个命题表面上大不相同:(1)我现在以强度S偏好假使我处在那个处境中那么有X发生比没有X发生为好。(2)假使我处在那个处境中,我会以强度S偏好有X发生比没有X发生为好。黑尔写道:“我所断论的不是这两个命题相同,然而,如果(1)不为真,则我就无法知
90 道(2),以及(2)是怎样的。”[21]也就是说,黑尔的论断所关涉的是知识:除非我现在以强度S偏好在某个处境中X最好发生,否则我现在就无法知道在那个处境中我将以同样的强度偏好X最好发生。

我们看来很难接受这个论断,即使那个在假想情境中的我直截了当就是我。不妨想想买保险等基于审慎来做决定的例子。例如,我的确知道,如果我家着了火,我会无比强烈地偏好我和家人能脱离那个困境。既然我是个蛮理性的行为者,我现在会做点儿什么以保证假使那种处境出现我们能脱离那个困境。我所做的当然出自我现在的偏好。然而,我现在基于审慎的偏好与我家当真着火之时(那种时候我几乎不会有任何其他考虑)我会具有的偏好在无论哪种意义上都不具有相同强度;两者也没有什么道理应该相同。单说一点:我现在的偏好强度部分地是由想象情境出现的概率决定的。

在角色转换测试的极端版本所做的这类思想实验那里,不妨说想象处境出现的概率始终为零,因为它说的是一个人身为另一个人的概率。这么说有失公允,因为这个实验说的是用一般条件来描述的处境,所以,这里的问题是满足某些一般描述,而不是直愣愣地身为另一个个人。然而,在许多事例中,即使只谈满足一般

描述，这个概率仍为零；而且，在所有事例中，概率都不应该出现在论证里。既然如此，似乎就更不大可能说到推想出来的偏好应该与这种情境真出现时会有的偏好具有相同强度。其实，我们甚至不大清楚，说强度相同不相同是什么意思，因为一般说来并没有一个独立的测试来检测推想出来的偏好有多强。

这并不是说不存在因同情地认同他人而产生的强度千差万别的偏好。当然有，而且它们是伦理经验中最基本的东西。这里的要点在于，理解、认同、偏好之间的联系并不像世界行为者模式所呈现的那样。我看到有人遭遇险情，我身为有仁义心的人，只要我 91
能够，自会有强烈的偏好去帮助他。我有这种偏好，是由于考虑到他在这种处境里的感受，在这种考虑中起作用的也有一层想法：我若身处这种处境或类似处境会怎么感受。我对他人所欲（例如想要我从大火中救出他来）的知在我心里激发起——但凡我有仁义心——把他从大火里救出来的欲望。在这种处境中，关于我有四项事实：(1)我知道他在这种处境中的感受，知道他想要得到帮助；(2)我知道我若身处这种处境我会想要得到帮助；(3)我现在所是的我就有在这种处境中获得帮助的偏好；(4)我有仁义心，想要去帮助他。依黑尔的模式，(1)等同于(2)，因为**身处那种处境**意味着我完全变成了他。（这清楚地凸显出这一解释是多么极端。在日常生活中，人们并不把两者视为一事，而混淆这两者会生出好多笑话。）此外，依黑尔的模式，除非(3)是真的，否则我不会知道(2)。最后，“具有仁义心”这种性向意谓有如下性向：做出第一人称的理性计算，在这种计算中，转换过的偏好（相对于我自己的便利等等）被给予适当的权重。

这些连接不可能都是正确的。同情的理解也经常被称作“移情”，其作用方式在道德哲学史上有过许多讨论，并提出了形形色色的阐论。无论别的细节，有一件事是错不了的：虐待狂或残酷之人同样拥有对他人感受的深刻理解，其样式跟同情者对他人感受的理解差不多一样；这也是把残忍之人与残暴或冷漠之人区别开来的要点之一。然而，残忍之人是个没有偏好提供帮助的人（他并不是这样的人：他有提供帮助的偏好，但这种偏好被享受他人苦难的偏好压倒了）。但他无疑**知道**他人的感受。在设立这种连接的时候，黑尔确确实实说：“就道德思考所要求的知的那种意义来说，这种联系在概念上为真。”[22]但知就是知，道德思考并不要求任何特殊意义的知；道德思考用得上的任何知都可能被翻转过来反对它——这是真的，如果算不上概念上为真的话。

92 我对这个问题穷究不舍，因为同情和角色转换测试（它们未必是一回事）是怎样起作用的，这对伦理思考很重要；就本章的话题说，也因为这与功效主义广有影响的世界行为者解释关系密切。这种解释不是功效主义的唯一模式，它的其他版本可以避开这些特殊批评中的这一点或那一点。但是，把世上的愿望和痛苦都集于一人的想法，以及至少在这个理想的层面上等距地感受世上所有的苦和乐的想法，的确是功效主义的一个基本动机——在这一点上，功效主义和契约主义的反差颇为清楚——而黑尔关于究竟何为世界行为者模式的阐释格外明确地凸显出有哪些问题纠缠于此。

在留存至今的伦理学理论中，功效主义是最雄心勃勃的一个。它想要得出最确定的结果，它非要得到这些结果不行，为此不惜竭力顽抗日常伦理信念。我们接下来必须看一看功效主义及其他一些伦理学理论与实践的关系。为什么该担保这些理论具有任何权威呢？

第六章　理论与成见

93 伦理学理论总得从某个地方开始。前面我考察了完全从伦理之外开始的几条路径。我也提到在伦理内部开始的想法，但那只是说从道德语词的含义出发。我认为它们结果在不同程度上全都不让人信服，其中有些我则完全拒绝接受。很多人会同意我的结论，包括有些意在建构伦理学理论的作者。这些作者仍然得从什么地方开始，而唯一剩下的只能是从伦理经验本身出发。

"伦理经验"可以涵盖多种东西。从事道德哲学的一条路径可以是从我们怎样经验伦理生活开始。这样一种哲学将去反思我们相信的、感到的、认作理所当然的东西，反思我们怎么对待义务怎样认识责任，反思罪感和耻感。这将走向一种伦理生活的现象学。这可以是一种好的哲学，但它不大可能产生出伦理学理论。伦理学理论关心测试，所以倾向于从伦理经验的某一个面向出发，即从伦理信念出发。对一种伦理学理论的自然理解是把它视作一个命题结构，像科学理论一样，它一方面为我们的信念提供一个框架，另一方面批评、修正这些信念。所以，它是从我们的信念出发，虽然它后来也可能取代这些信念。

这些初始的伦理信念在当今哲学里常常被称作**直觉**，但这个
94 词现在不再带有很多它从前曾一度携带的意味。人们从前把直觉

视作达获抽象真理的一种智性能力，在伦理领域里谈论直觉，背后的想法是这种能力可以**先天地**把握伦理真理。采用这一模式的哲学家[1] 在很多方面看法不同：在直觉给出的真理中，出现的是哪些概念（例如，那是善好还是义务）？这些真理极为特殊抑或极为一般？但他们之所以采用直觉这个概念，则由于他们都认为通过直觉把握伦理真理基本上就像把握数学真理和其他必然真理那样。如果他们想要的是理论，由直觉获取的伦理真理可以为伦理学理论提供出发点，但实际上相信直觉的论者并不都想要伦理学理论，因为据认为，直觉本身就提供了测试，或不如说，直觉使得测试不再必要。

伦理直觉的这一模式已经被一系列批评摧毁了，[2] 地面上残存的一些残垣断壁不足以让人产生很大兴趣去研究它的破败历史。简要说来，一部分批评是说，直觉主义无法说明永恒真理怎么能提供实践考虑，而且，把伦理真理视同必然之物本身就是个错误。把数学真理这类必然真理传授给另一种文化中人，如果他们看起来否认这些真理，我们首先想到的自然而然是去找更好的翻译者，但事涉伦理信念，情况却完全不是这样。最重要的批评则是，求助于直觉这种能力什么都没解释。它似乎在说，这些真理是被知晓的，但不存在它们被知晓的任何途径。讨论何为必然真理的时候，“直觉”没提供多少解释，但事涉伦理信念，直觉就更不中用——这又是与文化分歧相关。应该怎么解释伦理信念和这些信念的文化差异，我们所知甚少，但我们知道的这一点儿已经足够让我们无法接受那些声称绝不可能有这类解释的模式了。

于是，伦理学不再谈论作为一种能力的直觉。然而，**作为信念的直觉**仍然是这个学科中的重要话题（人们曾认为有这么一种直

觉能力，现在所说的直觉，就是那些人们当时认为由这种直觉能力提供的信念）。直觉是藉以回答某个伦理问题——通常是用一般词项表述的假设的问题——之时的自发信念，这些信念包含一些
95 反思，但尚未形成理论。这类问题经常是问我们该怎么做。“一辆有轨车失控，沿现在的路轨冲下去，确定会撞死三个老人，你现在可以扳动道岔，让它沿另一条路轨冲下去，那样的话，它确定会撞死一个小提琴天才少年。这时，你该怎么做?”这种想入非非的问题还提出了不少。[3] 但直觉不一定非要通过回答怎么做的问题表现出来。它有时也表现在我们面对某种假想处境时倾向于使用这个而非那个概念，它们是些更加实质的伦理概念，例如我们在第一章提到的那些可用来标识德性或行动类型的概念。

在后一种关联中，有一个类比促进了“直觉”这个用语的复活。这个类比来自语言学和语言哲学所用的“直觉”，它指的是说话人自发地理解在母语里能怎么说，不能怎么说，在特定情况下正确的说法是什么。英语母语的正常使用者凭直觉就知道说（有一次我听到一位移民来的语言哲学家这么说）“In English we are not using the present continuous to signify a custom or practice”①是不对的，意思是，这不是英语。这类语言直觉是一种自然语言的理论的原材料。我们很有理由相信，恰恰因为即使说话人此前从未听到过一个语句他也能毫不犹豫地分辨出这个语句在他的语言里是否正确，所以，我们应有可能形成自然语言的理论，用来阐明说话人予以内化的一套规则。乔姆斯基强调指出，我们随时随地都

① 有点儿像是“我们在英语里**不使用着**现在进行时来表达惯常的做法”。——译者

在进行上面所说的这种分辨。而且，以乔姆斯基为代表的一批理论家相信，既然人小时候能够学习随便哪种语言，所以我们有理由指望发现一套普遍语法，即发现一种理论来阐明所有自然语言共同遵循的规则。

怎么才能把语言学里的直觉观念应用到伦理学上？有一种跟伦理学有关的直觉肯定合乎上面的模式，因为它本来就是这个模式的一种应用。事涉在哪种情境中应该使用哪个指称德性和行为类型的词项，语言直觉自有用武之地，而这是因为它们是使用条件十分复杂的话语中的一般词项。（如果人们使用这类词项——这类词项在各种文化中各不相同——的能力当真会带来某些伦理后果，这些后果是什么？这个我们将在第八章和第九章来讨论。）在 96
边缘事例中，这类词项的应用会有争议，这些争议有可能产生严重的实践后果。我们熟知，在法律领域有相类的争议，例如，那里要确定的是某个给定行为是否构成偷窃。关于这类争议的确切性质以及如何恰当解决这类争议，法学家们意见不一，在遇到难以决定的事例时，人们所称的法律现实主义者认可政策性考量扮演更大的更明确的角色；但法学家们都同意，事涉某些核心事例，必须有共享的理解，从而他们才有可能就那些疑难事例展开争论。牵涉实质词项的伦理讨论就结构而言形式程度较低，但在某种程度上这些讨论必定也是这样的。

有些伦理思想传统十分强调伦理思想中的这种法律色调。这鼓励了伦理领域里的客观主义观点，因为在理解这些伦理词项的时候，核心事例是给定的；虽然怎样把这些词项应用于疑难事例常有争议，且承载着伦理含义，但拿疑难事例跟核心事例做比较时，

在这一点那一点上是否足够相似,这是受到理性标准约束的。一个词项所指称的核心事例体现了这个词项的要义或要旨,而我们可以理性地讨论这个词项的某种延伸用法是否仍然秉承这一要义。这种类型的论证在天主教传统里叫作决疑法(casuistry)论证(这个用语含有贬义,这也活该,因为人们大量滥用这一技术)。若把决疑法视作伦理思考的基本程序,那它的主要缺点倒不在于会被误用,而更在于一个明显的事实:常用的实质伦理概念因文化因时代而有别,而且它们有可能遭到批评。如果依据一套给定的地方性概念来运用决疑法是伦理思考的核心程序,那就需要对决疑法做出更多的解释。为此必须主张,有一些被偏好的伦理范畴不仅仅是地方性的。若解释说它们来自某种人性理论,我们就被引回到第三章讨论的那些问题。有人会说它们来自神谕或启示;但若这种形式的解释不曾与人性方面的理据结合在一起,那它能引
97 领我们去到的唯一地方只会是斯宾诺莎所称的“无知的避难所”。决疑法的拥趸也许可以退一步干脆回到这个想法:我们所偏好的范畴是我们继承下来的那些范畴。这个想法的优点在于它能面对一个重要的事实,但若不进一步讨论可以通过哪些方式来对这些范畴加以批评,那它还不是**就其真理**来面对这个事实。

上面谈的是实质伦理词项的使用,现在我们转过来单考虑人们怎样回答特定处境下何为伦理上正当的做法这类问题,这时候,对这些问题给出“直觉的”(有把握的、自发的)回答与语言能力之间的类比似乎就细弱多了。给出伦理回答的能力的确要求某种说明。回应者面对的事例跟从前的事例不完全一样,他必定拥有某种内化了的东西才能对这些新事例做出回应。但那会是什么东西

却不那么显而易见。尤其不那么显而易见的是，它必定是一条原则——这里说的是一种概括的、能以说理方式明述的原则，而这里的表述还不能过多依赖于含含混混的程度表达式（“过多”，“两者相互抵销”，“没有给予足够的关注”……）。实际上，语言能力，尤其语义方面的语言能力，在何种程度上能由一套可明述的规则表示出来，在语言哲学中也有争议。在伦理领域，如果我们把这里的问题视作怎么解释人们面对新事例时能够做出判断的问题，那我们并不需要设想这种判断能力要依赖于某一条可明白陈述的规则。亚里士多德就认为并没有这样的规则，这里相关的主要是那种默会的判断——教化相近的人群共享一种能力，看到某些事例与另一些事例相像。

维特根斯坦一系论者倾向于认为这对所有人类学习来说都成立。在某个终极层面上，他们肯定是对的：理解某种可明述的总括规则，这本身就包含对相似性的某种共享的领会（appreciation）。但对达至共享伦理判断的能力（在其他种类的实践判断那里要运用的也是这种能力）的上述看法不止于此。它不仅认为，使用语言的能力要求有某种看出相似性的共享能力，它还认为，看出伦理相似性的能力超出于任何能够用语言充分表述的东西。这肯定是对 98
的；这是维特根斯坦一系会预计到的。然而，这并不意谓（关于这一点，维特根斯坦一系的论者自己并不总是分明的），这些人类性向在任何层面上都无可说明。它意谓的只是：这种说明并不在于设想这里有一条可明述的规则，仿佛回答问题的人内化了这条规则，可以在潜意识里查对。即使我们在可说明的层面上关心回应新事例的能力，我们仍然不一定要期待总能得到这种能力所依据

的一条规则。

考虑到直觉之间的冲突，就更容易看到，伦理直觉与语言直觉之间的类比看起来十分细弱。在语言领域，当两个人的直觉互相冲突，我们会认识到，这里有两种不同（哪怕只是细琐的不同）的方言[①]；如果一个人自己就有互相冲突的直觉，这说明这里有某种不确定性，而这有可能是因为在这个给定事例那里这种语言本来就不足以确定该怎么说，或也许是因为说话人是在两种方言环境里学会说话的。无论哪种情况都不要求语言理论去**消除**冲突。语言理论会为它自身的目的去消除某些冲突。的确，语言理论解决某些冲突的办法是一直走到理想化的直觉概念，因为，当我们观察语言表现，观察人们实际上怎么说话，我们会看到很多由于言说条件有别而产生的不一致，但若我们把直觉视作对有关语言的问题的反思性回答，条件上的差别就被抹平了。（语言学家对这种做法在何种程度上合乎法度意见不一。）此外，一种理论肯定可以借助某些直觉形成一项原则，并且由此贬低另一些直觉和引发冲突的直觉。所谓贬低是说，例如，把它们视作语言表现中的异常现象，再例如，认为它们造成了这样一种语言事实：词典不得不把这一事实作为特例收纳进来，但不把这个事实与任何一条普遍原则连到一起。上述这些概念本身就是用来处理这类冲突的理论工具。

伦理直觉却不是这样。伦理直觉在很大程度上依赖于所要采纳的是哪种总体观念，碰到伦理上的某种个性化的总体观念，只要

---

① dialect，我们依惯例译为“方言”，但它在这里指的是多多少少自成一体的话语，不同年龄带或不同阶层的人可以各有各的“方言”。——译者

涉及某些重要事项或涉及他人的利益，就不能把它放到一边了事。 99
这里，伦理学理论的目的并不只限于甚至也主要不在于去理解冲突。为获得这类理解，我们另有其他途径，历史学途径和社会学途径。伦理学理论的目的毋宁在于消解冲突，更强意义上的消解冲突：它应该提供某种令人信服的理由去接受这种而非那种直觉。我们必须加以考虑的问题是：伦理学理论怎么能拥有做到这一点的权威？

给定某些极强的预设，上述问题会有一个有意义的回答。让我们预设有这样一些人，首先，他们决心就重要的伦理问题达成一致，实际上，他们要达成一致的决心比他们要把对世界的不同伦理观表达出来的愿望来得更加强烈。他们义无反顾地承诺于将紧密地生活在一个社会里。[4] 而且，他们决心要达成的是一致同意——只是有一套信念占据统治地位并不令他们满意。其次，他们认为他们所要努力完成的任务要求他们达获某些可以公开表述的原则。最后，他们希望，今后，当这些原则引起疑难问题时，例如，当这些原则之间发生冲突时，上述做法将支配对这些问题的讨论。给定上述情境，他们意求一个伦理理论的想法是合情合理的；同样合情合理的是，他们所使用的方法将尽可能多地保存他们的直觉，这个方法同时又能产生出一个诸原则的理性结构，这个结构将帮助他们弄清楚不得不放弃或修正哪些直觉。这时，一个显而易见的办法是，交互修正理论和直觉，直至这两者大致上互相吻合。我这里提到的目标，不消说，就是罗尔斯那类契约理论的目标，而这里的方法就是罗尔斯推荐的方法，这种方法所要达到的，就是他所

称的理论与直觉之间的**反思均衡**。[5]

在这些预设下，用上述方法来建构伦理学理论是合宜的，但重要之点在于：它要求的预设是些极强的预设。这些预设包括人众是怎么样的，包括社会能够运行的方式——**能够**运行而不是实际上怎样运行，因为有可能尚没有任何社会像这种理论所要求的那样运行过，但那样运行至少应该是可能的，这一点对于这一理论构
100 想是个关键。这些预设还包括某些特定的理想，与此相应，这种类型的理论在双重意义上是在一个伦理世界里起步的。它不仅发端于相关人众希望生活在一个伦理世界中这样的预设，它承担起来的任务还包括去希望这种伦理世界而非那种伦理世界。（我们在罗尔斯的立约各方的态度里可以看到这一点，第五章提到，他们默示了拒斥奴隶制的态度。）

在这些预设那里，事实和理想奇异地交织在一起。一方面有一些可以应用于所有社会的预设；另一方面，有一些更良好的或更理性的社会的理想。两者之间还有一大批（也许没有清楚界定的）条件，它们适用于一种特定类型的社会，简单说，那是个现代社会，只不过这里所说的现代社会，在某种程度上是从伦理方面而非仅仅从历史方面来理解的。

罗尔斯的第一个预设包含一个肯定适用于所有社会的因素，即，这个社会应具有某种程度的同质信念，并拥有某些依赖权威而不诉诸暴力来消除冲突的途径。然而，若意在建设一个社会，在那里，消除冲突主要依靠追求共识的讨论，那这个目标可远远超出上面的最低条件。这不是社会的必需条件，而这里的问题不是实际上有没有这样的社会，而是可能不可能有这样的社会。从这些方

面说，这个模式是**自由主义的**。此外，它还是**理性主义的**：它要求一个社会通过一套可明述的原则来表达其价值。再而，一个社会并不必须要通过这种方式来表达其价值，再一次，这里的问题在于一个社会有没有可能这样做。这个期盼比自由主义的最低预设多走出去一步。它不仅期盼有追求共识的讨论，它还从理性主义观念来理解何为追求共识的讨论，这是现代社会的——或至少是对现代社会的哲学及社会学表述的——一个标志性观念。

此外，罗尔斯坚持认为，这个社会的有些原则若发生冲突，我们应该遵循同一个程序来解决冲突，这就走出了更远的一步，而这一发展超出了所谓**要求明确阐述的**理性主义(expository rationalism)。我们可以在理性主义方向上迈出第一步就停下来，满足于这样一些原则：它们的确是以说理方式加以表述的，但没有系统地排序。但若我们要求还应该有一套理性主义的决策程序，要求 101
消除冲突的方法本身也以说理方式得到表述，那是更进一步的要求。正是这种要求产生出充分意义上的道德理论。道德理论拒斥另一条进路，这条进路也被称作“直觉主义”，但其含义不同于此前讨论过的那种；这条进路也提供一套伦理原则或伦理考量，但允许只靠对具体事例的判断来解决这些原则之间的冲突——至少在超出了某一点之后是这样。许多伦理理论家相信，是理性本身提出了上述要求，要求我们超越直觉主义，达致一种条分缕析的伦理学理论。他们认为我称之为理性主义的那些东西可以直接从合乎理性(being rational)推导出来。

在这些努力那里，以及在出自这类动机建构的伦理学理论那里，一个重要因素是希望社会成为**完全透明的**，这意思是说，社会

伦理机制的运作并不是基于共同体成员对这套机制的误解。[6] 罗尔斯明确采纳这一要求；这一要求当然契合于自由主义的契约主义，但人们还在更广的范围里提出这一要求。对透明性的要求与其说区分了自由主义者与非自由主义者，不如说区分了这两类人：一类人抱有启蒙运动所促生的更激进的希望而另一类人则否。不少马克思主义理论体现了这种希望的一个版本，要把一个消除了虚假意识的社会作为建设目标。这类观念有助于形成尖锐而激进的批判。例如，很值得问一问，我们所接受下来的两性关系在多大程度上其实依赖于强加于我们的无知和误解。激进的批评家有时候逼问这样的问题，只是他们往往自己掉进了愤愤不平的循环圈里：他们指斥某种虚假意识，（后来表明）是因为这种意识不接受他们自己的那套意识形态。这类批判有时依赖于另外的理由来表明那里有一种强加的无知，这时候，批判可以取得更好的效果；申称那是一种无知，申称这种无知是有人强加给我们的，这些申称须在某种程度上不要求我们认可批评者自己所持的意识形态。在很多微妙的情况下，这是很难满足的条件，但也有很多情况没什么微妙之处：恶劣的社会安排中有大量虚假直截了当就是虚假而已——那些谎言、欺瞒、严重污染的语言，同样，恶劣的社会安排之残忍和暴戾经常就是赤裸裸的残忍和暴戾。

102 对透明性的追求以各式各样的形式出现，有一些比另一些更加激进。我不在这里讨论这些不同形式带来的问题。[7] 特别值得指出的一点是，虽然透明性是自由主义的天然同伴，但它还不至于意味着理性主义。希望社会关系和伦理关系不应该从根本上依赖于对这些关系的无知和误解，这是一回事，希望这些关系里的所有信念和原则都应该明确陈述出来，这完全是另一回事。在私人关系那里能最明显地看到它们不是一回事，的确，希望私人关系不要建立在欺骗和糊涂之上，这是个正派的想法，毫无过分之处，但若认为私人关系的基础可以被充分明述，那就是白痴了。

秉承这样的宗旨并依赖上面给出的那些预设，契约主义事业是自身融贯的，它使用直觉以求达到反思均衡的做法也是融贯的。然而，融贯归融贯，还有一些重大问题有待解决：这些预设与现实是怎么联系的？伦理理解若达到了这种程度的自我意识，一个社会还怎样能团结在一起？这么彻底的自我意识对什么样的实际社会来说会是一种合情合理的追求？（我希望这些问题部分地可以由社会科学来回答，但我们不清楚迄今为止哪种社会科学为回答这些问题提供了很多助益。）

人们有时反对反思均衡方法，他们说，在这里，理论依以调整自身的那些直觉只代表了我们的地方性伦理信念，而这些信念有可能并不正确。但若依我所刻画的那样来理解这项工作，这种批评就不在点子上。这些直觉依设想本来代表的就是**我们的**伦理信念，因为这里要构建的理论是**为了我们的**伦理生活的理论；要点不在于这些直觉在某种终极意义上是正确的，而在于它们应该是我们的。此外，不仅这些塑造着理论也被理论所塑造的直觉是我们的，而且，一开始促动人们去建构这样一种理论的追求就是我们的。

不过，即使我们接受反思均衡方法的这些前提，这种方法还是会有一个疑问——当人们问这种方法为之背书的那些直觉是否“真的正确”时，心里想的有可能就是这个疑问。这个疑问是：谁是

我们？我在刻画这个理论的时候谈到“社会”，我们思考契约论的时候，“社会”指的是什么相当清楚，因为契约论首先是一种社会正
103 义理论。但伦理关切超出这个范围——这一点，罗尔斯当然看得到；而当我们的关注超出某种可能的政治秩序，社会的具体概念就消散了。于是，这个理论就扩展到我所称的“自然的选区居民”，这包括所有有可能参与某个伦理协议的人众，或者像这个理论也许会说的，包括所有道德行为者。这时，我们被带回这类理论的原初的——康德式的——普遍主义关切。

在某种意义上，这种关切很合乎我刚才刻画的那些东西：契约主义事业的宗旨及其各种预设。它的自由主义的、理性主义的追求把边界不断外推，超出我们实际有效地与之订立协议的那些人，它进一步把另一些人也包括进来，先是与之订立协议在伦理上是可欲的那些人，最终则是世上的所有人——只要我们有可能设想与之订约。于是，这个大类包括所有理性行为者，或名义共和国的所有公民。但在这个进程中出现了两件互相关联的事情。其一，我们将越来越不能合宜地依靠地方性的**我们**所特具的直觉，因为现在这个“为了我们的理论”中的**我们**包括了远离我们的地方性习俗(the local folk ways)的行为者。其二，依同样的理由，当我们尝试想出伦理理论有可能包含哪些内容之时，我们可依赖的东西越来越少。我们在第五章引用过斯坎伦的命题，用这个命题来说，当某一个行为者要决定他是否有可能“合理地拒斥”一套规则的时候，他所能依靠的基础越来越薄脊。到最后，他没剩下多少东西来回应这个问题，再一次，只剩下这么个观念：这要看什么东西是凡理性行为者都必须予以拒斥的，而这样一种观念极少确定的内容。

人的身体条件和情感方式千差万别,更一般说来,维特根斯坦所称的"生活形式"千差万别,考虑到所有这些,第四章谈到的那种"自由"能产生些什么具体结果? 这是个让人深感困恼的问题。

我们深感困恼,结果不得不怀疑该不该这样提出问题。如果这个模式是与那些迥异于我们的生物共生共存的模式,那么,它为什么要引导我们去设想一个共和国而不是去设想一个联邦呢? 或者——比联邦更少些然而却是最合宜的——只去设想一个互不侵犯条约? 如果各方并非要求共享同一种生活,各方只是共享各自能够生活的要求,那么,互不妨碍互不毁灭这样一项最简要的规定也许就够了。如果要的是为一种共享生活提供所需要的实质伦理,这项简要的规定能提供的就太少了:共享生活所需要的可不止 104
于单纯防御性的个人主义。从这种个人主义倒过来理解是行不通的。但若如此,普遍主义视角就不能决定一个特定族群的伦理理论会有什么内容,实际上,成问题的就不仅在于某些伦理内容有可能不适合某个不同族群,而且也在于契约理论的自由主义理性主义预设本身在何种程度上适合于用来为各个族群决定伦理生活内容。

这最初是黑格尔提出的问题。他对"抽象的"康德式道德提出了卓富识见的批评,并与之相对提出了 Sittlichkeit 这个观念:地方性习俗中表现出来的具有确定内容的伦理存在,一种对生活在其中的人众具有特殊意义的生活形式。这个观念不可避免地会带来一个问题:这些习俗的看法要多地方性才算合宜? 它们是否能被批评、被分出高低、被超越? 黑格尔借助对历史的目的论理解来回答这些问题,这同时还涉及自我意识的生长。如今,很少还有人相信这个，除了那些极其乐观的马克思主义者，他们相信的是这种观念的唯物主义化版本。但黑格尔的问题却是对路的，至少在这个意义上是——它寻问人们具体经验到的生活形式怎样才能够延展，而不是考虑普遍纲领怎么能够得到应用。而且，自我意识对这个问题来说仍然关系重大。[8]

契约主义伦理理论不能为理解伦理生活提供基本方法，因为它自己还需要得到理解。如果应用得过宽，它就提供不出任何结果，或提供不出足够的结果；应用过窄，它就不得不面临它需要哪些特殊条件才能成立这个问题。也许在某些环境里，对更好世界的追求可以借助契约理论思考生活的方式最有效地得到表达，但若真有这样的环境，契约理论的一般观念本身并不能告诉我们它们是怎样的环境。

105 从契约主义的这些复杂疑难中转过身来，在另一个方向上我们看到功效主义，它似乎十分简单，所以，从这个方面看，它显得颇具吸引力。在它那里，不存在要从习俗走出多远的问题，因为它一起步就把全程走完了。它那里也不存在走得这么远的话我们的阐论应该把哪些东西包括进来的问题：它已经告诉什么是我们唯一应该加以考虑的东西（即使我们后来发现在小号字说明里藏着不少我们一开始没料到的东西）。此外，至少在这个宏大简单的层面上，它也无需费心去考虑怎样依直觉调整反思。它干脆把直觉抛在一旁。

的确，功效主义在这个层面上不浪费功夫去与种种特殊直觉纠缠，但不要以为它完全不依赖任何伦理直觉。它依赖两种直觉。

H.西季威克在他那本论证绵密的《伦理学方法》里清楚地表述了其中之一，他在这个段落里所强调的正是功效主义至少要求一种直觉：

> 我确认如下的自明原则：从宇宙的立场来看（如果我可以这么说的话），任何一个个体的善好都不比另一个个体的善好更重要……对我来说，这是自明的：身为一个理性存在者，我必得追求普遍的善好——只要我力所能及——而不是追求部分的善好。[9]

西季威克是把这条自明原则作为实践理性原则提出来的；黑尔则以语言学形式表达了相似的原则。但似乎很清楚，这里表达的是一条伦理原则，如果不同意这条原则（且不说从纯粹自我中心角度来反对它），那会是伦理上的异议。但功效主义还需要另一条原则：除了这第一条原则而外，不再有其他基本伦理考虑。这同样是一种伦理直觉；一定有很多人会不同意，再一次，他们的异议将是伦理上的异议。

我们若从一个特定的角度来解释这第二条原则，也许会以为它不是一项伦理预设，而是对理论理性的一个要求：简单性原则——预设的东西越经济越好。但这种看法一上来就已经误解了简单性原则本身。为了提供最经济的解释，预设的内容越少越好，这个想法的确是好的；但这未必等同于尽量预设最少的内容。最 106
有效的一套预设非必是最短的一套。这一类错误是经验主义历史的一部分——它在运行的起点处预设，心智在获得经验之前空无一物。它所预设的心智内容是最少的，但就有待说明的事情来说，

它不是最少内容的预设——正相反，关于演进和人类学习，它得提供繁复的而且也是很难成立的说明。与此相似，功效主义轻装上路，这可**完全**不见得是它的优点。唯一重要的问题在于要完成这趟旅行它是否带够了行李。

不管怎么说，关于这趟旅行还有一个基本问题有待回答。理论的简单性及这种简单性的标准为什么是适当的要求？显然，适当不适当必定要看一种伦理学理论要做什么。以西季威克为例，他有时似乎干脆地认为伦理学理论的目的是把“常识的道德”塞入“科学形式”之中；他提出的问题很能说明他的一般观念：“如果我们不把普遍的快乐视作人类行为的目的并依据这一看法把人类行为系统化，我们还能依据什么原则来把它们形式化呢？”[10] 后来有些理论家也想当然认为一个伦理学体系应该努力拥有科学理论所拥有的那些优点。

我将在后面回到这个问题上来。首先我们必须更切近地看看理论——尤其是功效主义理论——会通过哪些方式与“常识道德”相联系。一个重要之点在于，对功效主义理论家来说，把日常态度和性向加以系统化未必意谓取代它们。理论有时可以为这些态度提供辩护；而且，哪怕这些态度本身并不以功效主义为宗旨，理论有时仍可以为之提供辩护。西季威克看到，哪些动机引向最大善好一定是个经验问题；尤其，关于最大善好的实际思考是不是真能引向最大善好，更一定是个经验问题。功效主义意识本身成为功效主义理论必须去思考的东西，而西季威克得出结论说，在生活的很多领域不应该过分激发功效主义意识。历来有论者指责功效主义由于一心关注以普遍善好为指归的利益计算，这导致它否定所有的自然感情、窒息冲动与自发性；西季威克希望回护功效主义免 107
受这类指责。（最初招致这种指责的，最突出地要数戈德温（Godwin），他基于狂热理性拒绝对普通人势难避免的任何考虑表示敬意。）有很多性向，我们平常认为它们具有内在的、非功效主义的价值。西季威克为这些性向提供了功效主义的说明。公正、诚实、自发的温情、对朋友的忠诚、对自己儿女的特殊关爱等等，这些价值似乎有可能包含彻底的功效主义不会赞许的一般观念。然而，西季威克坚持认为，你必须考虑这些价值的功效主义价值，即你必须考虑人们拥有这些价值时身处其中的事态的价值。通过这样的考虑，功效主义提供的辩护所覆盖的范围将远远超出从前所设想的范围。

黑尔的功效主义在相似的意义上也是间接的。对他来说，同情地扩展认同过程并非所有道德思考的特征，那只是他所称的“批判性思考”的特征。我们大半时候在另一个层面即“直觉”层面上思考，在这个层面上，我们并不尝试把行为的复杂效果都算清楚，我们靠的是从小获得的一些模式和原则。它们不只是一些便宜行事的规则，在我们看来适用于某个具体事例的时候我们就会参照这些规则来行事。它们深深内化了，真要不顾这些规则，我们心里会“极其反感”，看到别人破坏这些规则，我们则“极为义愤”。[11]我们之所以在这个层面上进行道德思考，主要因为我们在日常处境里无法事事做批判性思考的复杂计算，若努力去做，多半会做错，这尤其是因为我们难免带着有利于自己的成见来做计算。我们从批判性思考的立场出发，就可以认识到这些事实，并相应地认识到直觉思考的价值。批判性思考本身是功效主义的,但它却可以得出西季威克那样的结论:人们若大多时候作为功效主义者去思考就不能使功效最大化。

这种类型的间接功效主义采用一个特殊视角来看待在日常层
108 面的或曰直觉层面上起作用的性向;这带来一个严重的问题:在我们心里或在一个社会里,这样的理论能不能找到一个不自相矛盾的或可被接受的位置?这种理论承认这些性向有价值,但那仍然是工具性的价值。这些性向被视作产生某些行为的机制,这些行为是某些带来最大福利等事态得以发生的手段。从外部看,从功效主义意识的视角来看,这些性向看上去是这样。但从内部看,它们不是这样。实际上,功效主义论证意味着,它们从内部看来最好**不是**这样。对一个具有这些性向的行为者来说,它们有助于形成他的品格,但这些性向若要完成理论交付给它们的任务,行为者就不能把他的品格看作纯粹工具性的,他要能够从这种品格的视角去看待世界。而且,这些性向要求行为者以非工具性的方式看待其他事物。它们不仅仅是行为的性向,它们也是感受和判断的性向;这些性向恰恰通过赋予诚实、忠诚等品格以内在的、非工具性的价值而得到表达。

这类理论里有一个让人深深感到不安的裂罅或错位:一边是理论本身的精神,一边是它据称要为之提供辩护的精神。据称有一个区别可以桥接这两边,或不如说,可以让我们接受这个裂罅,那就是理论和实践的区分。然而,我们若追问这里是谁的理论,谁的实践,就暴露出这是个软弱无力的区分。在西季威克以及过去的很多论者那里,这个区分把人划成两大类,一类是理论家们,他们能够负责任地为非功效主义的性向提供功效主义辩护，另一类人则无所反思地运用其性向。这个一般观念颇吻合于功效主义与殖民主义之间的重要联系，可以称之为“议院功效主义”。它带来某些严重的后承，而西季威克本人带着受虐般的彻底性把它们推演出来。例如，这里的一个问题是：能够向公众透露多少？深明事理的功效主义者也许可以运用一套“精细而复杂”的规则——这套规则覆盖了日常实践会遇到的例外情况；但这对其他人行不通，努力引入这些规则也许“对现行道德的改善不多，反倒因削弱现行道德而有害”。因此，功效主义者必须认真考虑，无论“提供建议还是 109
倡导榜样”，应该公开宣扬到何种程度：

> 因此，依功效主义原则，有些做法虽不宜公开宣扬，在有些情况下却应该那样去做，或私下推荐那样的做法；不宜对某些人宣教的东西也许适合于对另一群人公开宣教；有些事情在光天化日下去做是错的，但可以设想，若能相对隐秘地行事，这样去做则是对的。

西季威克认识到，人们很可能认为这些结论骇人听闻；但这最好，大多数人应该一直把它们看作骇人听闻的结论。他冷冷地松一口气总结说：“功效主义的结论看起来的确会是这样，一种行为在别种情况下是不对的，但机密行之却可能让它成为对的，这种看法本身就应该相对保密；与此相似，秘传道德有机缘之用（expedient）这一教义本身应保持为秘传的，这一点看起来也有机缘之用。”[12]

我在讨论契约主义时曾提到透明性，但它不是议院功效主义所关心的。今天，看起来最好是在实际做法中而不是在公开理论中抱持这种一般观念（想来这也没什么值得懊恼的理由）。当今像黑尔这种的间接功效主义版本则往往更多从心理角度而不是从社会角度来看待理论实践两分。这种版本区别做理论的**时候**和行实践的**时候**，于是乎采用了巴特勒主教的“冷静时段”这个概念——在这段时间里，性喜哲学思考的道德家反思他自己的原则和实践。[13]这个版本同样有严重的困难。设想仅仅靠一套异质的反思就可以按照冷静沉思或热烈活动所区划的时间表把对友谊之类的价值的全心信守变来变去，这种看法颇为矫情。此外，既然反思的确是异质的，那么，这里就需要某种刻意的遗忘；当初，西季威克区分不同阶级，借以把性向和反思隔离开来，有了这个隔断，信守某些价值的性向就不至于由于遭受压力而被工具性的反思搅扰；现在，新版本用刻意遗忘这种心理内部的东西替换了那种阶级隔断。

110 议院功效主义尝试在实际社会中为理论找到安身之处，就此而言，它至少具有现实主义这个优点。它把理论安身于功效主义精英这样一个特定的群体（虽然关于现实中可能是哪些人构成这个群体它有种错觉）。间接功效主义的某些版本却完全不曾为理论提供安身之处。在它们那里，理论好像是先验于生活的，置身于远离实践之外的空间里，而它本来据称是要调节或证成实践。在心理学解释的版本那里，我们可以在理论时段所勾画的图景里看到这种倾向：在这个时段里，行为者离开自身，从宇宙视角看待一切，包括他自己的性向，然后他又返回自身，重拾实践生活。但眼下这种类型的理论思考的实际进程却必须是生活的一部分，它本身就是一种特殊的实践。除非强加一条幻影似的界线，否则，一个人不可能从他自己身上切分出一个理论家来思考他自己的性情。

在间接功效主义那里，那条虚幻的界线为一个特殊的困难披上伪装：理论家看待这些性向的眼光与行为者出自这些性向来看待世界的眼光之间蛮可能发生冲突。

伦理领域里的哲学反思不是跳到普遍主义立场上来寻找辩护并把这辩护带回日常实践；尝试这样看待伦理反思，除了上面这一困难，还会带来其他困难。即使这类尝试要求相关辩护与所辩护的事情在精神上保持一致——契约主义通常有此要求而间接功效主义则否——仍会面临这些困难。这幅图景多多少少做出一个柏拉图式的设定：作为理论家进行反思的行为者可以让自己独立于他正在加以考察的生活和性情。这种看法认为，你能够从外部、从宇宙的视角来看待和批评你的所有性向；这种看法预设，你能够从这样一个视角来理解你自己的性向和其他人的性向，而你同时并不曾默会地把一幅世界图景视作理所当然——这幅图景比从外部视角所看到的任何图景都更熟悉、更富地方性色彩。然而，无论从心理学上来看还是从伦理反思的历史来看，我们都没有多少理由相信，若我们对世界在道德方面是怎样的（这类道德形态是通过日常性向呈现出来的）无感无知，冷静时段的理论推理竟能够进行下去。

这类图画的吸引力何在？驱迫我们去建构这类理论的动力是 111
什么？有一类动机可以是十分形而上的，十分一般的，例如，出于这样的想法：只有当我们从外部来看，*sub specie aeternitatis*（就其永恒的方面来看），我们才是在考察世界的真实所是。有些论者努力从这样的视角来看待伦理世界，认为这种努力赋有某种理性的尊严；这种尊严似乎就来自这类客观性观念。即使先不管对科学

来说这样来看待世界是否可能，这在哲学家中也有不同意见：我们是否能够在任何终极的意义上，或哪怕在十分激进的意义上，让我们自己脱离开我们看待世界的视角，从而获得我前面曾称作世界的“绝对认知”的东西？[14]然而，努力获取这样一种认知即使对科学来说是合宜的雄心（我后面将争辩说它的确是），这也不会使得这种雄心成为安置我们的伦理意识的有吸引力的或合宜的所在。

这有一部分是因为实践理性与理论理性有别；一部分是因为对世界的科学理解不仅与承认我们在世界中并不占据特殊地位完全一致，而且到了现在，它恰恰体现着这一承认。[15]然而，伦理思想的目的却在于帮助我们建设这样一个世界：这个世界将是我们的世界，是我们在其中过上社会生活、文化生活、个人生活的世界。这当然不意味着我们应该忘记自然世界不是专为我们设计的家园；有些哲学家，例如斯宾诺莎，使用永恒视点的坚冷语汇，有时就是为了适切地提醒我们记取这一真理及其重要意义。但这并不意味着这种视角是伦理思想本身的适切视角。假使它是，我们就将不仅严格信守只从那个视角来思考我们的伦理生活，而且将只能使用它所提供的概念。这当然不可能做到。大体说来，那些概念是物理学概念；就连心理学语汇在何种程度上能拥有这种绝对性质也是个悬而未决的问题。

这些形而上图景也许促生了某种伦理学理论。但趋向理论的冲动植根在伦理思想自身之中。在很多人看来，仿佛是理性本身把伦理思考拖向理论和体系化的方向。要适当理解理论对伦理学
112 的掌控，我们必须看到它为什么会发生。这里的重要问题是为什么人们要认为反思索求理论。已经到了这个阶段再来问“干嘛要

反思"这个在先的问题已经太晚了——对我们这本书来说是太晚了,因为这本书的第一章里,苏格拉底已经提出了这一动议(至少他已被认可为提议者),而且,就这个问题本身来说它总是已经太晚了,因为人们唯有不去考虑这个问题才可能不带成见地回答它。但谁若认为若不要伦理学理论,我们就只能拒斥反思,停留在非反思的成见之中,那他就大大想错了。对一个有智识的行为者来说,或对哲学来说,理论和成见不是唯有的选项。

对伦理生活的哪些种类的反思自然而然地促生理论?并非所有种类。有的反思意在理解我们的动机,意在从心理方面、社会方面透视伦理生活;这类反思也许索求某些类型的理论,但这些理论不是伦理学理论。这类反思并非只是说明性的,仿佛与此相对,索求伦理学理论的反思则是批判性的。很多说明性的反思,单单由于它们揭示了某些实践和感情不是我们平常所认为的那样,它们就已经是批判性的。这是最有效的批判性反思之一。导向伦理学理论的那些批判性反思属于另一种类型,这种反思寻求**辩护性的理由**。洛克说:"我们不可能提议一条道德规则而人们却不能正当地要求它有个理由",[16] 这句箴言——若以某种特定方式来理解——自然而然导向理论。

很多人区分杀死早期胚胎与杀死新生婴儿。并非所有人都做此区分。相当多的人,尤其是天主教徒,把堕胎和杀婴视同一事,两者都是恶行。反过来,很少人把杀婴和堕胎在两者都可允许的意义上视同一事。在现代世界,后一种人似乎主要是热心从事伦理理论的人,[17] 此外,无疑还有些是人口过多的国家的某些强硬管理者。出于无奈杀死婴儿的父母并不因为他们这么做了就把这两回事视为相同。还有一个事实虽然在讨论堕胎时不常提到，却与之密切相关：很少有妇女把自发流产或胎儿早夭与死胎或婴儿早夭看成是一回事。于是，对很多人来说，胎儿和婴儿的区别十分重
113 要，足以在讨论杀害时构成一个理由；对几乎所有人来说，这个区别的分量足够成为讨论死亡时的不同态度的一个理由。这是一个例子：一种区别给了很多人以理由。然而，这里有一事我们尚未为之提供理由，但依照对洛克箴言的一种解释来看，我们可以正当地要求上面那些人为之提供理由。那就是：他们用这个区分当作理由的做法依据的是什么理由？他们将怎样为自己的做法提供辩护？

现在，我们要求为某种特定的提供理由的做法提供理由，到了这里，可能用来回答的范围就收得很窄了。只剩下不多几种考虑有可能提供回答，而它们各自（福利、有可能达成的契约式协议）看上去已经像是一类能够构造成伦理学理论的东西了。即使这个层面上的理由还不是这样的理由，下一个层面上的理由仍然会是，因为追索理由的进程要继续下去。只要对理由的线性追索继续下去，到头来总会来到一处，在那里，至少会有一种我们不为之提供理由的理由，它自己支撑自己。[18]以某种方式来看，这个结果可以促使我们采用我此前提到过的还原原则：如果持有一条未被理性化的原则的做法是非理性的，那么，尽量少持有一点非理性的东西是件好事。但另一种脾性的人也许会问：既然我们提供理由的做法到头来要归结于某种得不到辩护的东西，那么我们为什么不可以归结于好几种？我们一旦看到不可能把一切都理性化，就未必要把尽可能多的理性化视作次好之事。我们也许会得出另一个结

论:我们一开始就找错了方向。

然而,讨论我们应该怎样对待这个线性模式的结果没多大意义,因为这整个模式就是错的。无论在科学那里还是在别处,没有哪种提供理由的进程合于这幅图画。这幅图画背后是基础主义理论,它力图把整座知识大厦建立在某一类受到青睐的命题之上。在这个理论层面,人们现在已经普遍抛弃了这种基础主义模式而倾向于整体主义类型的模式,依照这种模式,我们可以质疑、辩护或调整某些信念,而另一些信念则保持不变;但不可能所有信念同时都受到质疑,也不可能所有信念都靠(几乎)无何有者得到辩护。用纽拉特的著名比喻来说,我们边在海上航行边修理我们的航船。

当我们放弃这种线性模式,我们仍保留有这样的可能性:每一 114
种实践都有一个理由;我们将要失去的则是另一种可能性:所有实践都有同一个理由。但就伦理学来说,我们若期望能够满足哪怕这种较弱的要求——每一种实践都应该有一个这样或那样的理由——我们也必须极其宽松地看待这个要求。我们也许可以表明某种实践在社会学意义和心理学意义上是怎样与其他实践连成一片的。但若某个处在这套实践之外的人要求我们提供辩护,我们却可能找不出任何东西来满足这个要求。也许,我们甚至不能够在任何实实在在的意义上为我们自己提供这种实践的辩护。一种实践也许紧紧地连在我们的经验上,乃至我们直截了当地认为这种实践提供的理由比可能为它做出辩护的任何理由都更加有力。

这一点可以用某些理论家的做法来说明。本来,我们有一些通常为我们提供理由的范畴,而这些理论家尝试用另一些范畴来取代之,据称,这些范畴具有更系统的可靠性。例如,图利(Michael Tooley)这位理论家想要让我们接受杀婴观念,为此,他提出采用**人格**(person)这个操作性概念来讨论下面这些种类的问题:有些义务只是由人格来承担的;就人格这个受到青睐的类来说,婴儿处在它的一个端点之外,老人处在另一个端点之外。这个诱人的建议靠的是一个欺骗性的概念。虽然某一类道德哲学利用人格这个范畴大做文章,但它对伦理思考来说是个贫弱的基础,这尤其是因为它看起来像是个区分类别的概念,实际上它挑出的那些特征却差不多都只有程度之分,例如责任、自我意识、反思能力等等。所以,它让我们看上去是在讨论受造物的某些种类或类型,实际上我们只是在模模糊糊地考量哪些人通过了尺标上的某个标记。[19]更糟的是,对某种目的适用的标记并不适用于另一些目的。如果**人格**意味着“完整道德责任”或诸如此类的东西,那么,传统上所设的进入这个类别的最低年龄是七岁,但谁要是跟六岁的孩子或哪怕跟两岁的孩子共同生活过,谁就有生动的理由认为他们是具有人格的。就连图利自己也不认为他们尚无人格到了可以允许杀害他们的程度。

115 **人格**作为理论范畴的缺陷表明这个特定建议的失败,但这些缺陷也更一般地例示了理论事业的失败。我们只有通过与种种日常区分和生活感知相对照才能够看出一个理论概念的弱点,然而,这些日常区别正是这个概念据称要去取代的或为之提供辩护的,这种生活感知则是它据称要帮助我们塑造的。理论概念远远不能因为它们属于某个理论就获得某种特殊权威,它们实际上很可能比它们据称要去取代的概念更为任意。

如果理论归根到底是**理性本身**的产物——这是我刚刚在考察

的主张——那它就无法完成上述任务,因为每个理由都要求另一个理由。那么理论会不会是以某种其他方式对理性的要求的产物?我们前面所说的东西里,没有任何东西应该让我们认为传统区分是不可批评的;如果我们不满足于不经反思的传统——它们蛮可能正是成见的典型——那么,对不同群体加以区别对待的实践肯定会需要正当理由。这些成见似乎简简单单就是非理性的;理性要求对它们加以批评,如果不能为它们提供辩护,就要求消除它们。对它们的批评追索传统区分背后的理由。如果这种做法一步步走下去,它最后怎么可能不变成伦理学理论呢?

第一个问题是,如果传统实践里有什么是错的,在何种程度上它错在**非理性**?与对待白人或男性相比,低一等对待黑人或女性,这是错的,错在不公正;强迫人们这样去做是错的,不仅错在不公正,还常常错在残酷。也许有人说,这类做法因其不自相一致所以是非理性的。这时,理性未能得到平等的应用,而这与普遍化的形式原则相冲突。但这很少会是错误所在;即使这类做法就普遍化而言有某种非理性的东西,其错处也主要不在这里。我从前曾把那种形式的、无可争议的可普遍化原则叫作“一例即可无须重复”(enough is enough)原则,它说的是:如果某种考虑在一个事例那里当真构成了某种做法的充足理由,那么在另一个事例那里也是如此。但歧视和成见也蛮可以基于这条原则畅行无碍。若有人把**是女性**本身当作对她加以区别[①]对待的理由,单说到这里他并不曾触犯“一例即可无须重复”这一原则。但若他雇男人时把聪明和

① discrimination,区分、区别,其狭义则为“歧视”。——译者

116 牢靠当作充足理由，而考虑女人时却拒绝这样做，那他就与这一原则相冲突，就是不一致、非理性；但他至少可以一开始就明确宣布实际上他的聘用条件是聪明、牢靠、男性，这样他就可以避免招受上述谴责。当然，如果他这样公开摆出他的理由，他不会变得较为公正，但他会是自相一致的。

这个人在另一个意义上倒的确可能是非理性的。现在他是要在雇工市场上雇个干练的人，就此而言，把**是个男人**当作一个理由也许没任何道理。也许在一个很狭小的范围里他这种做法有点儿道理，但若他的想法超出了这个狭小范围，认为附和其他人的成见——这些成见不比他自己的成见好些——本身是个优点，那他就没什么道理了。（他也许说他不敢反对那些成见，或承受不起反对的后果：但这时他的理由是另一种理由了。）要把这类非理性暴露出来或加以纠正，靠不上理论，靠的是引导他去反思他的做法。跟前面说到的情况一样，这很可能需要其他种类的理论理解，那将牵涉到其他价值。

通常，实际行为上有所歧视的人并不承认他的理由是“他是黑人”“她是女人”，在这类情况下，察究他们的实际做法才是更有说服力的，而这种察究离开伦理学理论也更远。这时，合理化取代了公然的歧视，他们会提出一些理由，这些理由蛮可能的确有点儿相关，但他们相信这些理由只是因为它们合乎自己的心意。这也是非理性，而且是更深的非理性，然而，这更多是信念、自欺、社会欺瞒方面的非理性，其根由不在于抗拒某种伦理学理论的要求。对社会行为中的非理性的研究应该关注的是这类领域，这类研究最需要的是更详细更实质的考察，而不是哲学理论那类框架式的考察。

上述讨论为伦理论证提出的主要结论是：反思批评应取的基本方向与伦理学理论所促进的方向相反。理论所寻找的典型考虑是十分一般的考虑，其特殊内容越少越好，因为理论要做的是系统化，因为理论要把尽可能多的理由当作另一些理由的应用。而批 117
评性反思却应该在每一个问题上都寻求尽可能多的共享理解，利用所有的伦理资源，只要它们对反思和讨论这个问题有某种意义并能够调动起某种忠诚（commands some royalty）。当然，这些做法会把某些物事视为理所当然，然而，若反思是严肃的，它就必须知道这是无可避免之事。唯一严肃的事情是生活，反思之后我们还要过生活；而且，我们在反思进行之际同样要过生活（而理论/实践两分会诱使我们忘记这一点）。理论有一个典型的设定：我们也许拥有太多的伦理观念，其中有一些很可能到头来只是成见而已。而我们现在的主要问题其实是：我们拥有的伦理观念不是太多而是太少，我们需要尽我们之所能珍惜尽可能多的伦理观念。

“成见”是个既强烈又含混的字眼，而且，成见与理论的关系也同样含混。它在笛卡尔传统那里扮演一个重要角色，在那里，凡未被给予基础的看法都被当作成见。在这个意义上，成见显然与理论形成对照，然而，我已经说到，在这个意义上，一切都是成见，不仅在伦理领域里是这样，在科学领域里也是这样。依另一种意义，较窄的意义，成见意指我们只因为未经反思才持有的那些看法。在这种意义上，很可能我们无可避免地持有成见，但不管怎么说，这里所需的反思——某些看法能够经得起这类反思的检审——无须是伦理学理论的反思。但像种族主义、性别主义那样的成见又是另外一类，它们之所以抵制反思，通常是因为它们合乎持此类看法的人众的利益。我已经提到这类看法可能包含的几种非理性，以及针对这类看法可能开展的反思。我的概述适用于这样的情境，在那里，有些现成的资源可资利用，例如对成见所涉的社会角色的理解，在这个社会内部的某个人就蛮可以在反思时用上这种理解。在另一类情况下，人们从另一个社会的视角来考察一个社会，这时候，成见被视作集体的成见，它们从内部来看是连成一片的。这类情况提出的是另一些问题。这类成见所要求的另一种类型的反思，我们在第九章讨论相对主义的某些问题时将来考虑这种类型的反思。

118 然而，无论哪种反思，无论一个社会内部的反思还是对另一个社会的反思，都要利用人的经验，都要联系于人的利益。有人会说，我们止步于此，只不过代表了另一种成见。终极说来，我们应该超出人类，把同等的考虑延伸到所有能够接受相关考虑的物事上。我们在这里看到，为什么功效主义不仅是最雄心勃勃的伦理学理论，而且它也把理论迎战成见的雄心推到极致。这种雄心与理想观察者的地位相适配，也与最简预设的想法相适配：它所能利用的最多是福利观念，这个观念据称可以应用于有可能接受这种考虑的任何物事。但我们已经看到，这个视角所能提供的东西太少，而且，没有哪条前后一贯的路径能把我们引回头去重新伸张我们的地方性伦理关切——这是说，对我们自己的生活的关切。

有些人把偏爱人类的态度视作我们的终极成见，称之为“物种主义”[20]。把这种态度称作“人本主义”也许更富启发，而人本主义不是成见。[21]从人的视角来看待世界，这对人来说并无荒唐之处。

人们有时说，这样一种视角意味着我们把人看作宇宙里最重要的或最有价值的受造物。这种看法当然荒唐，但上述态度并不意味着这种看法。以为它有此意味是个错误，错在把人的视角等同于宇宙的视角。谁都不该声称人对于宇宙有多重要：这里所说的只是人对于人格外重要。

关心人类之外的动物的确是人类生活本有的一部分，但我们只有借助人类的自我理解才能获得、培育、教授这种关心。我们相互之间的伦理关系在好几个基本方面从来不同于我们同动物的关系，其中之一即是：人既拥有自我理解，又是自我理解的对象。我们在提出动物应该受到何种对待之前，须得澄清一个基本之点——这里唯一的问题是动物应该受到何种对待。这里的选项只是动物会因我们的做法受益还是受害。这说明了为什么把种族主义和性别主义——这些实实在在是些成见——套在物种主义上是错误的。认为有一种无法被除的白人或男人的世界理解，认为黑 119
人或女性应该因“我们”（白人、男人）的做法受益还是受害是唯有的选项，这些看法已经被成见拘囚了。但事涉人对动物的关系，依上述思路来想简简单单就是对的。

我们的论证必定以人的视角为据；它由以出发的视角不可能是无人具有的视角。最强形式的伦理学理论会认为，理性驱迫我们超出人之为人的本性。不是这样；人性的最紧迫的要求现在是并且从来就是，我们应该拢集一切可资调用的资源来促进我们对人性的尊重。

第七章　语言转向

120 我前面曾讨论了几种为伦理思想奠基的构想。那些构想里没有哪种曾宣称能让我们藉演绎法得出伦理结论,例如通过逻辑推导从事实得出价值,或从对世界的纯粹描述得出实践方面的建议,或从**实是**得出**应当**。康德式的进路探寻的是理性行为者那里据称能够引入伦理考虑的诸前提。谁拒斥这些伦理考虑,谁就在与世界的实践关联上陷入混乱,或者说,这里若包含某种逻辑冲突,那也不是**应当**和**实是**的冲突,而是当事人承诺要接受不同的**应当**,而这些**应当**相互冲突。亚里士多德的关切根本上也是去确定什么是我们最有理由去追求的东西。他自己的相关阐论从一种自然目的论那里借用了不少东西,自然目的论是我们今天无法接受的,但他的阐论靠的不是从某种别的什么东西那里逻辑地演绎出价值。

我们迄此所关注的多数问题把伦理判断与实践理性直接连在一起,与之相比,这种联系在有些道德哲学问题那里不是那么直接。能够有伦理知识吗? 若有,怎么拿它来与科学知识比较? 面对这类问题,我仍然不怎么关注从事实演绎出价值这回事。下一章我的确会讨论是否有价值与事实的两分,以及应该在哪里做这种区分。但若确有这种区分,结果表明,这也主要不是逻辑上的区
121 分。我们更不是在语词的用法里发现这种区分。

这些进路和这些结论不久以前还会让人觉得惊奇。在这个世纪的道德哲学里，人们一直在沸沸扬扬地讨论从事实演绎出价值的问题，与此相连还有用非伦理词项定义伦理语词的问题，这类讨论有时甚至淹没了所有其他问题。在这些讨论背后，其实有一个，或不止一个，涉及价值、关于世界的知识、自由这三者之间关系的一般想法(large idea)。新近哲学往往错误地表现这些问题，把它们当作语词定义的问题来加以讨论。这一点我已经提到过一两次。在这一章里，我想要更一般地讨论语言方法引起的问题。我们须得从"自然主义悖谬"入手来开始讨论，道德哲学的任一种一般阐论迄今仍不可对这种看法存而不论。

伦理学应该特别注重定义这个想法是由摩尔大大促进的；他在《伦理学原理》(1903)里提出了一套关于善好的看法：善好是一种非自然的、简单的、无法定义的性质。[1] 据摩尔，那些试图定义善好的人陷入了自然主义悖谬。很难想得出还有哪个哲学史上广泛使用的词语像是这么惶然的误称。首先，我们不清楚为什么摩尔施以批评的那些人犯的是悖谬(推衍过程中的错误)而不是别的什么(摩尔眼中的错误)，或他们只是在简简单单重新定义一个语词。更重要的是，"自然主义"原是个有用的词，而"自然主义悖谬"这个短语却把它误用于另一个目的。自然主义伦理观本来是跟超自然主义伦理观对照的，依它所指的那种观念，伦理须从此世的角度来理解，不牵涉上帝或任何先验的权威。它所指的那类伦理观来自人是自然的一部分这样一种一般态度。亚里士多德的一般观念在这一意义上是自然主义的，穆勒的功效主义同样也是，大多数现代伦理学著作，包括眼下这一部，都是自然主义的。在这个广泛的、有用的意义上，自然主义伦理观不一定陷入了“自然主义悖谬”。亚里士多德不曾陷入，我也看不出有什么理由认为穆勒（摩尔对他
122 格外不满）陷入了这个悖谬。造成甚至更多混乱的是，并非所有陷入了摩尔所称的这种悖谬的论者都同时是广义上的、有效意义上的自然主义者。那些最突出地陷入了这个所谓悖谬的论者当中，有一些是广义上的、有效意义上的反自然主义者，例如那些用上帝之所命或所愿来定义善好的论者。

最后这一点显示，在摩尔的想法那里，成问题的并非只是语词方面的问题。这里有一个重要的理论问题；在摩尔引进了这个短语之后，这个理论问题在学界对“自然主义悖谬”的讨论里逐渐浮现。如果这个悖谬是个严重的错误，那么，他要我们防范的确切说来是什么？所须禁止的不单单是以自然主义方式（在广泛的和有用的意义上）定义**善好**；如我们前面所见，他同样还须禁止非自然主义的定义。也许，要禁止的是用任何东西来定义**善好**？这是摩尔本人的立场；但我们在第一章曾提到，他蛮愿意用**善好**来定义**正当**；而其他人自可以采取其它还原路线中的某一条而同时却保留摩尔对自然主义悖谬的禁令。这凸显出，自然主义悖谬的论旨并不仅仅在于，或至少很快就变得不仅仅在于，禁止对**善好**加以定义。毋宁说，它被理解为要把所有表达式分成两类。一类是包括**善好**和**正当**在内的表达式，它们的标签是，例如，“评价性”语词。另一类是非评价性语词，这一类范围宽广，包括形形色色的子项，例如事实陈述、数学真理，实际上还包括例如关于上帝的陈述（除非一个陈述由于某种理由是评价性的，例如“上帝是善好的”即被

如此认为)。于是,自然主义悖谬后来就用来指完全用属于第二类的语词来定义属于第一类的语词的做法。

这不只是个定义问题。这个禁令要禁止的是所有从完全非评价性的前提演绎出评价性的结论的做法。(针对定义的禁令是这个一般禁令的特例,因为定义是逻辑等价物的一种,或者说,是双向蕴含的一种。)这个较为宽泛的禁令排除的不仅是尝试定义**善好**的做法。它还排除尝试从**实是**演绎出**应当**的做法——休谟曾注意到这种做法颇为可疑。休谟说,从包含**实是**的命题转变为包含**应当**的命题,

> 这具有重要后果。因为这个**应当**,或**不应当**,表达了某种 123
> 新的关系或确认,所以,必须对此加以注意并做出说明;同时,对这种看起来完全不可思议的事情,即这种新关系怎么能够从另外一些与之完全不同的关系中演绎出来,也应该提供理由。[2]

人们从这段话得出"从**实是**演绎不出**应当**",但有论者合理地怀疑休谟本人是不是意谓这个命题。[3] 他的确认为,也明确说,对此加以注意会"让我们看到,恶品与德性之分并不仅仅基于客体关系,这种区分也不被理性所感知"。但这种结论与定义及逻辑演绎之间的关系不是直截了当的。

"自然主义悖谬"这个短语现在往往用来指触犯了不可从**实是**演绎出**应当**的禁令。但同时,它还保留着它最初的涉及**善好**和其他这类评价语词的效力。我们还需要更多的理论才能说明为什么一个关于**应当**的禁令将同样带来关于**善好**的禁令。这个理论通过还原主义策略形成:它把**善好**当成可由**应当**加以定义的。这是还原主义策略的深层动机之一。如果我们确信必定有两类基本的表

达式，一类涉及价值，另一类涉及事实，那么，我们自然会认为价值类中有一个语词是基本的，其他语词要由它来定义。

如果我们看一看现代理论家怎样尝试用一种特别的方式来说明为什么我们不能从非评价语词演绎出评价语词，上面那种看法就来得更自然了。摩尔本人认为善好之所以无法定义是因为善好是一种简单的、非自然的性质。他又认为这种性质是否存在是由直觉来测查的——上一章讨论过，在摩尔的意义上，这是一种智性力量，而这种智性力量是这种类型的“直觉主义”的基础。这种意义上的直觉主义对什么都没提供多少说明，它也没怎么费心去说明为什么价值不能从事实推演出来。

晚近的工作尝试提供好一点儿的说明。它把禁止从**实是**推演
124 出**应当**的禁令视作核心。中心看法是黑尔加以发展的**指令论**，把**应当**这个词的功能解释为指令去实施某种行为，或要求某人去做什么。**应当**被视如一种命令式；严格说来，一个用正常的指令方式来使用**应当**的陈述句是这样一个普遍的表达式：它导致适用于相似环境中的所有行为者的命令。（在黑尔所发展的世界行为者功效主义那里我们已经看到这个想法的运用。）依这种解释，我迄此为止一直所称的**评价语词**就不如称作**指令语词**才更加显豁，而不能从另一个种类语句有效推演出来的正是指令语句。另一个种类的语句，就眼下所涉的对照而言，被合宜地称作**描述语句**。对那个禁令的现有解释现在变得相当明显了。指令语句所做的某种事情，即要求人们以某种方式去行为，是描述语句单靠自己做不了的。这为上述禁令提供了清楚的理由，然而，如果这项禁令要像它原初所希望的那样普遍，如果它要能说明事实和价值之间的基本

关系，那么，它（如我已经说过的）就必须扩展到**善好**那里，扩展到针对自然主义悖谬的原初论证所怀有的那些关切上面。我们必须把评价性用语还原为以上述方式解释过的指令性用语；而且，最终的理论还必须像摩尔曾做的那样，既涵盖伦理用法也涵盖非伦理用法。于是必须表明的是，只要说到某一物事好或坏，可钦或下作，在同一品类里出色或低劣，我们实际上都是在要别人或自己去做某事——这种解释的通常意思是，这就是去做选择。所有评价都必须与行为相连。

这个结论可不那么容易让人相信。例如，它似乎歪曲了大量审美评价的要旨：似乎要求我们差不多基本上要从潜在收藏家的视角来看待绘画的价值。即使在伦理领域里，它也显然采取了一种过于狭窄的眼光来看待何为人的优点，似乎认识到某人善好就是要求我们去效仿他。黑尔在说明评价的这种指令力量时写道：

> （说到一家旅馆，）我们说它比路对面的那家旅馆好，这里的“比……好”有一种意义（指令意义），如果一个人口头上赞 125
> 同我们的判断，然而，当他在两家旅馆之间做选择的时候（价格等等其他条件等同）选的却是另一家，那他当时所说的一定不是他的真实看法。[4]

黑尔继续解释说，认为某物事在指令意义上较好就是偏好此物事。但他自己的例子表明，他的看法不完全是这个。例如，那不是考虑到价格而偏好某家旅馆。那一定是基于它之为旅馆的优点而偏好它。但你一旦塞进了旅馆（或随便什么东西）的优点这个概念，它与偏好的逻辑连接看来就被误导了，实际上，在我看来，完全没有理由认为“较好”具有这样一层**含义**，至少，我们谈论旅馆这样一种特殊事物的优点之时是这样。什么是旅馆的优点，这不是很明确的事情，个人品味在这里有很大余地；但即使在这样的事例那里，即使旅馆（原则上）的部分功能在于按客人的口味讨他们欢喜，我仍然能够区分一家旅馆的优点与我基于十分健全的理由刚好偏好的东西。“我就是不爱住好旅馆”这话不难理解。

这凸显出用指令性来解说评价性这种做法的基本弱点。我们在评价属于某一种类物事的一个物事时，何为这类物事的优点是有某些标准的，哪怕就特定种类的物事而言这些标准有可能是地方性的或含混的或不确定的。在很多时候，我们的选择理所当然是由一件物事的优点决定的，因为选择者通常寻找的是这一种类中的好东西，然而，无论对谁，他选择一个物事时总有相当余地不直接联系于他所认为的这个物事的优点。对很多种类的物事你都能区分两个方面，一个方面是你认为哪一个在这类物事中是好的，另一个方面是哪一个是你喜欢的、想要的、去选取的；而且，你能够做出这种区分表明了你明白这个物事的优点有可能超出你自己的兴趣或应对能力。我有时会跟人讨论你最爱听的差劲音乐是什
126 么，有一次，一位熟人说：“我发现只听杰作我也过得下去。”哲学不能靠逻辑让人人非得抱有这个人的态度不可。

于是，这里就有一个要紧的问题：**实是**与**应当**这一区分对我们能有多大帮助？把这个问题与事实价值两分在语言上的表现连在一起，我们就触及一个重要之点。**实是**与**应当**的关系提供了少有的几个处所之一，人们在这里从语言方面明确断言存在着一种区分，据认为，这种区分会带来极其重要的结果，但要带来这个结果，这个区分必须加以普遍化以覆盖其他全部评价性语言。

此外，我们需要问一问从**实是**与**应当**这两者自身的关系里究竟能梳理出多少东西。我们的确能在**实是**与**应当**的区分中找到一条明显的真理，虽然这条真理很可能完全不宜用上述方式来加以表述。这里涉及的是实践推理。有时，“把一切都考虑到了”之后，我们仍然要回答“我应该怎样做”这个问题；如果我们把**应当**视作等同于这个实践问题里的**应该**，那么，的确，从**实是**不可能演绎出**应当**。这样一个回答是一节实践推理的结论，它不能从支持这一结论的那些前提逻辑地演绎出来。[5] 如果我们没有把关于我们想要什么的命题包括在前提里，就显然不可能那样演绎：我们最有理由去做的事情必然依赖于我们想要的东西。但即使把关于我们想要什么的所有命题都包括进来了，即使把我们所采用的决策论的一般原则（这些原则本身在一定程度上也必定依赖于选择或脾性）也包括进来了，达至把一切都考虑到了之后我们应该怎么做的结论仍然不是逻辑演绎之事。要达至结论总是要求我们去确定在这个特殊情况下从方方面面来看我们将把什么判断为最重要的事情。

在很多情况下，什么是最重要的一清二楚，于是，“决定”将不要求临事下决心——但即使在这些情况下，在所有输入之外仍然另有一个步骤。如果我试着把这一步骤包括在输入里，例如把“我把 ABC 这几个因素视作最重要的”包括在输入里，那么，它也许是关于我的性情的一个评注（“我就是这样一种人”），于是，我在这样的情况下还是需要做一个决定；否则，它就是在表达这个情况下所做的决定是什么，这时，这句话并非真正是输入的一部分，而是 127
对结论的一种预期。

当然，即使有了这个“把一切都考虑到了之后”的结论，从结论到行动还差一步，在这个结论和去行动的意图之间还可能有个缺口。这构成了 *akrasia*（意志软弱）这一区域。有可能存在这样一个缺口，但这一事实却并不能——这么说吧——把结论一直推回到那种地步，仿佛结论本身完全是由输入逻辑地决定的。我们不可错误地认为，直到决心去行动之前的一切都是由逻辑推理构成的。*Akrasia* 的问题涉及的是意图与我们关于怎么做的最佳判断之间的关系；这里的要点是：即使最佳判断也仍然包含判断。

第一章说过，“我应该怎么做”这个问题及其回答不一定是也不特别是伦理性质的；伦理考虑是输入审思的考虑之一。与此相应，上面所说的内容与伦理性没有什么特别的联系。它讨论的是所有实践推理里的输入和结论。一旦超出实践推理和它“把一切都考虑到了之后”的结论之间的关系，迄此在自然主义悖谬或**实是—应当**两分名下所讨论的那些最深层问题就不可能靠语言分析来解决，甚至不可能靠语言分析来揭示。

在有几个哲学领域那里，人们所称的“语言转向”[6] 不曾为我们把问题梳理得更加清晰提供什么帮助；道德哲学是这样的领域之一。这不是要否认道德哲学像哲学的其他部分一样理应包括对我们怎么言说加以反思。实际上，如果道德哲学对我们怎么言说更多关注一点儿，它在一个层面上会做得更好。各种类型的道德哲学都有个普遍的毛病：它们都把某种极为简单的模式硬加到伦理生活之上——构成这种模式的也许是我们实际使用的概念，也许是应该用来指导我们的规则。修复这种顽固畸形的一个办法也许恰在于更多留意人们实际上怎么以极为多样的方式谈论他们自己的生活和别人的生活。

在一个层面上，如果留意语言，就应该多留意一点儿。但在另一个层面上，无论用何种方式关注语言，单单在语言方面下功夫不大可能有多少斩获。一个原因在于，如我们已经提到的，并没有一 128
套边界分明的语言表达式供我们考察。理论家特别偏爱伦理讨论时所用的最一般的表达式，如**善好**、**正当**、**应当**等等。这些表达式的实际用法当然并不局限于伦理思想。这个事实本身倒未必毁掉研究，但集中于这类语词的做法至少由于两个原因伤害了研究。一个原因在于选择这些一般语词的动机：它是还原主义的信念——更为特殊的伦理概念里都含有这些一般概念。这就遮蔽了这些特殊伦理概念的真实性质，并协助掩藏了如下事实：一个依赖于很一般的伦理表达式的社会不同于一个更加注重特殊伦理表达式的社会——当然，纯粹语言方面的探究反正不大可能揭示这个事实。（说到这些更为特殊的伦理概念，我在下一章将考察它们的某些重要特点，尤其是它们在伦理知识里扮演的角色。）集中于这些一般词项没给伦理学的语言哲学带来什么好处的第二个原因在于，理论家们在尝试梳理这些词项的相关用法时把一些预设带进了研究，而这些预设不仅已经是理论的，而且已经是伦理的。由此产生的结果通常是糟糕的语言哲学。

它们的确是糟糕的伦理哲学。人们对**实是—应当**以及对自然主义悖谬产生忧虑，这类忧虑下面另有真实的伦理关切，这种伦理关切归根到底也是形而上关切。在这些忧虑的核心处是这样的想法：我们的价值并不在“世界里面”；若谨守分寸不加虚饰地描述世界，就不会提及任何价值；在某种意义上，价值是我们硬加到或投射到周遭世界上的。这个发现——如果这真是个发现——可能带来绝望，就像世界丧失了目的论意义可能带来绝望。但这也可以被视作一种解放，我们可能发现，世界不再能够强迫我们接受这套价值而非那套价值这一事实给我们带来了一种极端形态的自由。

这一套思想内容的确构成了一种信念：事实和价值有区别，有某种区别。某种这样的区别是否合理当然是个十分紧要的问题。我们下一章将讨论这个问题，并讨论关于世界的**何种**看法能够清
129 除一切价值。眼下需要澄清的一点是初步的，但它颇为重要。它表明语言转向为什么不大可能提供助益。即使事实与价值真有某种根本区别，人类也并不曾能够普遍认识到这个区别——它倒是一种发现，是启蒙的一项成就。但这样一来，就没什么理由认为我们的伦理语言——且认为有那么一种边界清楚的伦理语言——**已经**向我们呈现了这种区分。也许，它根本没有呈现任何这样的东西，既不曾暗示这种区分也不曾隐藏它；也许，认为语言能体现分明的形而上信念是个错误的想法。但若语言真有能力传达跟这样的问题有关的东西，那么，在传达真理的同时，它至少在同等程度上也一定会传达错觉；如果考虑到错觉的广度和悠远，考虑到启蒙只是新近才来的，恐怕语言在更大程度上会传达错觉。即使人类价值是从人类关切投射出去的而不是"世界"的性质，那由此也推不出我们有一套对不含价值的世界——或世界的足够大的部分——的现成描述。（也许，根本不可能有这样一个不含价值的世界；但若没有，我们禁不住会对投射这话在说些什么感到困惑。投射到什么屏幕上？）

这样来批评语言进路似乎有点儿自相矛盾。采用这一进路的论者通常都强调事实与价值的区分；对**应当**—**实是**的区分通常被用来揭示这一区分。于是，看起来，要么语言并不曾为事实与价值的区分披上伪装，要么语言理论家设法穿透了这种伪装。但这两种看法都不正确。实际情况是，不是理论家发现事实价值的两分通过语言透露出来，而是他们把这一两分带到了语言那里。他们发现的是很多我前面已经提到过的“较厚实的”或曰具有更特殊内容的伦理概念，例如**背叛**和**许诺**、**残暴**和**勇敢**，这些语词表达的似乎是事实与价值的结合。怎么使用这些概念，一方面由世界是什么样子（例如，某人是怎么做的）来确定，而同时，这却通常也包含对处境、人物、行为的某种评价。而且，这些概念通常也（虽然不一定是直接地）为行动提供理由。这一类词项显然不曾摆明事实与 130
价值的区分。不如说，是理论家为了要辩解存在这种区分才不得不对这些词项的功能做一番解释，从而才把这些词项视作事实因素和价值因素的合取，而这两类因素原则上是可以被分开的。最清晰的论述再一次是由黑尔提供的：这类词项包含一个描述结构，此外有一个表达个人价值或社会价值的指令附着到这个结构上。使用这类词项的陈述可以被分析成两个部分，大致上是：“这个行为具有如此这般的性质以及我们应当或不应当做出具有如此这般性质的行为”。这种阐论的一个要点在于，这些词项的特殊性质或曰厚实性质是由描述结构提供的。经分析，价值部分只是由**应当**这个万能的指令词表达的。

在下一章我将申称这一阐论是不正确的，我不打算在这里事先勾勒我的论证。这里所要提示的一点，再一次是，依赖语言方法

来主张事实价值两分的理论家把他们的区分带到语言那里而不是在语言里发现这种两分，此外，他们不合情理地期待，当这种区分得到揭示，我们会发现它处在十分接近语言表层的地方。没有理由期待事情是这样。如果我们所做的无非是伪造或自欺，是把自己的价值读到世界里，那么，这些欺伪极可能深深地交织在我们的语言之中。

指令论申称，这些厚实词项的价值部分完全是由指令功能施行的，而指令功能可用**应当**这个词项来进行分析。它申称，我们在伦理领域（此外实际上也在一般评价领域）里想要言说和思考的一切都可以用这个极为一般的词项来言说或思考。其他理论家就其他一般词项所说的也差不多：所有的工作都可以由某一个一般的、抽象的词项来完成。既然所有较厚实的伦理词项都只是包含了这个一般词项的复合体，这个一般词项已然在工作了。如果这类分析被表明是错误的，更一般说来，如果要把伦理语言还原为这类抽象词项的冲动是误入歧途，那么，这些一般词项就并非无处不显身手，而这就为我已经建议过的那个想法腾出了空间，那个想法是：一个凭借这类一般词项来理解并开展伦理生活的社会不同于一个
131 并非如此的社会，而这种差别要求我们从社会方面加以理解。若这是个事实，语言方面的进路显然无助于我们认识到这个事实。它倒促使我们掉头不顾，甚至看不到可能存在这样的事实。

相当显然，我们若要弄懂伦理概念是怎样起作用的和怎样变化的，我们必定要探究这些概念在其中起作用的社会组织形式，由此获得某种识见。语言进路在某个事不关己的层面上倒不否认这

一点，但它不去寻问那些有助于我们获取这种识见的问题；即使我们拥有这种识见，语言进路也不在哲学上利用这种识见来做任何事情。它的兴趣集中在逻辑分析问题上，这促使它掩盖了上述要点；它从纯哲学的角度来理解哲学本身，同样促成这种掩盖，它对哲学的这种理解的确强调语言是一种社会活动，但同时却古怪地拒绝哲学对各种社会发生具体的兴趣。[7] 不过，比起另外一些进路——这些进路把伦理学完全视作一个自治的、内容不发生变化的学科——语言进路至少潜在地比较接近于对伦理思想的社会维度和历史维度的理解。把我们的注意力引向伦理语言至少敞开了一种前景：我们将来有可能去思考伦理语言，思考通过伦理语言表达出来的伦理生活，把伦理生活视作一些可能发生变化的社会实践。语言转向本可能帮助我们认识到——即使它实际上没有做到这一点——伦理理解需要社会解释这一维度。

第八章 知识、科学、会同

132 迄此我还没怎么谈论客观性，虽然前面几章跟这个概念多有联系。如果能找到一个阿基米德支点，如果能表明实践理性或者人类利益含有某种确定的伦理观，伦理思想就会是客观的，意思是说，我们就能够为它提供客观基础。这两种可能性是实践理性的视野之内的可能性——或者，它们最后会成为这样的可能性。然而，关于客观性的讨论往往从另一个很不一样的出发点进入道德哲学，这时，人们关注的往往是拿伦理信念来跟知识以及其他类型的真理要求相比照，例如跟科学信念相比照。这里涉及的是对客观性的一种很不一样的观念。这自然而然会联系于这样的问题：有什么东西能让伦理信念成其为真？是否存在伦理知识？等等。事实和价值的形形色色区分就坐落在这种比较的视野之内。

对客观性的讨论常常从关于分歧的考虑起步。于是，出现分歧仿佛挺奇怪的，然而，没什么道理这么认为（在西方传统最初的那些思想家那里，冲突之为世界的一个特征，至少像和谐一样明显）。倒不如说，人们关注分歧是因为无论同意和分歧都不是普遍
133 的。并非只有分歧需要说明而同意不需要，毋宁说，在不同情况下，分歧需要不同种类的说明，说到同意也是这样。

我们以何种方式来理解和说明一个给定种类的分歧，这有重要的实践后果。它可能修正我们对他人的态度，修正我们对自己的一般观念的理解。就他人方面说，我们需要看清楚应予以反对、拒斥等等的是什么，以及基于何种宗旨予以反对、拒斥；对我们自己来说，分歧可以提出警示：我们自己有可能是错的，如果我们追求的是正确性意义上的真理，我们有可能需要改造我们的总方针。

分歧不一定非要被克服。就我们与他人的关系来说，分歧可能始终是某种重要的、建设性的因素；也可能，我们对为什么会产生分歧已经有了最好的说明，而这恰恰让我们看到分歧不可避免。如果我们感到分歧关乎要旨，同时又感到能够很好地说明分歧不可避免，那就可能出现一种张力。如果分歧不仅重要，而且它以看来他人必须予以赞同的判断形式表达出来，这种张力就格外紧张。（我们在下一章将看到，相对主义有一个特殊的问题：通过何种方式去理解我们的一般观念，从而使张力的两个方面得以共容。）

在各种类型的分歧那里，在我们可以从分歧中学到的各种教训那里，人所周知，可以找到两个极点。一类极端情境是，两个孩子争一个面包，两个英雄争同一个女奴。这里的分歧是现实分歧，对这类分歧的说明不大会让人怀疑涉事两方的认知能力。不妨说，这类分歧那么原始地现实，几乎谈不上两造在判断方面有什么分歧。当然，即使在最原始的层面上，关于**事情该怎么办**也存在分歧，但这个问题在这里紧邻欲望和行动，没谁会认为这类分歧表明哪一造缺失知识或理解。简简单单就是两个人在索要一样非属此即属彼的东西。然而，冲突远不见得就一直这么平白，若两造不想靠暴力而是想要采用合乎章法的话语来解决冲突，他们还是得引

134 入较为实质的判断，通常是关于公正的判断：孩子会谈论公平，英雄们会谈论先例。

这类分歧，至少就其最基本的形态而言，不必让任何人认为有谁缺乏识别能力或理解能力，或有谁不会讲这种语言。按传统的排列法，分歧的另一极端则的确会让人这么认为。关于这类分歧的典型例子是什么，论者意见不一，这要看他偏爱的是哪种知识论，但它们经常涉及在正常情况下对普通物体——牛津哲学家J. L.奥斯汀所称的“中等大小的固态物体”——的观察。这类物事的一个重要特征在于，据认为，各方共享同样的概念并曾学习怎样识认家具、笔、硬币或诸如之类的东西。

围绕上述范型形成了各式各样的对立：实践的与理论的、价值与事实、**应当**与**实是**。据认为，每一组对立都代表了某种基本区分，说明了分歧之所在，人们也经常认为这些对立提示了消解分歧的希望——它们往往是些方向相反的希望。但若认为这些对立只是以不同方式表现同一个区分，那就错了。的确，从我上面举的两个例子就能看到这一点：它们在重要的意义上都不对应于上述任一种对照中的两端。关于怎样分配益品的争执肯定是实践分歧的一个例子，但只要还没有发展到认真考虑公正诉求的阶段，它还不是价值方面的分歧。家具感知上的分歧无疑是事实方面的，但它还不是理论方面的分歧——而最常见的则是把理论与实践相对照。把这些种类的例子都统合于同一组对照需要做更多的工作。人们的确做了不少，典型的做法是把评价性还原到实践方面，把事实维度延伸到理论那里。这两种策略都含有实证主义精神，两种都很可疑。固无足怪，现在有些哲学家怀疑是不是能按照传统模式建构起任何一种基本区分。[1]

我同意这里不止存在唯一一对区分。我也同意，在界定这类区分的两边时所采用的强实证主义的表述方式是被误导的。尽管 135
如此，我仍然认为，说到伦理学，确可以发现一种真切的、深刻的区别，而且——这是更进一步的旨点——这种区别足以促生那种感觉（这种感觉反复出现，即使说不上它已确定地形成传统）的一个版本：科学有可能多多少少是它似乎所是的那样，即，是对世界实际所是的系统理论阐论，而伦理思想却绝不可能完全是它似乎所是的那样。而且，传统在如下一点也是对的：它不仅认为这里有那样一种区分，而且认为我们可以通过对分歧的理解来理解这个区别是什么。不过，这里的问题不在于分歧有多大，甚至也不在于我们可以通过什么方法来消除分歧——虽然这一点理所当然地提供了很多相关的考虑。最基本的区别其实在于：当我们考虑哪些方法最有希望消除分歧的时候，我们对在这两个领域中各能首尾一贯地抱有何种希望的反思性理解有所不同。这里的问题是，在最有利的条件下，什么会是对结束分歧的最佳解释——这种解释我从现在起将称之为对会同的解释。

基本的区分是伦理领域与科学领域的区分。对照的一端应标为“科学”而不是“事实”之类，其中的缘故我打算后面再来说明。另一端应标为“伦理”，因为伦理是我们正在探讨的课题，而且，无论把这一端的领域加以扩展还是缩小，都会要求我们开展大量的讨论。我们不把这个领域叫作“评价性的”，因为评价性至少要额外覆盖审美判断的领域，而审美判断有一大批它们特有的问题。我们不把这个领域叫作“规范性的”，这个用语只覆盖伦理兴趣的一部分（大致是与规则相关的部分），而且，它理所当然延展到法律等等物事，而法律领域同样有它不同的问题。我们尤其不宜把它叫作“实践性的”。这会错置很大一部分相关问题，我们在谈论指令性和**实是—应当**的区分时已经说到过背后的缘由。不难承认，实践的与非实践的有别。显而易见，有实践推理或实践审思这样的事情，它们不同于思考事物是怎样的。它们的不同**太明显**了，正因为如此，实证主义曾认为它把评价性还原为实践性就确证了传
136 统的区分。但这种还原是错误的，它也使得整个问题看起来比实际上更简易了。[2]

科学领域与伦理领域有别，这背后的基本想法，从会同的角度来看，十分简单。科学研究理想上应该会同于一个答案，在这里，对会同的最佳解释所包含的想法是：这个答案表现了物事之所是（how things are）；在伦理领域，至少在较一般的层面上，不可能前后一贯地抱有这样的希望。两者的区别最终并不在于实际上是否将出现会同；我们必须看到这不是我们的论旨所在。人们在伦理观上最终也蛮有可能会同，至少就人类来说这是可能的。与科学形成对照的是，伦理领域即使出现了会同，我们也不能够认为会同是在物事之实际所是的指引下产生的；而在科学那里，如果真的出现会同，也许就可以这么解释这种会同。这至少意味着，在上述两种情况里，我们对出现会同的理解不同，或换个角度来说，对不出现会同的理解不同。

我后面将回过头来讨论我们可能有哪几种方式来理解伦理领域的会同。不过，也有人认为根本不存在以上述方式所表述的区

分,所以我们必须先谈一谈他们提出的一些论证。反对意见是从两个不同方向上提出来的。在一个方向上,有人认为由物事之所是引向会同是个空洞的观念。依照另一种看法,这种会同观念并不是空洞的,但它在伦理领域里和科学领域里都同样存在——这是说,这个观念有某些内容,但它无助于区分科学和伦理。

我上面说到,科学和伦理的区分以及从会同角度来说明这一区分的要点最终并不依赖于实际上是否出现会同。不过,就科学这方面来说,若把我们的想法同我们怎样理解17世纪以来的西方近代科学史完全割断则是不切实际的。会同视角下的科学进步观
无法与西方科学的历史分割开来,因为这种进步观主要是由西方 137
科学的历史促成的。很难否认这一历史展示了很高程度的会同;人们所声称的则是,这一现象没有真实意义,因为它只是文化的产物,是由于我们选择以某种特定科学历史叙事所产生的结果。R.罗蒂写道:

> 就物理学来说,坚持采用"更好地描述了已经在那里的东西"这个经典观念……不是那么自相矛盾。这不是基于认识论的或形而上的深层考虑,而简简单单是因为,我们若以辉格风格来讲述我们的祖先怎样攀上我们今天站立于其上的群山之巅(这巅峰也许是虚假的),我们总需要某些稳定的东西贯穿故事的始终……物理学是"发现"的范式,这只是因为很难以某种不变的道德律或诗歌经典为背景来讲述一个变易宇宙的故事,但讲述一个翻转过来的故事却很容易。[3]

以这种方式来描述科学的成就及其意义有两个明显的缺陷。第一个缺陷涉及应该怎样看待一个故事容易而另一个故事困难这个事

实。世界“已经在那里”，它参与调控我们对它的描述，这样一幅图景**为什么**这么让人信服？这似乎要求能依罗蒂的阐论给出某种解释，然而它给不出。倘若“西方”这个说法暗含某种文化解释或人类学解释，那我们完全不清楚那会是怎样一种解释：的确，我们完全不清楚那能够是什么——如果这种解释本身不预设一个已经在那里的物理世界，而人类是在这个物理世界里开始存在并发展出文化的。

我们无论提供何种解释，背后都会有这一类预设，这一点直接导向罗蒂的阐论的第二个缺陷：这一阐论是自我否定的。如果他讲述的故事为真，那么，无论从哪个视角来看，他都不可能以这种方式表明其为真。倘若科学描述已经在那里的东西这一说法是最

138 最方便的，倘若这里没有任何深层的形而上问题或认识论问题，问题只在于方便与否（我们如此这般讲述“只因为”方便），那么，包括罗蒂在内的所有人该说的都是科学描述已经在那里的东西。但罗蒂号召我们不要这么说，靠着这种号召，靠着与这种说法**针锋相对**，坚称那只是图方便的说法，罗蒂试图重新占据人类话语人类活动之外的先验立场，而这一立场正是他要我们加以否弃的。[4]

罗蒂以及类似论者的驳论中较富效力的层面在于他们提出的一个否定性申言：我们不可能通过指涉世界是怎样的而对科学会同——无论是过去的会同还是将来的会同——做出有意义的解释，因为把“世界”视作某种能够决定信念的东西这一观念包含一个无法解决的困难。这里有个两难处境。一方面，“世界”可以通过我们关于它包括哪些物事的现有信念得到刻画；它是星星、人、草木、桌椅的世界。当我们这样看待“世界”，当然可以说，我们关

于世界的信念受到这个世界的影响，这意思是说，例如，我们关于草的信念受到草的影响，但这种说法没什么启发，没什么实质内容——把世界看作我们的信念的对象这一观念无非是重申我们用来表现世界的信念。另一方面，如果我们尝试形成另一种世界观念，依这种观念，世界先于对它的任何描述，它是所有的看法—表现系统都要去加以表现的东西，那么，我们得到的就是关于某种东西的空洞观念，这种东西完全没有也不可能有任何具体规定。[5] 无论取这条路径还是那条路径，我们都得不到一个能够完成其所设任务的“世界”观念。

这个两难困境的两个方面都把我们对世界的所有表现总揽在一起，在前一例里，把它们总体揽进来，在后一例里，把它们总体排除出去。但还有第三种可能，一种更有助益的可能——我们应该通过某些信念和理论而不是通过所有信念和理论来形成“世界已经在那里”这一观念。对**无论如何**都已经在那里的、独立于我们的经验的世界进行反思之际，我们首先必须关注的不是我们的信念所关于的是什么，而是这些信念怎么表现它所关于的东西。我们的世界图画包含种种信念和表征（features），在这些信念和表征里，我们能够挑出某一些——我们可以合情合理地断称这一些信念和表征对世界的表现最大限度地独立于我们的视角及其特异之处。如果我们能够把这项任务推进到底，最后得到的事物图画可 139
以被称作对世界的“绝对认知”（absolute conception of the world）。[6] 借助这种绝对认知，我们也许有望说明我们怎么竟有可能获得这种认知这件事情本身，同时也有望说明怎么会有其他的、特殊视角的表现。

这个绝对认知的观念可以用来有效地区分“独立于我们经验就是如此的世界”和“在我们眼中看来如此的世界”。做出这种区分靠的是把“在我们眼中看来如此的世界”理解为“单单在我们看来是如此的世界”；与此相应，绝对认知则是随便哪个查看者都有可能达到的世界认知，哪怕这些生物与我们大不相同。什么在相关意义上算是与我们不同，以及进一步说来，就各个层面的描述而言要把哪一些生物算作“我们”，这些也都是基于绝对认知得到说明的；例如，我们将能够说明为什么某一类观察者能够察知另一类观察者不能察知的东西。这里的核心要点是：这些想法所关涉的是科学，而不是所有类型的知识。我们可以**知道**哪些其内容是视角性的物事：例如，我们可以知道草是绿的，虽然**绿**这个概念肯定不是所有有能力观察世界的生物都具有的；**草**这个概念则多半也不是。这些概念将不是绝对认知的内容。（我们将看到，人们所能知道的物事可以比绿和草更狭窄地依赖于特定视角。）这里的要点不在于提供关于知识的某种阐论——我们不应该用知识来与价值对照，而应该用科学来与价值对照。以上讨论的目的在于勾画出科学可能特有一种会同，这种会同可以有意义地说成会同于物事之所是（任何方面的所是）。

以上述方式加以解说的这种可能性极大地依赖于“说明”这一概念。绝对认知（就其不同于此前说到的空洞的或遁失的“世界”观念）的实质在于这样的想法：它能够不空洞地说明它自身以及关于世界的各种视角性的观点如何可能。近代科学的一个重要特征在于，它认识到世界具有如此这般的一些性质，同时也能够说明像我们这样起源、有我们这些特点的生物怎么一来就能够理解具有

这些性质的世界。在这些方面，演化生物学和神经科学做出了实 140
质贡献，它们的说明概念不是空洞的。当然，这类说明本身的确不可能完全在绝对认知的层面上开展，因为它们所要说明的是心理现象和社会现象，例如关于世界的信念、理论和理解，这时，也许没有什么理由认为我们能用非视角的语汇来充分刻画这些东西。在何种程度上事情会是这样，这是个核心的哲学问题。但即使我们承认这类物事的说明必定在某种程度上始终是视角性的，这也并不意谓我们不能运用绝对认知的观念。绝对认知将是由对一切查看者——无论这些生物自身是怎样构造的——都有效的非视角材料组成的，它也将有助于向我们说明——虽然未必能向其构造不同于我们的查看者说明——我们为什么会有能力把握绝对认知或诸如此类的能力。关于绝对认知也许还有更多的内容可说，不过，上述内容对具有实质内容的"世界"观念来说已经足够了，它们也足以驳倒前面提到的两种异议（它们反对从会同的可能性来区分科学和伦理）中的第一种。

异议的另一条相反的进路坚称"会同于事物之所是"这个想法在相当充分的程度上在伦理领域也是有效的。在我经常提到的实质的或厚实伦理概念那里最能看到这一点。我们可以从别的文化那里搜取到这类概念的不少奇异例子，不过，我们自己的文化里留存的例子也足够多了：**懦怯**、**谎言**、**残暴**、**感激**，等等。这类概念通常跟行为的理由连在一起。在用到这样一个概念的时候，它往往为某个人提供了行动的理由，虽然这个理由不必是决定性的，它也许会被别的理由压倒——第一章讨论实践推理时我们曾看到这些理由起到何种作用。诚然，为行动提供的确切说来是何种理由，理由是对谁提出来的，这些都依赖于具体境况，这是说，这种境况蛮可能由这个伦理概念或一些别的伦理概念得到界定，不过，厚实概念与行为的一般联系是足够清楚的。概括言之，我们可以说这类概念是“引导行为的”。

141 同时，这些概念的使用也受到世界引导。这样一个概念可以用对或用错，关于它是否适用于一个新处境，熟知这些概念的人们可能达成一致意见。一致意见在很多情况下是自发的，但在另一些情况下也有判断与比较的余地。在边缘情况下有可能出现解决不了的分歧，但这并不意味着这个概念的用法不受事实或使用者对世界的感知调控。（这跟另一些不那么极其精确的概念一样，边缘情况下出现的分歧恰恰能有助于表明它们的用法是怎样**受到**事实调控的。）所以，我们可以说，这些概念的应用同时由世界引导而又引导行为。然而，这两者怎么会并存呢？

上一章讨论过的指令论对这个问题给出了一个很简单的回答。依指令论，这样一个概念可以被分析成描述部分和指令部分：它由于其描述内容受到世界的引导，但它插着一面指令旗。让它受到世界引导的是其前一特质，而第二方面的特质则使它能够引导行为。这幅图画的一部分困难涉及指令部分：它将怎么引导与之相关的行动（要求你做某事并不明显地等同于认识到这么做的理由）。但最重要的异议涉及的是分析的另一半。指令论申称管控着怎样把这个概念应用于世界的是描述部分，而这个概念的评价趣向对此无所作为。输入到其用法中的所有东西都是描述性的，一如所有评价方面都在输出端。从而，对每一个这样的概念，你可以产生出另一个概念——它选出完全相同的世界特征，但它只作为一个描述性概念起作用，不具有任何指令力或评价力。

针对这种解说，人们提出了有效的质疑：没有理由相信这个概念里必定存在完全相应于描述的部分。[7] 我们从一个概念的一种应用“进展”到另一种应用，这是由这个概念所表现的那种旨趣调节的，这类概念的旨趣包含着评价性的视角，我们不能假定我们不共享这个视角也能看到人们怎样一来就“进展”到新的应用上。一个富有洞察力的观察者的确能够学会理解并预知这个概念的用法而同时并不实际分享使用这个概念的人群的价值：这一点很重要， 142
我后面还会讨论。但观察者若要靠想象来预知这个概念的用法，他就同样需要靠想象把握这个概念的评价旨趣。他不可能完全站在他所观察的共同体的评价旨趣外面，捡起那个概念，把它当作一把切刀，以一种局外人的漠然方式来切分出世界的一些中性性质。

有可能存在这种对理解提出上述要求的伦理概念，而且很有可能。实际上，就我们的论证而言，只要有可能存在这类概念差不多就够了——这就可以提醒道德哲学，某种长足的语言哲学或社会解释的哲学最终会提出些什么样的要求。如果很有可能存在这类概念，道德哲学恐怕就得认真考虑考虑，如果真的存在这类概念，它又该怎么说。

抱有同情的观察者能够追随他所观察的人群的实践；他能够报导、预测他们怎样使用其概念，甚至跟他们讨论其用法。但是，他也许最终也不能认同它们的用法：那也许并不真正是他的用法；这就像他面对他们的另一些概念，例如关乎宗教或关乎巫术的概念。[8] 一个观察者有可能富有洞见然而并不完全认同，这种可能性带来一个重要问题:那些原汁原味地使用这类伦理概念的人们能不能说拥有伦理知识?

让我们假设——只是个假设——我们面对一个高度同质的、极少进行一般反思的社会;这个社会里的所有成员都只使用某些这类概念。(我们不妨称之为“超级传统”社会。)在何种条件下可以说他们具有伦理知识?按照关于命题知识的现有最佳解说,[9]他们必须相信他们的判断;这些判断必须是真的;他们的判断必须进一步满足一个条件,这个条件在知识哲学中得到大量讨论,不过
143 可以简单概括为:前两个条件必须非偶然地联系在一起——他们获得的信念之为真必须是由他们的探究方式来保证的:如果所探究事项的真相是另一个样子,他们获得的就会是一个别样的信念,一个在那些别样的情况下为真的信念。例如,我看看色子,知道出现的是6,而这粗略[10]包含这样的认定:如果当时色子上面出现的是4,那我当时看了色子就会相信色子上出现的是4(我们必须对所要考虑的不同情况的范围加以限制:这些情况必须与实际情况大致相似)。借用罗伯特·诺奇克的说法,我们可以说,这第三项要求——我这里的概括略过了大量细节——是说,我们的信念必须“跟踪真相”(track the truth)。

超级传统社会的成员运用他们的厚实概念,通过运用这些概念做出多种多样的判断。如果那些判断有哪个可以被正当地称之为真的,那意味着他们的信念能够跟踪真相,因为,如果情况其实不是原来所认为的那样,他们就能够收回其判断,如果另一个可供选择的判断更加合宜,他们就能够做出那个判断,以及诸如此类。他们各个都掌握这些概念,同时,他们能够感知这些概念所适用的

那些个人事务和社会事务。如果这些事务中有真相，他们的信念能够跟踪真相。剩下的问题是，这样的判断有没有一些可以是真的。

可以提出一种异议认为不能说它们为真。如果它们为真，观察者就能够正确地说它们为真；设 F 表示他们的概念之一，观察者可以说："头人所说的'这孩子是 F'这话为真。"同时他也应该可以以他自己的身份说："这孩子是 F。"然而，轮不上他这样说，因为 F 不在他所拥有的概念里头。

这个异议有多少分量？它依赖于下述原则：A 不能够正确地说 B 所说的 S 为真，除非 A 也能够说与 S 相当的某句话。这看来像是从关于真的基本原则即**去括号原则**[11]推出来的，其大意是，P 为真当且仅当 P。但不能这样简单应用这条原则来决定我们关于别的族群的陈言能够说什么。举个有点儿幼稚的例子，让我们来设想有一套校园俚语，它使用特别的名称来称呼学校里的物事、地点、建制。这套俚语的一条规则是，只有这所学校里的成员使用它们才算正当的使用，同时，这条规则为学校之外的一个群体所接受所理解（如果它是它所是的**那样一条**规则，那情况必须是这样）。 144
人们知道，如果他们以自己的身份使用这些语汇，他们就会被当作学校的成员，或受到批评，或诸如此类。设想在这套俚语里，"大麻（Weeds）"是某座楼的名称。依照所设想的规则，观察者——完全以他的真实身份，不是在扮演某个角色——不能够正当地说"张三在大麻那里"但他可以说"李四说'张三在大麻那里'"，他还可以加上说"李四所说的为真"。（其实——虽然这一点对眼下的论证并非必要——这个观察者似乎可以相当自然地多走一步，说"李四真

实地说张三在大麻那里”。)

在这个简单例子里，观察者当然有另一些名称来指称俚语语词所指称的那些物事。不难设想，校内人也同样有另一些语词；然而，在另一些事例里情况却不是这样，例如，男性和女性在各自的语言里用不同的名称来指称同一物事。在学校事例中，观察者和校内人双方都有语言手段来区分(fact or out)什么使得一句给定的俚语陈言为真，又是什么是使得这一俚语陈言适合于某个特定的人来说。在男女两性事例中，说话人的性别决定他或她使用什么语词才正确，这时，情况更为复杂。厚实伦理概念的情况则更复杂，因为观察者没有一个适当的语词可以准确鉴别出(picks out)当地人语词所指称的同一物事，而同时，他又完全独立于当地人之所以这样使用其语词的旨趣。(当然，他有“他们叫作 *F* 的东西”这类表达式；他能够使用这样的表达式——尽管这样的表达式并不独立于他们的词项——是一个重要的事实：他能够合情合理地使用这样的表达式，这表明尽管他不能用那个词项，但他的确理解他们怎样使用它。)

尽管这里的情况与校园俚语那个简单事例有种种区别，但我们可以看到，伦理概念这一事例是同一件事情的较深一层事例。一个人要以何种方式说话在两种情况下都须满足一个条件，当地人满足这个条件而观察者不满足；在两种情况下，要点都在于一个
145 人是否属于某种文化。我们比较这两个例子，再拿它们跟说话人性别影响所用语汇的例子加以比较，就能明白是什么原因使得观察者不得说跟当地人完全相同的话，我们也能看到，他并非不得认识到他们所说的能够为真。因此，从去括号原则并不能推出结论

说，当地人使用其厚实伦理概念所做的陈言不能够为真。

认为当地人的判断不能为真，有另一条论证路线。更直白说，这种论证申称当地人的陈言也许为假：不是因为他们会犯那些当地人自己也能发现的错误，而是因为从外部看来当地人话语中的一整片都包含错误。关于这种可能性，理论家们进行了大量讨论。社会人类学家追问，仪式、魔法的观念应该被视作从我们的视角来看的错误呢抑或它们运作在一个不同的、与我们的科学观念无法通约的层面上。无论在一般层面上还有多少可说的，但很难否认，至少魔法是一种因果观念，其蕴含的内容与我们的科学因果观存在交集。[12]就此而言，可以说魔法观念从外部看来是错误的，所以，当有人声称魔法有作用，我们不能说任何人会知道这个陈言为真，哪怕那个人声称某一次施行魔法发生作用时可能正确采用了当地人的所有标准。当地标准并不能延伸开来覆盖这一类声称所包含的所有内容。在这类情况下，若要承认当地人的陈言为真，面临的困难就跟刚才讨论过的困难相反。刚才的困难是，当地人的观念与观察者的观念太不相同，所以他不能断言他们所断言的。现在的困难是，他们的陈言蕴含了某些观念，这些观念与他自己的某些观念足够相似，这使他能够否认他们所断言的。

我们可以以另一种方式来看待当地的伦理陈言，这种方式会带来下面这个困难。依这种解读，当地人的陈言蕴含某种东西，观察者可以用自己的语汇表示这种东西，并予以拒斥：他们说这么做是**对的**，或**没啥不对**，而他认为这么做不对，或并非没啥不对。指令论是这样看待问题的。当地陈言除了包含描述内容，还包含一 146

个万能的**应当**。我们曾拒斥这一分析里关于描述的那一半，现在，我们有什么理由接受另一半吗？

在最低限意义上，当地人当然认为他们的实际做法“没啥不对”，他们如此这般的活法展示了这一点，而不是蕴含这一点。在这个层面上说“他们认为这么做没啥不对”并未涉及他们是否做出了进一步的、引起争议的判断；这仅仅是在记录他们的实践。我们必须认可这里有一种判断吗——有一种采用某种普遍道德观念做出的判断，当地人接受而观察者很可能加以拒斥的判断？

我不认为我们必须接受这个想法。确切说来，我不认为在获得这个问题的更一般的图景之前我们能够决定是否接受这个想法；这不是那种单凭自身就能够迫使我们得出一般结论的问题。基本的问题在于我们应该如何理解实践和反思的关系。我们现在面对的是这类极为一般的判断——使用一个极为一般的概念做出的判断，这类极为一般的判断本质上是反思的产物，这类判断成为问题，是由于有人从社会实践及其使用的厚实概念抽身而出，追问继续这种做法是不是正确，用来评价行为的这些方式好不好，对这种品格的崇尚是不是正确。在很多传统社会中，人们在一定程度上的确提出反思性的疑问和批评，而这是个重要的事实。不过，我眼下是要把这些事绪分开来进行论证，因此使用了不存在反思的超级传统社会这个观念。

就这个社会来说，现在的问题是：尽管这个社会的成员自己从未提出过那些关于其实践的反思性问题，但这个社会的实践，尤其是其成员做出的判断，是否蕴含了对这些问题的回答？一个社会的成员所做的有些判断的确带有更一般层面上的或理论层面上的

蕴含，虽然他们自己从未考虑过这些蕴含。如果把他们的魔法判断视作因果陈言，这些判断就属此类；他们数学方面的判断，关于星星的判断，都属于此类。是否把他们所说的内容建构为是在表达某些数学判断或关于星星的看法，对此我们有一定自由裁量的余地；但若我们认为他们是在做出这样的判断，是在表达这样的看法，那他们的陈言就带有更一般的蕴含。如果一个陈言所表达的 147
是关于星星的一种看法，那么，理所当然它就可能与另一种关于星星的看法发生矛盾。

我们可以从两种不同方式来看待超级传统社会中人的活动。这两种方式依赖于看待伦理实践的不同模式。其一可以称作“客观模式”。依照这种模式，我们看到的是，这个社会的成员是在努力以其当地方式发现关于价值的真理；我们，其他人类族群，也许还有人类之外的某些生物，都从事这样的活动。这样一来，我们将看到，他们的判断含有上述一般蕴含，与初民关于星星的陈言含有一般蕴含颇为相似，而这些蕴含可能与关于星星的更加深思熟虑的陈言相矛盾。依照另一种模式，我们将把他们的判断视作其生活方式的一部分，是他们逐渐寓居于其中的文化产物(虽然那并不是他们自觉地建造的)。依照这种非客观模式，我们对那种实践与批判性反思的关系将有一种不同的看法。我们将不会理所当然地认为那里已经暗含了一种特定层次上的反思，将不愿说他们的判断如其所是就具有那些蕴含。

在这两种不同方式中选择哪一种来看待他们的活动将决定我们是否要说超级传统社会中人拥有伦理知识。重要之点在于弄清楚这里所说的伦理知识是什么。这种知识包含在他们用其厚实概念做出判断的活动中。我们所考虑的并不是,他们是否**使用那些概念而非使用另一些概念**来展示知识:这是反思层面上的事情。以这种方式来问“这个社会是否拥有伦理知识”是个极为含混的问题。从整体上指涉这个社会引诱我们采用把这个社会对伦理物事的表达与其他社会的伦理表达加以比较的视角,而这正是反思的层面。在这个层面上,他们肯定不拥有知识。但我们还可以在另一种意义上问,这个社会的成员是否能通过使用自己的概念表达知识——关于这些概念应用于其上的那个世界的知识,这时的回答也许是:他们能。

148 上述讨论得到一个很有意思的结论:如果我们采用非客观模式来看待他们的伦理活动,回答将是他们能表达知识:当这个社会的不同成员认真应用他们的概念,采用适当的标准等等,他们就将拥有知识。但从客观模式来看待,他们就不拥有知识,或至少,他们颇不可能拥有知识,因为他们的判断含有他们自己从来没有考虑到的反思层面上的广泛蕴含,而我们有充足的理由相信,当这些蕴含得到考虑,伦理概念的传统用法将受到严重的影响。

客观主义观点否认非反思社会拥有知识,同时,它似乎会应许我们在反思层面上拥有知识。它的一个特征在于指望只有反思才能满足对知识的要求。的确,有些很一般的伦理信念,它们是人们普遍持信的,且通常是含混的(“杀人一定要有个特定的理由”),我们可以肯定它们将持存到反思层面。但它们远够不上在反思层面上形成充足的更别说是系统的伦理知识体;而且我认为我此前关于伦理理论的讨论的结果已经表明,至少就现状而言,并不存在这样的知识体。我后面还将申论,就伦理真理的命题知识而言,这还不仅是事情的现存状况。毋宁说，在很一般性的反思层面上，不可能有这种类型的伦理知识——或最多只有这类知识的一个片段。

如果我们承认在超级传统社会或非反思层面那里可以有知识，如果我们承认反思通常扰乱、摇动、取代那些传统概念这一明显的事实，如果我们同意，至少就现状而言，反思层面不能够给予我们此前没有的知识，那么，我们就来到这样一个结论——它显然是非苏格拉底的结论：在伦理领域，**反思可能摧毁知识**。我们将在下一章——我在那里将转而讨论相对主义——看到这个结论意味着什么。

如果我们承认非反思层面上有知识，那么，另一个后果将是，并非所有命题知识都是可加总的。并非所有知识片段都可以合并
到一个更大的知识体中。其实，从另一个方向考虑，从那些对世界 149

的视角性的看法来考虑，我们大概同样要接受这个结论。物理世界的某一小片可能对某一类观察者呈现为一种颜色，对另一类观察者呈现为另一种颜色，对第三类可能根本说不上呈现为颜色。让我们把各类观察者所感知的那些性质叫作 A、B、C。那么，第一类里的熟练观察者能够知道这个表面是 A，另一类里的熟练观察者能够知道那是 B，依此类推；但这里没有“那是 A 和 B 和 C”这种知识。假使 A 或 B 或 C 意谓的东西是关系性的——假使观察者说“那是 A”时意谓“对我们这样的观察者来说是 A”，上述结果就会消失。然而，这种阐论极为可疑。[13] 如果这种阐论不正确，那么就只有在另一个层面上才能保障这些不同片段知识融贯一致：这时，各种被感知到的性质与绝对认知联系到一起。也正是由于

联系于绝对认知，下述之点才变得清楚可见：产生这些不同片段知识的能力都是一些**感知**形式。当然，在我们具有这样的理论认知之前，至少在我们掌握这一理论的细节之前，我们就有很好的理由相信这一点。这是因为，我们的日常经验——这一点毫不足怪——已经在很大程度上教会了我们是什么以及我们与世界是怎样联系的，并且由此把我们引向理论认知。[14]

有些人认为通过运用伦理概念提供的知识类似于感知。但我们现在可以看到，在伦理概念的情况与对颜色这类第二类性质的视角性经验之间有某种根本的不对称。而且，这种不对称还表明，科学与伦理之间的区别有着更广泛的蕴含。问题不仅在于需要区分两造，一造理想上是非视角性的科学，另一造是伦理概念。并非所有视角性概念都是伦理概念，在伦理概念和感官感知概念等等其他视角性概念之间也有重大的区别。

主要的区别在于，在第二类性质那里，给出了说明也就给出了辩护；在伦理领域却不是这样。我们通过某些第二类性质来感知世界所依赖的心理能力是这样演化来的：它须让物理世界能够以
150 可靠的和有用的方式呈现出来。我们后来知道这些性质构成了我们经由感知以通达世界的形式，知道世界的这种呈现样式是以某种特定方式起作用的，然而，知道这些并不会颠覆整个系统。[15]伦理领域的情况在一定程度上可以与感知相类比——但类比也只能走这么远：当地人可以会同于他们的伦理概念；我此前表明，使用这些概念的人们所做的判断的确是由世界引导的。这肯定已经足以反驳事实和价值的最简单的对立。但这是否意味着更广的客观性，那完全要看**接下来**怎么说。在第二类性质那里，恰恰是对视角

性感知的说明使得我们能在反思的层面上把它们与其他人以及其他生物的感知联系到一起；而同时，在我们的感知判断范围里，所有事情差不多都一仍其旧。问题在于我们是否能够在伦理领域里发现与此相类之处。在这里，我们必须超出当地判断才能来到关于这些判断的反思性阐论或二阶阐论，于是，类比终止。

这里一上来就有个二阶阐论会是什么的问题。对那些当地判断以及不同社会的概念差异的某一类**说明**想必应来自社会科学：这里的差异是文化差异。也许，对这些事情的现有说明都不大深入，我们也不很清楚这类说明能推进多深。但我们的确知道这类说明看上去不会很像颜色感知的说明。这类说明所需的能力在于不仅要能弄清我们怎样在物理世界里找到门径，而且要能弄清我们怎样在一个社会世界里找到门径，而这里的关键之点在于，这意味着，是在**这一个或那一个**社会世界里找到门径，因为显然，一方面，人们不可能不生活在一种文化之中，另一方面，存在着很多人们可以生活在其中的不同文化，而这些文化的当地概念各不相同。

无论如何，提供一个说明理论尚不足以处理因地方性伦理概念而起的客观性问题。就第二类性质而言，提供了说明也就提供了辩护，这是因为这种说明能够表明感知怎样联系于物理实在以及感知怎么一来就能够提供关于物理实在的知识——这本来就是感知的目的所在。事涉感知的问题是：某一感知方式是不是我们在物理世界里找到门径的一种方式？理论阐释在于说明它为什么 151
是。但在伦理领域，这不是反思提出的那类问题。我们若问“这种方式是不是我们在社会世界里找到门径的方式？”那我们一定是在问它是不是在这一个或那一个特定社会世界里找到门径的方式，

而对这个问题的回答显然是肯定的(除非这个社会极端失序,而那不是我们眼下所设想的)。反思提出的问题其实倒是:“与其他生活方式相比,这是一种良好的生活方式吗?”或换个问法,“这是最好类型的社会世界吗?”

当我们看到后面这样的问题,我们所需要的反思性阐论就表明它自身包含着反思性的**伦理**考虑。有些人认为这些考虑应该取伦理学理论的形式。一旦地方性概念受到质疑,反思性考虑将必须承担起为它们提供辩护的任务。一种伦理学理论在一种弱意义上甚至会提供某些说明。它可以表明为什么是这一个地方性概念而不是另一个就伦理而言对某些特定环境是合宜的,从而使得某些文化差异合理化(我们在这里可以回想一下间接功效主义的可能性及其困境)。不过,尽管它也许能说明为什么人们拥有多种多样的伦理信念是合情合理的,但它不会是那种能够说明为什么他们拥有或不拥有这些信念的理论。它做不了感知说明能够做的事情——产生一个关于错误的充分理论,为说明为什么人们倾向于持有那些从这种理论的原则来看是错误的信念提供一般阐论。[16]

如果从上述这些能够产生一种更广的客观性,那么,反思性伦理考虑本身就必须是客观的。这把我们带回反思层面能否产生它自己的伦理知识的问题。如果把这理解为我们将能够具有关于伦理真理的命题知识,那么我们就需要说明“跟踪真相”在这里会是怎样的。我们的信念能够跟踪真相,这个想法在这个层面上至少得意味着一系列研究者能理性地、合情合理地、不受制约地逐步会同于一套确定的伦理结论。这样的进程有望出现吗?我不是说它有没有希望真的出现,我毋宁是说我们有没有希望形成这一进程

会怎样出现的融贯图景。如果所设想的会同是会同于伦理真理的 152
系统，而会同之所以发生是由于相关的伦理认知的确是真理，并由此得到说明——这将与科学客观性严格类似——那么，我看不出有任何希望。困难尤其在于，没有希望把我们一直在考虑的厚实伦理概念那里所具有的那类由世界指引的性质延伸到这个层面上来。反思层面上的讨论如果有雄心去考虑所有的伦理经验并达到关于伦理生活的真理，这些讨论就必然要使用“正当”之类的最一般最抽象的伦理概念，而这些概念并不展示由世界指引的性质（这也是为什么当指令论尝试找到一种能够摆脱被世界指引的纯评价因素时会选用这些概念）。

事涉对伦理现实的反思性伦理思想如何会同，我看不到任何可信的知识理论能与科学领域的情况哪怕多少有点儿类似。同样也没有与数学的可信类比，虽然在数学这里，独立自存的实在这个观念往少说也是有疑问的。除了第六章提到过的理由，另一个重要之点在于，数学中不自相矛盾的每一个片段都是数学的一部分，虽然这个片段可能太琐屑、太无趣、太无用，因此无人问津。但在伦理反思中，并非每一个不自相矛盾的结构都可以是这样一个主题的一个部分，因为各种伦理思想系统会互相冲突，而且这些冲突不仅不能由哪一种可信的关于错误的理论来加以说明，而且它们倒有太多的另外类型的可信说明。

因此，我认为我们不能把反思理解为这样的活动——这种活动把非反思实践所获得的信念替换为知识。我们必须拒斥以求取伦理真理这种形式出现的对待伦理生活的客观主义观点。但这还没有排除所有形式的客观主义。此外还有另一类设计，意在为伦理生活提供客观的理据或基础。为此，我们应该转过头来看一看第三章所讨论的关于人类本性的观念。依照苏格拉底的要求，那些观念得为**每一个**人提供理由，表明他最应该去过的是伦理生活；我们现在说到那些观念，不必再有这么高的要求。就我们现在考
153 虑的目的而言，只要这些考虑能够为我们提供一种伦理生活的大致构想——它会是最佳的伦理生活，它一般说来是让人最为满意的——这些考虑的分量就够重了。有待回答的问题是：如果人类需要共享一个社会世界，那么，关于人的需求和基本动机，我们需要知道哪些东西来表明这个世界最好是怎样的？

我怀疑我们最后会得到十分满意的回答。蛮可能，即使在一个给定的社会环境里，这类考虑恐怕很快就将从根本上消灭伦理选择的空间（我们必须记取，哪些东西在我们看来构成了我们的环境，这本身在一定程度上就是我们所能看到的伦理选择的函数）。任何伦理生活都会包含对一些事情的限禁，例如杀戮、伤害、说谎，但这些限禁可以采取很不相同的形式。再来看一看德性。对眼下这种探究来说，德性是最自然的也是最有指望的领域，然而，只要拿亚里士多德的德目表跟现在可能列出的任何德目表比较一下，我们就能看到，关于什么才是合宜的人类生活，种种图景之间有巨大的差异，无论就基本宗旨而言还是就这些图景所吁求的行为和制度而言，莫不如此。而且，我们现在认为，人之卓越有多种多样的形式，它们不可能相互契合而成一个和谐的整体，于是，任何特定的伦理观都只能代表人类可能性的某种特殊化的形态。这个想法深深植根在对人类本性的自然主义的或（又一次）历史的认知之

中——这是说，植根在对人性的任何一种充分的认知之中；我认为很难相信这种想法会被一种客观的探究克服，也很难相信最后会发现人类具有相当确定的本性，比我们迄今所知要确定得多，这个确定的天性在所有时代都要求同一种特殊类型的生活。

人们尝试通过对人类天性的考虑为伦理生活提供一种客观的、确定的基础，这项事业在我看来不大可能成功。但是，这无论如何是一项可理解的事业，而且我相信它是反思层面上的伦理客观性的唯一可理解的形式。值得探究这项事业要如何推进才有可能成功。我们首先应该强调的是，既然伦理学要从人的天性引申出自己的结论，那么，它的首要课题必须是人。这里，这项事业与契约主义联手，它们都把其他动物排除在伦理考虑的主要选区居 154
民之外——它们充其量是伦理考虑的受益者；说到我们与外星生物的关系，则我们的期望要低于契约主义，它们与伦理考虑的联系只以相互制约为限，这种制约最后大概会落实为某种互不侵犯条约。

这项事业若获得成功，那不会仅仅由于大家都同意某种人类本性的理论。会同本身部分地会是社会科学、心理科学上的会同，但紧要之点在于，科学结论的会同只为所需的会同提供了一部分手段。但另一方面，也不会出现直接会同于伦理真理这回事，像在另一种客观主义模式那里那样。我们也许可以承认某个伦理信念就其本身而言是反思层面上的知识的对象，这大致上是说，承认某种特定的生活对人是最好的生活。但它不能直接产生其他伦理真理。这是因为，概括说来，一种生活之卓越或对之感到满意之于这种生活中所包含的种种信念，不同于前提之于结论。毋宁说，行为者**具有**这些信念恰恰是其卓越生活的特征，而这些信念大多数并非关于行为者自己的性向或生活的信念，也不是关于他人性向的信念，而是关于社会世界的信念。这种生活将包括，例如，行为者使用的是某一些厚实概念而非另一些。对一种生活的卓越性的反思本身并不确立行为者使用这些概念做出的判断的真理性，也并不确立行为者其他伦理判断的真理性。这种反思所表明的毋宁是，（如果已经承诺于一种伦理生活）存在着良好的理由来过一种含有这些概念和信念的生活。[17]

标志着这项事业取得成功的那种会同将是实践理性的一种会同，靠这种会同，人们过上最良好的生活，并具有与这种生活相配适的诸种欲求；伦理信念的会同在很大程度上将是这个进程的一部分及其结果。一种十分一般的伦理信念的确会是这个层面上的知识的一个对象。很多包含所钟爱的厚实概念的特殊伦理判断可被认知为真，不过，在人们当初做出这类判断的时候——即使一种生活并未建基在客观层面上，那里的人们总已经一直在做这类判断——这类判断往往（如我所争辩）本来就被认知为真了。使用那
155 些厚实概念的判断之为真，它们之能被认知，这些都无需客观建基来帮助确立：事情本来就已经是这样。不过，客观建基使得我们认识到这些概念有那么一些是最好、最合用的厚实概念。在很一般的命题和很多具体命题这两个极端之间，其他中层伦理信念只在一个间接的意义上为真，即，这些信念有助于我们了解在这样一个社会世界中我们该怎样找到门径——这个世界是我们这个乐观主义的构想所表明的对人类来说最好的社会世界。

这个结构将与科学的客观性结构很不一样。假使伦理学真能

是客观的，如上文已勾画的，它只能在这种意义是客观的，但即使它在这种意义上是客观的，伦理学仍然与科学大不相同。然而，这并不意味着(每一个)事实都和(每一种)价值截然两分；这也不意味着没有伦理知识。有一些伦理知识，而在较少反思的过去，伦理知识更多些。

我这里所讨论的问题不只是假设的问题——伦理学是否终有一天会成为客观的？若会，怎么成为客观的？这里讨论的问题关系到伦理思想的本质，关系到伦理学能以何种方式理解它自身的性质，以及在何种程度上它能够前后一致地表现出其实际所是。无论从什么角度看，这些都是重要的问题；但若上述途径是伦理思想最终达乎客观性的唯一可理解的途径，这些问题就变得尤其重要。当我们从另一个角度来看待它们，从相对主义的角度来看待它们，我们将更清楚地理解这些问题。

第九章　相对主义与反思

156 我们反思某种类型的分歧，得出结论说它们无法客观得到解决，我们于是就可能采取某种形式的相对主义来对应。不仅在伦理学中有相对主义，很多地方都可以见到它，甚至在科学哲学那里。相对主义的目标在于直面貌似相互冲突的观点、态度、信念，以这样的方式来处理它们：它们各自在自己的位置上都是可接受的，于是它们不再冲突。问题在于找到可行的途径来做此处理，特别是为每一种信念或态度找到原本属于它的那个位置。

最简单的方法，也是最确切意义上的相对主义方法，是把原本的各种申言解释为：每一申言都引进了与某个不同事项的联系。人们通常认为希腊思想家普罗塔格拉斯是第一位相对主义者，他从相互抵牾的感觉现象着手，例如我觉得风冷你觉得风暖，申称风"本身"真是冷还是真是暖这样的问题没有答案——实际上简简单单就是对我来说风是冷的对你来说风是暖的。我在上一章提到过这种关系性的处理方式，人们曾经用它来处理不同种类感知者（而非普罗塔格拉斯最初所说的个体）在第二类性质知觉上的差异——不过这种处理方法并不是那样有说服力。

相对主义的目标是把冲突**解释掉**。这里有两项任务。它必须
157 说出为什么不存在冲突以及为什么看上去好像有个冲突。在严格

意义上的关系相对主义那里，第一项任务完成得干脆利落，它在两种陈言中找出一种使两者直截了当相容的逻辑形式，于是我们可以顺理成章把两者都接受下来。第二项任务却往往不那么顺利，因为，相关陈言其实是关系性的这个主张越是让人信服，我们就越奇怪人们怎么会认为那里有个冲突。关系相对主义引入了一种明显相容的结构，这时，它得说得出是什么东西掩饰了这个结构。我们试试从相反的方向入手也许会有助于讨论相对主义：先承认两种信念或态度实际上的确互相抵牾。这时，问题就在于找出一种意义，在这种意义上两者各在其位置上是可被接受的。

要求我们在更广的意义上来思考相对主义的一个想法是**不可共度**。有些科学哲学家认为，有些科学理论不可共度，因为它们所使用的概念，它们的种种词项所指称的东西，它们引为证据的东西，这些都不一样。这些理论互相并不直接矛盾。但它们的确互相排斥。假如它们并不互相排斥，那就不难把它们结合到一起，就像我们能够把两个地方的地形结合到一起。有些理论无法结合，正是这个事实一开始引发了讨论。支持一种理论的论者尝试找到理由来拒斥另一方；某一方可能在科学发展进程中出局。怎么会是这样？一些极端的科学哲学家会说，你无法把两者结合在一起是因为你无法同时采纳两者：它们各自要求特有的研究活动，各有适合自己的关注方向，等等，是这些东西无法结合在一起。你不能同时在两种理论内工作。

这种阐论把争胜的科学理论说得像是两种文化或生活形式。这样来阐论科学，在我看来是不着边际的夸张，但这样的故事倒可能适用于某些真正相异的文化或生活形式，例如上一章曾考虑过

的超级传统社会。这样一个社会的一般观念可能在很大程度上与
158 另一个社会的一般观念不可共度，而它们仍然是相互排斥的。要说它们互相抵牾，那说的是没谁能同样适应两个社会内的生活。

两种文化，或两种一般观念，或两种生活方式，它们互相排斥，这谈得上相对主义吗？一时还谈不上。一种文化中的成员会具有特定的性向和预期，当面对一种可选择的生活方式之时，他往往不愿像另一种文化的做法那样去做。而且，他的性向和预期深深内化，乃至在有些情况下，他不仅不愿意而且还拒斥那样去做，而正是由于这种深深的内化，他的反应才成其为伦理反应。不见得双方必须以同样的方式来理解相关做法，这种拒斥才是有道理的；给定我们现在所设想的处境，双方的理解就会是不相同的。让我们设想不认可人祭的文化中人遭遇接受人祭的文化中人。前一文化中人以相异的方式理解仪轨类型的杀戮，但这并不意味着，他们觉得这类杀戮可怖可恨是因为他们陷入了人类学上的误解。他们有可能说，这是刻意杀俘，而这已经足够让他们针对这种做法产生伦理上的敌意。（但由此不能推出他们一定会指斥任何人，那是另一个问题。）

并非只当一种特定文化中人见到另一文化中人是怎么做的，他们的性向和做法才出现分化，或显得不对头。无论如何，只是出于人为的构想，才会把这里的问题说成总是关乎两个界限分明自成一体的文化。完全与外界隔离的文化，即使有之，也极鲜见。文化、亚文化、小区域文化（fragments of culture），它们都时时互相遭遇、交流并修正各自的实践和态度。社会实践在施展之际从不曾带着什么证书，证明它们属于一个根本不同的文化因而享有豁

免权,免受异类的评判和反应。

所以,可以排除当下即是的相对主义(instant relativism)。基于相似的理由,也可排除伦理领域中的严格关系型相对主义。有论者为它提出巧妙的辩护,[1] 但不大可能设想伦理上关于对错的认知从逻辑上说是内在地相对于一个特定社会才成立的。再一次以超级传统社会为例,设想它的确有某些规则,用某些类似于 159
"对""错"的语词表达出来。它第一次遭遇另一种文化,由此开始反思,这时,它不可能忽然发现其语言中潜藏着某种未尝明言的相对化。这种发现,这么说吧,不是来得太早就是来得太迟。当他们尚不曾反思到或想到相对于"我们"另有选择,它就来得太早了。(第七章里的一个问题适用于这里:这个是怎么能够进入他们的语言的?)当他们面对新处境,它就来得太迟了;新处境要求他们的视野超出既有的规则与实践。

现在看来,相对主义好像全都被排除了。人们面对另一个文化时能够且必须加以对应,他们借助自己既有的观念——也借助对这些观念的反思——加以对应,这个事实似乎表明,一个给定文化的伦理思想总能够延伸以超越它的边界。要注意的是:这里的要点关系到的是伦理思想的内容或愿景而非其客观性。即使独立探究或理性论证不可能把纷繁的伦理信念带上会同之路,这也仍然不意味着相对主义。每一造的一般观念仍可能做出意在应用于整个世界的申言,而不只是做出应用于它"自己的"世界那个部分的申言。

的确,非客观性一点儿都不意味着相对主义态度,不过,停留在这一点上似乎有点儿乏味,也太欠敏感。你若**意识到**非客观性,难道这不会影响你怎样看待你的伦理观的应用方式或它的应用范围？但那会是什么影响？你不可能因为意识到非客观性就在遭遇另一群体时一下子关闭你的伦理反应，你也没理由这么做。有些论者以为事情是这样，他们认为你若真正抱持相对主义观点，它将要求你对无论是谁的伦理信念都一视同仁。这种想法糊涂透顶，因为依这种想法，相对主义导致的倒是普遍宽容这种非相对主义的道德。[2] 但这种反应虽然糊涂，它的确是对某种东西的反应。我们若意识到有形形色色的伦理，意识到对它们可以有好多种类的说明，那就很难设想这对我们的伦理思想毫无影响，我们会完全依然故我。诚然，我们可以我行我素，简单回应说我们是对的别人都
160 是错的(依照非客观主义观点，这是说：坚称自己的价值，拒斥他们的价值)，但若我们已经达到这一反思阶段，这种回应似乎太不充分了。还可能怎样回应？要回答这个，我们再一次反转相对主义问题的问法。传统上的问法是：我们是否基于概念上的或逻辑上的理由**不得不**以相对主义方式来思考，抑或那是完全不可能的。我们要问的却是：有多大余地可容我们这样思考而保持融贯一致，以及这种思考在何种程度上提供了对反思的一种更充分的回应。

前面考察的那些想法都预设一个群体的一般观念与所有其他群体的一般观念之间根本有别。相对主义者认为一个群体的判断只适合于这个群体，另一造则认为任何群体的判断必须适合于所有群体。两造都错。我们若打算包容相对主义者所关注的东西，我们就一定不能只是在我们自己与他者之间简简单单划一条界线。我们根本不能只划一条界线，而是要看到各种他者离我们有

远有近。我们还必须看到，我们对其他群体的反应和关系其本身也构成了我们伦理生活的一部分，我们应该更现实地把这些反应理解为有助于形塑我们自身生活的实践和情感。有些分歧和差异要紧，有些不那么要紧。而最要紧的是，我们的一般观念与另一种一般观念之间的反差是否真那么重要，事涉这个群体或那个群体怎样继续生活下去，是否有什么问题非解决不可。

为此，需要区分**实际对抗**与**名义对抗**。[3] 如果两种不同的一般观念对一个群体来说都构成现实的可能选择，这时发生的是两种一般观念的实际对抗。与之对照，如果某个群体了解两种相异的一般观念，但其中至少有一种不成其为现实的选择，这时发生的是名义对抗。“现实选择”主要地但非完全地是个社会概念。一种一般观念是一个群体的现实选择，要么它已经是他们的一般观念，要么是他们可以进入其中的一般观念；他们可以进入其中，这是说，他们的实际历史状况允许他们在其中生活，扎扎实实地生活而非
陷入广泛的自欺等等。他们在何种程度上能做到这些，这要看他 161
们现有的社会境况中的哪些特质在进入另一种一般观念后据信还会保留下来。假使一个群体的境况发生了改变，某种选择对他们也许就会变得可能；那是不是他们的现实选择，这涉及他们的境况能不能改变。人们对这些事情的认识可能出错。一种一般观念也许不是现实选择但他们却以为它是，因为他们不了解真实情况，或过于乐观，或耽于幻想——这又可能是社会的政治错误而不只是个人的错误。在另一个方向上，他们有可能没认识到进入另一种一般观念会给予他们多少东西。

人类曾经有过的很多一般观念现在不再是我们的现实选择。

青铜时代头人或中世纪武士的生活对我们而言不是现实选择：我们无路可通这些生活。这不是要否认反思那些价值体系有可能激发某些对现代生活有影响的思想，但我们不可能据有这些一般观念。一小批热心信众可以建设一个乌托邦，但这也不可能重新产生**那种**生活。更有甚者，在现代工业生活的环境里以成社会建制的规模来重演某种过去的生活，这里包含着一个巨大的社会幻象。希望整个消除现代工业的生活状况则是另一回事——那也是不可能的，虽然是在另一种意义上不可能。

重要之点在于，选择的可能性是非对称的。对于遗留下来的传统社会的成员，现代技术型生活的某些版本已经成为现实选择，但他们的生活对我们则不是现实选择，尽管很多人怀抱强烈的怀旧之情。关于这些非对称性的性质及其广度，我们有不同的理论，这些不同的理论影响着我们怎样看待激进的社会行动和政治行动的诸种可能。

我们可以这样理解对一种特定类型的一般观念的相对主义观点——它说：事涉这种类型的一般观念，只有在实际对抗的情况下，才能把好坏对错这类评价语用在这些一般观念上；在名义对抗的情况下则不合宜，这时无判断可做。在某个给定范围内拒斥相对主义，并不意味着没有名义对抗。热素理论与当代燃烧理论之
162 间的对抗无疑是名义上的对抗，热素理论选择不是一种现实选择；但从非相对主义观点来看这些理论，关于热素理论的评价却有点什么是可说的：它是错的。这不仅是因为谁要是生活在当代学术界而又持信热素理论，这种生活无法融贯一致，就像谁要在 19 世纪 30 年代的纽伦堡去过条顿骑士的生活。而且，说热素理论不是

个现实选择，也因为它与我们知其为真的很多事情不合。

如果我们以这种方式来看待相对主义，那我将称之为**远距离相对主义**。在一种反思性的伦理观中可有这种相对主义的容身之地。距离使得对抗成为名义上的对抗，并使得这种相对主义成为可能。它可以是不同方向上的距离。有时，它是此处到别处的距离，这时，相对主义应用于远国异俗。它当然会应用于遥远的过去。它也可应用于未来，这一点本章末再谈。

刚才引入这种相对主义时，我说到的是一般伦理观念而不是具体的实践活动；远距离相对主义只能应用于相当规模的信念—态度系统或集合。我们若当真要以相对主义方式悬置伦理判断，我们就必须把相关社会视作一个整体。即使一个社会的一般观念与我们的一般观念并没有现实的对抗，我们也能把某些伦理概念应用于那里的人们及其行为，例如德性与恶品。这时候，我们把这些人从他们生活在其中的社会实践那里抽离出来看待，于是，我们往往并非现实主义地看待他们。身为罪犯或异见者的历史人物则是些例外，无论我们还是他们的同时代人都认为他们的活法不尽合乎地方性价值。于是，我们原则上能够具体地理解异见者及其社会，虽然实际上我们很少会这样去理解。[4]

我们若当真要以相对主义方式悬置评估，我们就得现实主义地具体地思考社会本身。很多关于过去的或远国异俗的伦理故事与那些时代和地区的现实没多大关系。它们是些奇幻故事，它们的伦理目的跟童话故事的伦理目的是一样的；若说它们冒犯了什么，它们冒犯的是关于人类生活和人类可能性的现实主义观点，而不是冒犯任何用意严肃的相对主义。它们并非当真在思考其他社 163

会,而是从这些社会汲取象征物和激励。[5]

在现代世界,仅仅基于空间距离方面的相对主义没什么意思,或无所应用。今天,所有的文化对抗必定都是真实的对抗。还存在着一些奇异的传统社会,这带来了不同的也是困难的问题:它们之外的世界是否能够或应该动用权力来保存它们,就像保存濒危物种那样?人类学家和另一些领域的工作者发现他们正扮演着保护区守护人的角色。[6] 思考过去与思考未来所带来的问题也不同,因为过去是我们的原因,而我们是未来的原因。此外,过去以及对过去的理解与反思的关系格外密切,而所有这些问题都是由反思开始的。我认为近代世界的标志正是反思程度奇高;黑格尔道出了这一点,眼下这些讨论有相当部分也是由他挑头开始的,不过,我们可以用来说明自身文化和其他文化的框架比黑格尔那里要多出很多了。

反思性意识的增长并不是均匀的,也不总是积极的。我们更不该相信,在某个时间点之前,西方世界曾经有过融合无间的、具体而亲密的社群生活,后来却被某个事件击碎了,至于是什么事件,见仁见智,第一次世界大战、工业革命、伽利略、宗教改革,或更早时候的什么。这些形形色色的人类堕落版本都是神话,表达的都是渴念与环境绝对同一的状态,渴念某种朦朦胧胧记得的东西。我们不必接受任何神话,却也可以确认以下两点。一,比起以往任何时候,现代社会更深更广地渴求对社会及人类活动的反思性理解。二,比起较为传统的社会,在现代社会里,那类厚实伦理概念不再那么通行,尽管在它们曾经通行的社会里,它们并不曾像神话所称的那样能够保证社群的同一性,保证人们免于冲突,并感到完足。[7]

无路可从反思折返。我不是说,没有什么能使得反思减少,无论在个人层面还是在社会层面,有很多物事能使反思减少。但没有倒退回去的**路线**(route),我们不可能自觉地沿着一条道路让自 164 己从反思折回。即使在个人层面,尽管我们可以自觉地向减少反思的方向动身,但我们不可能始终自觉地走在这个方向上——如果我们竟成功了,我们那时将势必忘掉了那是什么方向。但在社会层面上,会有些人不愿朝那个方向走,他们会努力让别人不忘记那是什么方向。这一自我意识现象,连同支持它的建制和进程,部分地说明了为什么以往的生活形式对于今人不是现实的选择,为什么复古努力带来的结果,规模小时往往可笑,规模大时往往恶劣。有一些反动的计划尝试重建以往的据称是让人满意的等级社会,这类尝试最能显明上述之点。无论如何,这类计划难免被人批评说它们那些所谓的过去本来就是幻想出来的图画;即使曾有过人们心满愿足地生活在等级社会里那回事,这种社会对我们显出的迷人之处也在于它们那时天真无知,并不明白自己的性质。无法重建这种情势,因为,到而今,我们会有一些问题要问,而这样的社会将采取措施让提出这些问题的人闭嘴。[8]

但若关于这些以往社会为什么是那样子的确有问题要问,那我们不应该问出来吗,或至少,不可以问一问吗?尤其要问一问那些社会是否的确不公正,哪怕它们真的对此浑无知觉。远距离相对主义能让那些社会躲开这一问吗?优先考虑下面这个问题会有帮助:若说那些社会不如当代社会这样富于反思和自我意识,那么,它们浑然不知的是些什么?

容易想到的是，它们不知道在它们的社会安排之外别有选择，认为它们的社会秩序是必然的。在有些没有文字又与外界隔绝的传统社会那里，人们的确可能全然不知别有选择，但很多结构复杂的等级社会，例如欧洲中世纪那样的社会，当然知道别有选择，至少知道人类从前曾以其他方式组织社会，即使当时，别处也有不同的社会组织。因此，我们不得不说，他们所不知道的是**对他们来说**别有选择。但对他们来说真的别有选择吗？这一点还远不清楚。
165 我们需要超出眼下的识见，更落实地理解**什么在当时曾是可能的**，这样才能开始谈论（至少才能在有意思的层面上谈论）他们曾可能有一种别样的社会组织；[9] 我们还需要某种关于自由的更强硬的主张，才能开始谈论他们曾可能成就这种组织。他们以为他们的社会组织对他们来说是必然的，这种想法也许并不错。我们现在不能接受的，是他们得出这个看法的方式，即他们把这里的必然视作宗教的或形而上的必然。在我们看来，是他们把其等级制度加以合法化的那种神话错了。在我们看来，对照他们对自己的看法，我们对社会以及我们自己的看法是更自然主义的。在近代世界肇始处，霍布斯和斯宾诺莎表达了这种对社会的自然主义理解，用马克斯·韦伯的著名用语来说，这种理解体现了世界**去魅**的一种方式：魔法从世界消遁了。（某些力量，尤其是伊斯兰力量，现在要努力反转这个进程——如果这的确是他们的意图所在——这些努力并不意味着去魅过程是地方性的或可逆的，而只是意味着这个过程有可能产生绝望。）

以往社会为等级制提供了哪些合法性论证，我们今天怎么看待这些论证，这些都关系到我们怎样看待这些社会是否公正。这对远距离相对主义很重要。有些语汇可以应用于社会整体，而且至少在原则上，它们可以应用于具体地、现实主义地加以理解的社会；“公正”和“不公正”在这类语词中是最突出的。而且，用公正概念来做评价，比起用别的概念来做评价，最不必要牵扯是否要去指责谁这种没什么用处的问题。这些特点合在一起，让我们在谈论相对主义的时候，社会公正问题有点儿与众不同。公正不公正无疑是伦理概念，而且我们能够辨明，它们可以应用于作为整体的以往社会，哪怕我们对它们已有很多了解。

人们可以为相对主义的公正观辩护。我们若历史地思考问题，在一定程度上不得不看到现代的社会公正观念，例如权利平等这一内容，完全应用不到以往的等级社会那里。我在第五章引述了罗尔斯的两项要求，以往社会显然无法满足这些要求，但这似乎既无伤乎这些社会，也无伤乎罗尔斯向现代社会提议这些标准的功劳。[10]不过，另一方面，我们也不能不看到，远距离相对主义并不 166
能使公正与否的问题干脆挥发了事。我们可以拒绝把显然属于现代的那些公正观念应用于以往社会，然而，这些社会自己也采用某些形式的公正观念。用“公正”来谈论这些观念并非一语两用或犯下语言方面的错误。我们可以把当代的社会公正观念视作原初公正观念的较激进的应用——保守主义者则会说那是错误的应用；这些原初公正观念曾在其他地方存在，并传播到别的社会；同理，我们也许可以倒过来让历史连续性在伦理领域得到运用。早先的观念以某种形式仍伴随着我们。我们知道，或应该知道，回头路是没有的，早先社会为等级制提出的合法化对我们已经无效。但激进主义者可以把更其平等主义的现代观念视作以往公正观念的后

裔，同样，保守主义者也可以在旧时观念里找到与不那么平等主义的主张相类的内容，为他们自己所用；这些内容可以与以往那种合法化脱钩——保守主义者(除非他是个昏昧的反动派)像其他所有人一样能够看到这种合法化在今天已经不再可能。

我们根据什么认为过去的那些合法化不足持信，这对伦理思想关系重大。增长的反思和自然主义的社会观导致它们在智识上信誉扫地。我们仍然理解它们，为它们提供说明，尽管不是以它们自己会希望的方式。种种说明中，有一些也许意味着它们在伦理层面上信誉扫地。批判理论[11]正当地敦促我们在说明过去那些合法化时提出某些特定的问题：合法化论证据称能为权力提供合理论证，但会不会其实只是那种权力本身才使人们接受了这些论证？这潜在地是个伦理争论，而不只是关于怎样予以说明的争论。部分地由于这类论证，在当代伦理思想的范围之内，以往社会的公正问题仍然是有生命的问题；同时，这类论证也使得远距离相对主义显得不再那么合适。

关于这些事绪，还有很多该说的。[12]也许，关于公正的考虑是超越了远距离相对主义的伦理思想的核心因素。同时，也许，对远距离相对主义的超越也是从现代世界的特点里产生出来的。我们
167 有形形色色的社会公正观念，它们会产生不同的政治后果；可以看出，这些观念中每一个都根系于过去，也根系于我们的感情。我们知道自己不接受对各种公正观所做的那类旧式的合法化，但此外又不大确定该怎样解读它们，因此，我们倾向于把过去的公正观视作很多对现代人仍有意义的观念的母体。就此而言，我们认为种种过去的公正观互相之间是真实对抗的，它们也与一些现代观念

是真实对抗的。

现在我回过头来讨论反思，以及它与伦理知识的关系。早先我说过反思有可能摧毁知识，因为反思的运用有可能驱除人们在较少反思的状态下所使用的厚实伦理概念，它们很可能由较为抽象较为一般的伦理观念取代，而这些观念却又不能满足成为命题知识的条件。我说在这种情况下知识被摧毁了，并不是说，一度为真的特殊信念现在不再为真，也不是说，人们以为他们知道的东西他们其实并不知道。这话是说，这些人曾有某种类型的信念，这类信念在很多情况下是一片一片的知识（pieces of knowledge）；而现在，在反思之后，他们不再能够使用对以往信念来说具有根本意义的概念，从而，他们不再能够形成这些信念。他们曾运用事涉一些特殊环境的某种类型的知识来引导自己在社会世界中行止，并借助它们形成这个社会世界，而现在他们不再有这样的知识可用。知识被摧毁了，因为成为某种类型的知识的潜能被摧毁了；此外，当他们现在思考他们先前的信念之时，他们的眼光就像是从前那些观察者的眼光，他们不再把这些信念作为知识来共享。

我们并非不知道反思会摧毁知识。人所周知，一个个体反思怎么操作一种技术的时候，有可能倒不会操作了（不过，在适当的条件下，这也可能提升我们的操作）。但我们所讨论的情况与这种情况并不是一回事。首先，那说的只是个体行为者自己的意识可能起扰乱作用，而在观察者方面，他们可以从理论上研究他的操作技术，研究结果若应用得当就一定能提升他的操作。其次，他的反思所针对的无疑是他会做的事情，反思有可能让他不再会那么做

168 了，但这并不意味着他不再应该那么做。然而，就伦理活动来说，人们在反思之前的确会依靠运用厚实概念本真地在社会世界中行止，可反思却可能告诉他们现在应该有不一样的做法。骑车，走钢丝，这些会受到反思扰乱，但与这些不一样，伦理反思成为它所反思的活动的一部分，并内在地修正之。

苏格拉底考虑这些事绪时，想到的只是个体对他自己行为的反思。而且，在他那里，非反思的东西本来就不是知识，所以也谈不上知识被反思摧毁。他相信，若说任何东西能导向知识，那是反思导向知识，而且，有没有知识事关紧要（有知识总是优于没有知识）。谁若持第二种看法而不持第一种看法，那么，反思会摧毁知识这个想法就会让人反对反思，主张某种类型的保守主义乃至更糟的东西——赞扬根基性、无言的知晓，传统的理解方式。保守主义所主张的这些东西的确包含着丰富的内容，而进步思想往往不大在意这些内容；的确，这些东西所包含的内容比不少进步思想所包含的内容更为丰富。但即使我们深认传统知识的价值，若为此而压制反思，带来的只会是灾难，就像一位妈妈发现自己的生活由于有了孩子而受到扰乱，她不能把孩子杀掉以求恢复原来的生活状态。

但我们不该接受苏格拉底的第二个信念。我们若要接受这个非苏格拉底式的悖谬，我们就得把他的两个预设都予以驳回。即使有伦理知识这种东西，它也不一定是最佳伦理状态。我们在这里须记取，在失去伦理知识的进程里，我们可能获得另外种类的知识，关于人类本性、关于历史、关于世界实际所是的知识。这些知识是关于伦理生活或曰围绕伦理生活的知识。在伦理生活内部，通过同一进程，我们则能获得另外一种东西——理解。

“理解”并不只是我们将失去的那种知识的别名。首要之点在于，理解与知识对信念的关系不同。保守主义者和传统主义者攻击反思，一个理由是，他们担心反思似乎带来了不确定性，担心精英人物丧失所有信念。他们所担心的后果确实值得担心；他们也 169
有道理看不上某种自由主义姿态，这种姿态把不确定性本身当做德性，津津乐道于——同样是一种知识人式的满足——某种精致形式的无所决断，以此取代信念。然而，这些传统主义者和这样的自由主义者犯了同一个错误，他们都认为伦理生活中的信念必须是知识，它必须是某种样式的确定性。

伦理信念并不等同于知识或确定性，那它是什么？有些论者拒斥把伦理信念等同为确定性这类主张，但他们取而代之的主张却并不更加健全，反倒更不大可能。他们相信，智识之外就只剩下意志，于是认为，伦理信念的来源必定是**决断**，[13]是当事人决定采纳某种道德原则或决定以这种方式而非那种方式去生活。这种主张不可能是正确的，因为，伦理信念，像任何形式的**信从**（being convinced）一样，必定包含受动的一面，在某种意义上，必定是它赍临你。有些决定也像是它赍临你，但这是因为它们是些格外紧迫的决定。你不可能既有一个伦理信念，同时又知晓它是决定的产物，除非这个决定本身看起来是无可避免的。但这一点恰恰是需要我们去说明的。

康德的确认为，道德要求自治，任何道德原则确切说来都不是**你的**——换言之，任何单单属于你自己的东西都不可能是道德原则——你只能是自由地认可它或采纳它。但如第四章曾指出，康德把这一点同样应用于理论结论，他是在其先验心理学层面上持有这种看法的。他关心的完全不是日常经验中做决定这种心理活动。下一章会表明，他实际上需要在日常经验层面上找到某种恰恰性质相反的东西，某种与理性之认可相应的东西；它作为一种感情，以受动方式呈现自身，仿佛是由外部决定的，康德称之为“对法则的尊重之感”。

面对缺乏伦理信念的实际情况，无论决定模式还是确定性模
170 式看来都提供不了什么帮助。有些论者偏爱确定性模式，争辩说我们的确需要信念，而只有知识可以带来信念。他们忽视了一个明显的事实：无论对认知确定性有多少确信，如果我们不能就我们应该在什么事情上获得这种确定性达成一致，这种确信就无法实际产生伦理信念。那些偏爱决定模式的论者对这个缺陷看得蛮清楚，于是他们说，那是认错了方向：伦理的本质是决断，我们必须直面这份责任，承担起去做这些决定的重负。他们忽视了一个同样明显之点：如果伦理的本质是决断而我们处在不确定之中，那么，我们就不确定该做什么决定。

我们需要第三种理解，它的最佳表达大概是**信心**。它基本上是个社会现象。这不是要否认，只由于很多个体以某种形式具有信心，社会才具有信心；这也不是要否认，即使社会没有信心，仍可能有些个人有信心。但这时，信心的形式会有不同，因为，如果社会不给予个体所持的态度以确认、支持，他持有这些态度的方式就必然会受到影响——最突出的影响是：他就会自己意识到他持有这些态度。这里引入信心概念，不是因为哲学——哲学不能告诉

我们怎么能产生信念——能告诉我们怎么能产生信心；反倒是，比起另外两个模式，信心概念使我们更加清楚为什么哲学无法告诉我们怎样产生信心。何种建制、教育、公共言说有助于培养信心，是些社会—心理学问题。谈到伦理信心，最先应该想到的问题是社会说明问题。这不是说信心与理性论证无关。社会状态当然会这样那样受到理性论证的影响。而且，我们若试图撇开理性论证或靠压制理性论证来产生信心，我们恐怕难免失败，而且还会牺牲其他善好。信心只是众善好之一：它有价，但不可出价过高。

信心是一种社会状态，它同时也与讨论、理论研究、反思有关；与此相应，这些活动本身是些实践形式，占据社会空间，就像在个 171
体那里它们占据心理空间。我们往往忘记这个事实，这是由一系列知识人观念造成的：我们的根本目标一定在于为伦理问题提供答案；要提供答案，我们必须尽可能地更多关注与这些问题相关的理由；若说反思、讨论等活动也要受到限制，那它们只是现实带来的限制。真相却是：根本的问题是怎样生活怎样去做；伦理考虑以这些事绪为依归；对这些考虑进行反思所花的时间精力必然依赖于——从我们实际过着的伦理生活看去——我们把什么视作值得去过的生活，依赖于什么会产生那些发现生活值得去过的人众。我们需要回答的一个问题是：人众，或足够多的人众，怎样能够获得实践信心？而现在所要获得的信心——尤其当我们承认，一方面我们需要反思，另一方面我们的世界里反思无所不在——将来自强健而不是来自孱弱的自我欺骗和教义主义。（信心有别于乐观主义；信心可以基于尼采所称的强健悲观主义之上。）

上述讨论提示了对伦理思想与伦理实践的未来的一种结论。我在上一章末尾曾考虑过人类逐步达至伦理生活客观基础这个想法；或者，另一种提法在这里更有帮助：人类逐步达至一种他们知其具有客观根基的伦理生活。这不大可能发生，但我们可以从这个想法那里学到某种东西。这个进程将包含某种实践会同，会同于一种共享生活方式。我在讨论科学客观性时讲到，那里的会同**不会是经由强制达获的**，否则我们就不能把它解释为会同于真相的进程。实践的、伦理的会同则须由基本欲望或利益来解释，而这也同样要求会同进程不是被强制的。但问题是：什么进程是这样的进程？

有些会同进程显然不在此列。火星人来了，明确宣布，如果地球人类不能达成高度一致的伦理生活形式，他们就将摧毁这颗行
172 星；于是有可能，几代人之后，也许借助火星人提供的技术，地球人达成一致。这的确出于基本欲望和利益，但这无关乎给予生活以客观基础的想法。只是因为火星人的制裁，人们才接受了这种生活。我们达到了所指定的生活状态以后，外星人仍然必须让我们时刻意识到那种恐怖；或摧毁反思的能力；或提供一种强大的合法化神话。如果他们不借助这些就能让新生活系统令人满意地运转下去，那火星人一定是给了我们一种（未必是独一无二的）令人满意的生活方式，但如果是这样，系统的运转靠的就是我们能够在其中过上稳定的有所反思的生活，而不是我们被迫使会同于这种生活。

一致若非来自强制，就必定是从人类生活内部生长出来的。同时，这种一致必定会受到理论探究的影响。这个进程意味着要有某些自由的建制，它们不仅为自由探讨而且也为多样的生活与某些伦理多样性敞开空间。不过，我们在这里须再一次提防那种错误的看法，仿佛反思全然不占据心理空间。眼下说的是这种看法的社会版本。如果一个社会，用穆勒的话说，投身于“生活实验”，那这并非只增加找到最佳生活方式的机会。它是一个特定种类的社会，它将排除另一些种类的生活形式，的确，最值得去过的生活形式也可能由此被排除了。但这并不是说多样性和自由探究不是善好，而只是说它们像信心那样只是诸善好之一。有些人相信客观性，并且认为唯有客观奠基才是可解的客观性，他们当然有理由认为多样性和自由探究是重要的善好。

我们即使不相信客观性，也会有理由认可多样性和自由探究是重要的善好。其理由来自指向未来的远距离相对主义。未来社会的人类构成了一种特殊的情况，因为对他们的另一套价值，我们既会有某种纯粹名义上的对抗又会有某种责任。至少就如下之点而言我们负有责任：我们可以试图把我们的价值封印到未来世代上，也可以拒绝这样做。我们可以满怀信心地试图确保未来世代 173
继承我们的价值，在我看，我们为此不仅需要对这些价值充满信心——我们若能够达获这种状态，这是件好事；我们同时还得坚信这些价值是客观的——这是错的。我们若并不坚信这些价值是客观的，我们就有理由不去影响未来，一如我们有理由不去评判过去。我们不应该试图把特定的价值封印到未来社会上。

我们也有理由采取某些正面的步骤。我们应该为后代留下能够过上充裕生活的资源，还将尝试把我们视之为知识的东西传递给他们——这既是过上充裕生活的手段，也是这种生活的一部分。

顺理成章,我们不可能把反思意识和自由探究排除在外,因为它们是维护知识、利用知识所必需的。当然,消极目标与正面目标之间有某种张力。努力传递自由探究和反思意识当然是在传递点儿什么,而我们要传递的东西本身就要求某些特定的生活形式。

对今后两三代人,至少对我们的子女一辈,我们有理由要传递更多的东西:希望复制我们的伦理价值本来就是怀有伦理价值的一个标志。但这对更远的世代将持何种价值并没有多少确定的作用。假使新发展使我们能够对他们的一般观念产生更多的影响,我们最好也不要利用这种影响,而只限于——如果我们能够——把自由探究和反思遗赠给他们。我们可以把这些视作我们的知识创造出来的遗产。有这份遗产就够了;我们不应该尝试遗赠给他们更多的东西——这将表明我们对远距离相对主义的适当敬意。

第十章　道德这种奇特建制

前文我曾把道德说成一个特殊的系统，伦理思想的一个独特 174
变种。我现在需要解释我认为那是个什么样的系统，以及为什么我们没有它会更好些。

说到道德，重要之点是其要旨与深层目的，以及它所蕴含的伦理生活的一般图景。要看到这些，我们需要细心查看一个特别的概念，**道德义务**。道德倒并非仅仅因为使用义务这个概念就有什么特殊之处。义务也是个日常概念，是多种考虑中的一种考虑，这时，它是个有用的概念。道德的与众不同之处在于，它使用一个特殊的义务概念，给予这个概念以格外的分量。我将把这个特殊的义务概念称作“道德义务”。道德不是一组确定的伦理思想，它包含一系列不同的伦理观；道德在我们的生活中如影随形，结果，道德哲学花费大量时间讨论这些不同道德观之间的区别，而不是去讨论它们全体与其他物事的区别。尽管所有道德观都共有道德义务的观念，但并不是每一种道德观都能同样说明道德系统的特点。对道德做出最纯粹最深刻又最彻底的刻画的哲学家是康德。但道德不是哲学家的发明。我们差不多所有人身上都有一般的道德观念，或不那么融贯一致地有道德观念的一部分。

在道德系统中，道德义务通过一类具有特殊重要性的结论形

175 式表达出来——行为者通过审思得到的结论是，在某种特殊处境中基于道德理由该怎么做。（也存在着一般的义务，这个我们回头再讨论。）即使在道德系统内，具体道德审思的结论也并非都表达一种义务。远的不说，有时候，道德结论宣告的只是：你**可以**那样做。这类结论表达的不是义务，但在某种意义上仍然是由义务观念管控的：你自问是否有义务去那样做，得出结论说没有。

这是从道德审思的输出或结论方面来描述。进入审思的道德考虑本身也可能采取道德义务的形式。不过，我们自然而然会说非必如此；例如，我的结论也许是，我遵从义务去这么做是因为某种结果是最好的结果，而我这么做能够产生这个结果。但在道德系统之内有一种压力，要求我们把所有进入审思并产生特定义务的考虑都表现为某种一般义务；于是，如果我现在有义务去做产生最好结果之事，那是因为我有一种一般的义务——也许是不是唯一的义务——去做结果最好之事。后面将看到这是怎么来的。

道德义务是某种类型的实际结论，这一点说明了道德义务的几个特征。义务是从行动角度向一个人提出来的——义务是去做某事的义务——而行动必须在行为者的能力范围之内。表达这一点的著名公式是“**应当**意味着**能够**”。作为对**应当**的一般陈言，这不是真的。但若这里说的是在什么条件下行为者会有一种特殊的义务，他这时负有义务是一个特殊的结论，那么，这个陈言就一定是正确的。如果我审思得出的结果是我做不到的某事，那么我需要再行审思。什么是行为者有能力去做的？这是个出名的老大难问题。不仅存在着一些让人头痛的大理论，主张一切物事（或一切心理物事）都是被决定的，而且，单说某人能够那样去做或曾能够那样去做这些话究竟是什么意思,也不是那么清楚。关于这些问题,必得做极为广泛的讨论才可能说出点儿有用的,而我在本书中不打算展开这种讨论,[1] 只说一点儿不得不说的。不过,所说的这 176
一点儿会提示,在这个方面,就像在其他方面一样,诸种一般问题在道德这里都会以格外尖锐的方式出现。

这种意义上的道德义务的另一个特征是它们不可能互相冲突,终极看来,真正说来,推到尽头,它们不可能冲突。刚刚说到,我有义务去做的必定在我的能力之内;此外,再加上一条原则(它被称作"加总原则"):如果我有义务去做 X,也有义务去做 Y,那么,我就有义务去做 X 和 Y。从这两项可以推出道德义务不可能互相冲突。加总原则这项要求同样反映出这种义务概念的实际形态。但若不受这些特殊要求的管制而就"义务"的日常意义来说,各种义务当然可能冲突。实际上,人们谈到义务,一种最常见的场合就是义务之间发生了冲突。[2]

为了讨论义务间的冲突,哲学家大卫·罗斯发明了**初选义务**(prima facie obligation)和**实际义务**这组语汇,现在仍时而使用它们。初选义务是由道德考虑支持的一个结论,作为实际义务的一个候选项。如果它不是被另一个义务压倒,那它原是道德审思的恰当结论。罗斯努力说明(他的说明不怎么成功),为什么尽管它只是候选的义务,最终被淘汰出局了,但它仍然不只是个貌似的义务。应当看到,它在决定过程中展现出了某种有望上位的力量,只是在竞争中,这份力量不足以上位。说得具体些,虽然这个初选义务落败了,但对它给予支持的那些考虑可能用来支持另一个实际义务。我也许不得不食言,但我可能相应地接受去做别的什么事情的实际义务，例如对因我食言而受损的人做出某种补偿。

我们完全不清楚，我为什么应该承担这进一步的义务，因为依这种观点来看，履行义务完全是每个人自己的事情，只要没有任何实际的义务我尚未履行，我就已经做了我那一份。这种想法带来宽慰：我无可自责。我可能责备自己当初不该陷入这种境况或诸如此类，但若我谴责或责备自己没有去做那件被驳回的行为，那是
177 弄错了：自责因损害了义务而起，但这里到头来并无义务。可以承认，依乎情理我可能感到不爽，但道德系统把这种感情区别于悔恨(remorse)或自责，它有时被归到遗憾(regret)名下，而遗憾不是一种道德感情。这种重新分类颇为重要，突出显示了人们把伦理物事收窄为道德时所发生的情况。依照这种区分，你因做了某件非自愿之事或在两害取其轻时所生的感情，须被理解为遗憾，一种无关道德的感情；这种说法意味着你这时的感情应该类似于你面对自然发生之事或他人行为时的感情。**那是我做的**，这个想法在这里无关紧要，要紧的只是我是否自愿做了我应该做的事。这使得我们不再关注一个重要的伦理经验维度：单单去区分我做了和我没做。这两者之间的区别可以极为重要，不亚于自愿和非自愿之间的区别。[3]

道德义务无可逃避。我可能许了诺，这时我自愿承担了一个义务；这种情况下，人们的确通常会说，只有自愿做出的承诺才是承诺，尽管这里会有个灰色地带，例如，情势如此而不得不承诺。在另一些情况下，尽管我并未做此选择，却仍然要承担义务。无论

哪种情况，我一旦承受义务，就无可逃避；即使哪个行为者不愿处在这个系统里或不愿被它的规则束缚，也不能因此得到豁免；而且，对他加以谴责也并非基于误解。谴责是道德系统的典型反应。我已经提到过悔恨、自责、罪感，这些是道德系统内部的典型的第一人称反应，若有哪个行为者从无这些感受，从这个系统的角度看，他就不属于道德系统，或不是完全的道德行为者。这个系统还包括人际间的谴责，若没有这些，无疑就不会出现那些第一人称反应，因为它们是通过内化形成的。不过也有可能，有些个别的行为者，虽然是道德系统中人，却从不谴责谁——不开口谴责，甚至心里没有谴责之意。他也许高度怀疑他人真有能力做到什么。对一 178
个人的谴责针对的是他的自愿行为；上面提到那种看法，只有自愿的行为才会引发自责或悔恨，只是这个一般法则的特殊应用。比起实际上的自由共和国的法律，道德法则更其苛刻，因为它不允许移民境外，但就其责任观念而言，它是毫不含糊地公正。

从这个方面看，功效主义是道德系统的边缘成员。功效主义有一个强大的传统，认为应该以某些方式来配置谴责以及其他社会反应以使它们发挥社会作用——这种想法既可能引导谴责以自愿行为为靶子，也同样可能不如此。若把功效主义标准应用于所有行为，包括表达谴责等等，可以前后一致地得出上述看法。同样的原则也可以延伸到不予表达的谴责和批判思想；的确，在另一个层面上，功效主义者蛮可以一问，最有效的策略会不会竟是忘掉谴责的目的——依功效主义的道理来看——在于有效用。事关自责和道德义务感，看来就不再能施展这些招式。功效主义者通常都是良知很重的人，他们为人类工作，为动物着想而放弃肉食。他们认为这些是他们在道德上应当做的，达不到这些标准就会感到罪过。他们并不问，也许也不能问：我这么想这么感受有什么用？由于诸如此类的动机，而非单单由于逻辑上的特点，多数版本的功效主义是某种类型的道德学说，尽管可能只是道德学说中的边缘成员。

前面已经提到，道德义务同样适用于那些不愿意把它加到自己身上的人；道德义务无可逃避，我有义务去做的即是我**不得不**去做的，这种感觉就是上述理解的第一人称这一端。极限言之，即使你想要完全生活在道德系统之外，道德评判和道德谴责的第三人称这个方面依然可以适用于你。从道德角度看，无地处在这个系统之外，至少对负责任的人来说是这样。我们可以把这两个方面合到一起，用康德的话说，道德义务是**绝对**的。

我回头再谈处在这个系统之外的人。首先需要再说说道德义
179 务对系统之内的人是什么。我们很难同意，在特定场合，最有道德理由去做的行为就必然应视作道德义务。有些行为（还有政策、态度等等）或多于义务或少于义务。它们可以是英雄行为或美好行为，超出义务的要求。它们也可能是另一些行为，从伦理眼光来看，并不是有义务要求你那样做，但那样做挺好的，挺值得做的，挺让人欣慰的。看看人们对这些行为的反应，就很容易明白这里所说的。有些行为我们会高度尊崇，有些行为我们只是觉得蛮好，但他们若不那样去做我们也不会因此谴责他们。这些考虑似乎并不产生义务，那道德系统该怎么处理这些考虑呢？

道义论的亦即主要的道德版本有一种处理这些考虑的办法：把尽可能多的考虑纳入义务范围。（还原主义尝试把所有伦理考虑都纳入同一个类型，而义务论的还原主义有一个特殊的动机。）罗斯的文著——我已经提到他的“初选义务”这个用语——提供了一些可说明此点的例子。他列举了几类他所谓的一般义务——他也称之为职责。[4] 第一类是人人都称作义务的事项，包括守诺，相当自然地也延伸到说真话。第二类包括“感恩的职责”：善偿为你服其劳者。但我们实在不清楚这为什么是**职责**，除非施惠者（大概可以这样理解“服其劳者”）获得了期待你做出回报的权利，但若如此，这种权利只能来自于你曾暗示了某种承诺，于是你的义务就该归属于第一类。不请自来的施惠的确可能是某种施压，但我不应该轻易把压力当成义务。[5]

罗斯要强行纳入义务模式的东西显然是一种不同的伦理观念：知恩图报标志着一种良好性情。这种性情与去做道德义务要求去做之事的性向不是一回事。还有一种不同的伦理观念也被罗斯改装成了义务，在罗斯那里，它是第三类义务，他称之为“公正义务”。关于这种义务，他的说法真是惊人：

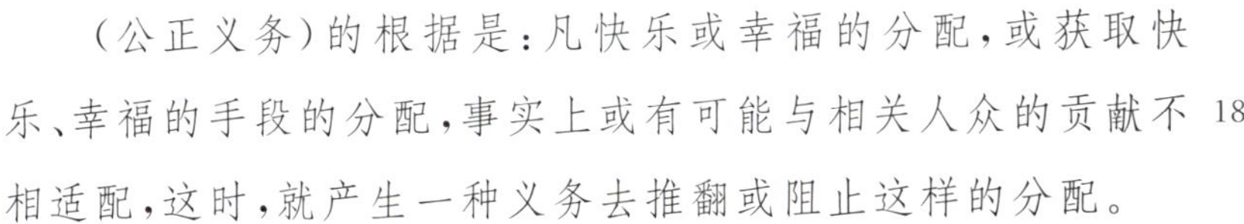

> （公正义务）的根据是：凡快乐或幸福的分配，或获取快乐、幸福的手段的分配，事实上或有可能与相关人众的贡献不 180
> 相适配，这时，就产生一种义务去推翻或阻止这样的分配。

的确，公正有时是一种职责或义务，但像这样煽动造反来反对资本主义经济（或反对别的随便什么）不大可能是关于这些事绪的正确阐论。公正这种要求首先关注的是**事情应当是怎样的**。公正要求中的某一项怎样联系于某个给定个人有理由去做的事情，或就道德这一特殊考虑说来，怎样联系于他有义务去做的事情，这要看这个个人怎样摆放他与这项要求的位置。在政治中，个人的行为与可欲的做法——也许可以称之为**乌托邦措施**——之间的距离有多远，这本身就是首要问题之一，是首要的伦理问题之一。

要把一切都做成义务，这是道德的一个错误。但这个错误背后的理由很深。我们在这里应该提醒自己，**日常**叫作义务的东西不一定会在道德考虑相互冲突之际胜出。设想你负有一项日常义务——去看一位朋友（教科书上的例子），因为你此前做了承诺；可你后来得到一个难得的机会去大大促进一项重要的事业，但不巧时间地点都与此冲突。（真要构想一个现实主义的例子，还得增添更多细节；往往，在道德哲学里，增添细节之后，那个例子就开始瓦解了。你朋友对这项事业的态度，你对是否应该支持这项事业的态度，这些都是相关的问题。如果他或她对这两样都抱同情，或哪怕只对后一样抱同情，只要你来得及事先告知，他或她就会解除你的承诺，这时，只有最迂腐的道德主义者才会继续纠结。如果他或她仍然不依不饶，你会纳闷你有个啥样的朋友……但读者诸君不难自己设想一个例子来说明这里的旨点。）你可能合情合理地决定你不应该错过这个机会去促进这项事业。[6] 但义务是一项严苛的道德，这意味着破坏义务要招致谴责。在道德系统内，要取消一项义务，唯一被允许的情况是争胜的行为应该是另一项义务，一项更其严苛的义务。道德鼓励这样的观念：**唯一项义务可以压倒一项义务**。[7]

181 然而，你要去做的这件事情怎么会是一项义务呢？除非它来自某种更一般的义务。不好说那个更一般的义务是什么。你并不负有无条件的义务去促进这项事业，或为你参与其中的事业去做你能做的一切。于是，还剩下一项蹩脚的提议：你若有格外有利的机会去协助一项重要的事业你就负有去协助的义务。道德系统要求我们找到一项一般的义务来支持一项特殊义务，我们可以把这项要求称作**出亦义务入亦义务**原则（*the obligation-out, obligation-in principle*）。在一些熟悉的情况那里，我们可以更清楚地看到这项要求带来的压力会产生什么结果。在这类情况下，某种一般性的伦理考虑集中到一个突发事件上，例如去救助一个身陷危险之中的人这项义务。我并不负有义务去救助所有遭遇危险的人，或去四处巡游寻找遭遇危险的人去救助他。然而，一旦碰上[8]有人遭遇危险，很多人感到他们负有上前援助的义务（但他们自己不至于冒过大的危险等等：不难想到种种合理的限制条件）。跟上一段所说的情况不同，在这里，作为基础的一般义务似乎相当确定。对我的无可转圜的要求是：在这种突发情况下，我有义务上前援助；人们认为，这一义务来自：“我们负有在突发危险之际上前援助的一般义务。”我们还可以加上说，很多道德考虑，也许每一种道德考虑，在某种情况下都可以压倒某项义务，于是，很多这类考虑，也许所有这类考虑，都与某些一般的义务相联系，即使这些一般义务并不像罗斯所提议的那样是些简单的、无条件的义务。

一旦上路向更一般的义务进发，我们可能就开始招来了麻烦——不仅是哲学上的麻烦，也是良知上的麻烦——我们可能再也无法为无关道德的活动留下一点儿空间。我前面曾提到一种可能的道德结论：我们**可以**采纳某一套个殊的行为。这意味着我不负有义务去做别的事情。然而，上面那套想法促使我们接受一般的间接的义务去推进形形色色的道德目标，我们一旦接受这些义务，就会发现，这些目标就摆在那里，等着有空闲的人手去出力实

现它们。这个想法有可能(我不是说一定要)这样落实:我最好被招去做那个,而不是去做我原无义务去做的那些事情;我能够被招
182 去,就应当被招去:我负有义务不浪费时间去做我不负有义务去做的事情。到了这一步,当然,只有一项义务能够压倒一项义务;为了去做我想做的事情,我就需要在那张冒牌货单子上为自己挑一样职责。我们若接受用义务来构成伦理思想的主张,那么,义务可以通过几条途径自然而然地把生活完全置于其统治之下。

如其本分地看待义务,它本是种种伦理考虑之中的一种;我们需要阐明这种本分的义务观念,以便上上下下观览道德用义务观念构筑的气势凌人的大建筑。这一阐论有助于把我们领出道德构筑的特殊道德义务概念,最终领出整个道德系统。

我们首先需要**重要性**这一概念。显而易见,对不同的人来说,有不同的重要物事(这不一定意味着这些物事对相关人众的利益是重要的)。这涉及重要概念的相对性,我们也许可以用某人**认为**某事对他重要来表达这个概念。这个仅仅相对的观念之外,我们还有另一个观念:某事无可争辩就是重要的(另一些人可能会说:某事**一般说来**就是重要的,或,它就是重要的,**别无二话**)。但使得某事是无可争辩地重要的是什么,完全不清楚。这肯定不是说它对宇宙重要:在那个意义上,什么都不重要。这也不是说事实上大多数人都认为它重要,或人们应当认为它重要。我怀疑谁能为"应当认为它重要"这个想法提供无可争议的说明:人们对它的说明不可避免地因他们认何种物事为重要而受到影响。

我们对"无可争辩地重要"这个概念还很少理解,但这对眼下

的讨论来说没什么要紧。我现在只需这个概念为我们提供三样东西。一样是，有这么一个概念。另一样是，某种东西在相对意义上对某人重要，不一定意味着他或她认为它无可争辩地重要。亨利集邮，只缺一张就能集成一套，所缺的那张邮票也许对于他极端重要，但亨利自己也可能看到这并非无可争辩地重要。这里的要旨在于：人们应该认可有些重要的物事是无可争辩地重要，有些则不 183
是，而他们应能够看得出哪些物事属于哪类。

第三样是，什么东西重要这个问题，尤其是什么东西无可争辩地重要这个问题，须区别于**审思优先性**的问题。我们审思种种考虑，给予其中一种以很高的权重，这种考虑对我们就具有高度的审思优先性。（这含有两种意思：一，这种考虑出现在我们的审思之中并压倒了大多数其他考虑；二，它出现在我们的审思之中。有理由把第二点分开来单独处理，我后面将说到其中一条理由，但一般说来把这两点放到一起考虑要简单些。）

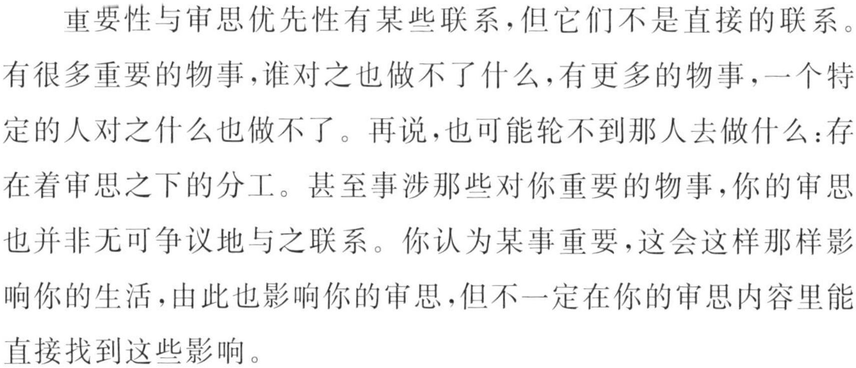

重要性与审思优先性有某些联系，但它们不是直接的联系。有很多重要的物事，谁对之也做不了什么，有更多的物事，一个特定的人对之什么也做不了。再说，也可能轮不到那人去做什么：存在着审思之下的分工。甚至事涉那些对你重要的物事，你的审思也并非无可争议地与之联系。你认为某事重要，这会这样那样影响你的生活，由此也影响你的审思，但不一定在你的审思内容里能直接找到这些影响。

一种考虑可能对特定的个人、群体或对所有人具有很高的审思优先性。优先性在这个意义上是相对的。但我们不应在另一个意义上把它视作相对的：我们不应该以为优先性是审思内容方面的特质，仿佛物事本身对道德或实践理性来说会具有审思优先性(prudential deliberative priority)。这会是一种误解。也许可以说，从道德角度看，道德考虑有很高的优先性。若这么说，这话的意思是说道德系统中人给予道德考虑以很高的优先性。这并没有界定一个种类的优先性。审思优先性的一个要点恰在于它能把不同类型的考虑连到一起。[9] 重要性也是这样。在某种意义上，存在着不同种类的重要性，我们自然而然说到某些物事在道德上是重要的，另一些在审美上重要，诸如此类。但到头来总会有这个问题，无论就一个具体事例说来还是更一般地说来，某个种类的重要性是不是比另一个种类的重要性更其重要？

184 道德系统中人通常认为道德重要。而且，道德依其定义就与个人品行相关联，于是，重要性在这里就多半跟审思相关。但怎么相关？这在根本上要看他怎样理解道德与道德重要性。对功效主义者来说，重要的是世上要有尽可能多的福利。道德重要性与审思的关联是下一个问题，是个完全未决的问题。我们在讨论间接功效主义的时候曾看到，功效主义行为者在审思中应该做哪些道德考虑为什么是个未决的问题。不止如此；审思中是否要出现道德考虑，这本身就是个未决的问题。某些类型的功效主义者认为人们一味(例如)自私地行为而根本不去从道德角度考虑问题才会产生最佳结果；另一些没有那么崇信看不见的手，他们给道德考虑某种优先性；我们还看到，这些人中，有些极重良知。但无论哪一种，都要面对一个经验问题：对福利重要性的审思蕴含着什么样的结论？然而，在这个方面，有很多功效主义者首先属于道德系统，其次才是功效主义者。

在另一个极端，纯粹的康德式观点把道德的重要性置于道德动机本身的重要性之中。人们应该给予道德考虑以最高的审思优先性，这才是重要之点。这种看法遭到黑格尔的猛烈抨击，他的理由是，这种看法没有为道德思想提供内容，而且，它对改善世界三心二意。黑格尔是对的。道德动机的内容是这样的想法：出于义务而不是出于偏好去做事；人们需要这个想法，这意味着很多个体没有自发去做这些事情的偏好；道德的至高重要性又意味着，人们没有这种偏好才好。

这两种看法都是不充分的，更好的看法也不是简单地把它们调和在一起。伦理生活本身是重要的，但它能看到别的事情也可以是重要的。它包纳的动机的确可能是服务于其他目的的动机，但从伦理生活内部着眼也能够看到这些动机同时是使得我们愿意过伦理生活的一部分动机。在任何一份充分展示的图景中，伦理 185
动机都将十分重要，而这一点将影响我们该怎样审思。其后果之一是，某些种类的伦理考虑将具有很高的审思优先性。这只是伦理动机可能影响审思的途径之一。不说别的，伦理考虑同样也可能影响审思的类型和场合。[10]

有一类直接把重要性跟审思优先性连接起来的伦理考虑，那就是义务。人要生活，就要有一些靠得住的东西；义务的根基就在于它们都是哪些东西这个基本问题。人必须不被杀掉或不被用作手段，必须有一些他可以计为他自己的东西：一定的空间和物品，以及与他人的某些关系。人要生活，这些都必须是靠得住的。他安心知道人们不是在用谎话骗他，这也是他的一种利益，至少在相当程度上是。某种伦理生活是得到这些东西的一种途径，也许是唯一的途径；而且，肯定，如果有伦理生活，这些东西就必定是由伦理生活提供的，在伦理生活之内提供的。伦理生活提供这些东西的**一条**途径是鼓励某些动机，其中**一种**鼓励形式是培植给予相关考虑以很高审思优先性的性向——在那些最严肃的事情上，这种优先性将实际上是绝对的优先性：有些行为必须放在首位，而有些行为则从一开始就排除在外。排除这些行为的一种有效方式——往往是最佳方式——是连想也没有想到它们。几个人在讨论怎么对付政治对手或商业对手，其中一个说："当然，我们可以把他们干掉，不过，我们一开始就应该把这种选择抛到一边。"这人可真不让人放心。这个选择根本不该来到他手上然后再抛到一边。有些关切，在审思中听不到它们的声音，而这正是这些关切的最佳体现；道德的一个特征则在于漏看这种可能性。

我们给予某些考虑以审思优先性以使可信任性得到保障；这样的考虑构成了义务。与这些义务对应的是权利——那些因这些义务而受益的人具有权利。有一些义务对服务于人类利益来说具有基本的、持久的重要性，它们因此构成了义务的一个特定类型。这些义务的效力都是反向的，涉及我们不应该做什么。另一个类
186 型的义务，它们是正向的义务，涉及当下直接的义务。这里，审思优先性是由紧急性强制的，例如我们前面考虑过的抢救案例。由于事件迫在眉睫，对人的根本利益的一般伦理认知现在聚焦成为审思优先性；它对**我**是当下直接的，这产生出**我的**义务，我不可能不理不睬这种义务而不受谴责。我们这样理解紧急状态义务，由此会得到两个相互联系的要点。首先，我们其实用不着说这种义务来自某种更一般的义务。反向义务的要点的确在于它们具有一

般性质:它们提供了稳定的长期的审思优先性样式。说到正向类型的义务,它们所依的性情倒是某种一般的关切,但这种关切并不总是以审思优先性的方式表现出来,而把这种关切转变成义务的,恰恰是情势紧急。我们用不着接受**出亦义务入亦义务**原则。

更重要的是,以这种方式理解这些义务有伦理后果。有些道德主义者说,我们若把直接间接或物理远近视作相关因素,我们就失欠理性或想象力;别处的饥民像这里的饥民一样要求我们关注,认识不到这一点是非理性的。这些道德主义者错了,至少在单单基于义务结构提出质疑这一点上他们错了。这当然并不是说他们的异议毫无可取之处。对别处人众的苦难,我们的确应该更多关心。但对何为义务的正确理解会让我们更清楚地看到我们应该怎么来考虑上述异议。我们不应该放弃直接性这个维度,但我们必须考虑到,对我们来说,对现代世界来说,哪些东西应该适当地计为直接的东西,以及,如果它们不是义务,这种关心在我们的生活中占据的是何种位置。

上面从两个方面讨论了义务。从反向角度看,义务涉及哪些东西具有基本的重要性;从正向看,义务涉及哪些东西既重要又直接。两者最终都基于一种理解:每个人都有他自己的生活要过。人们需要帮助,但并非(婴儿、极老迈者、严重残疾者除外)无时无刻需要帮助。他们无时无刻需要不遭杀害,不遭凌辱,不遭无端干涉。契约主义的一个强项就是它看到了这些基本利益将产生出这样的正向义务和反向义务。[11]

我们平时最常称作义务的,诸如守诺之类,与上述两者都不相 187
同,因为我在这里有义务去做的事情,单说事情本身,也许根本没什么重要。但恰恰因此，它们突出例示了同样的联系：义务与可靠之间的联系。承诺这一设置提供了一套程式，使得本来也许不那么重要的事情升级为须给予高度优先审思的东西，从而，这套设置可以说是提供了可随身携带的可靠性。这也是为什么谁许诺不杀你听起来怪怪的——如果他不是已经给予不杀你以很高的优先性，那你怎么能信靠他的承诺会提供这种优先性？（在特殊情况下，你有可能信靠这类承诺；想出那会是些什么情况将有助于看清承诺系统是怎么运行的。）

可靠性使得人们可以合情合理地预期别人这么做而不那么做；义务的任务就是保障这种可靠性。有种种伦理方式保障可靠性，义务只是其中一种。而义务这种方式的特点在于，它所要产生的预期是这样的：我预期他人**因为**我有如此这般的预期**而**如此这般行为。这一类义务往往要求很高的审思优先性，而且会以其重要性示人；就许诺而言，这不是因为其内容有多重要，而是因为它是许诺。然而，我们也能看到许诺为什么并非总是要求最高的审思优先性，即使在伦理性向很强的行为者那里也是这样。他后来可能发现某个目的特别重要，而他眼下采取某种行动可以大大促进这个目的，这时，像我们曾说到的，他可能合情合理地得出结论，决定可以放弃许诺之事，而他的这个决定是可接受的，[12] 我是说，只要他能够在某种伦理考虑结构中说明他为什么做出那样的决定。但他无须把这个决定过程叫作另一个义务，一个更严格的义务。义务一般地与重要性和直接性相关联，并在这些关联中构成一种特定类型的考虑。我们眼下讨论的例子正可以用来说明：某种考虑可能十分重要，乃至在这一特定情况[13]下压倒了一项义务——本该干净利落地这样说。我们应该拒绝另一句道德格言：唯一项义务可压倒一项义务。

若一个审思结论所体现的考虑具有最高的审思优先性且具有最大的重要性(至少对这个行为者而言),它就可能具有一种特殊 188
的形式——这个结论不仅是当事人应该去做某事,而且是他**必须**去做某事而不能做任何别的。我们可以把这个叫作实践活动的必然结论。有时候,当然,实践结论中的“必须”只是相对的,说的只是为达到某个目的所需的行为,而这个目的本身谈不上“必须”。“我现在必须出发了”的另一半很可能是“如果我要赶上这个电影”,这话并不提示我不得不去看这个电影:我只是正准备去看电影。我们考虑的不是这个,而是无条件的“必须”,是**一路到底**的“必须”。

我们必须做某事这样的结论(这个结论的反面是:我们不可以做某事),怎样区别于我们最有理由去做某事这样的结论?这是个有意思的问题。有意思之点主要在于:为什么前一个结论似乎比后一个结论来得更强?(怎么可能在审思中还有什么东西强过我们最有理由采取的行为?)我这里不打算讨论这个问题。[14]眼下直接相关的一点是,实践必然性绝非单单属于伦理领域。一个人可能得出结论说,他或她必须无条件地做某事,其理由可能是审慎、自卫、审美或艺术方面的关切,或仅仅是为了自我肯定。在其中某些情况下(例如,必要的自卫),一种伦理观本身就可能赋予这样的结论。在另一些情况下,一种伦理观则可能不赞成这个结论。基本之点则是,实践必然性的结论,无论是否基于伦理理由,都是相同类型的结论。

实践必然性，以及感受到这种必然效力导向某个特定结论的经验，是融入了道德义务观念之中的一个因素（这也许有助于说明很多很多人觉得道德义务既很特别又十分熟悉）。然而，实践必然性，即使它基于伦理理由，也并不一定标识着义务。行为者“必须”采取的行动可能无关乎他人的预期，或不去做将受到的谴责。我前面提到过，在伦理上优异的乃至英雄式的行为高出义务之上，所以并非有义务去那样做，我们通常不能要求谁那样做，也不能因为他没那样做去谴责他。但这样去做的行为者可能觉得他必须这样
189 做，对他来说别无选择，虽然他也知道不能这样要求别人。他可能是这样想的：不能这样要求别人，但这是对他的要求，因为他与众不同；然而，这种不同，通常情况下，在于他是恰恰相信他与众不同的那个人。他的感觉，的确，还有他预期他若不这样做会产生的感觉，很可能近似于围绕义务的那些感觉（至少比道德所认的要更加近似[15]）。

我已经提到，康德把道德描述为绝对的。康德申称，基本道德原则是绝对命令，这时，他的兴趣不在于从纯粹逻辑的角度去区分本义上的命令式都有哪些形式。他关心的是怎样识别出一种**我必须**，这种**我必须**是无条件的，一路到底的，但他设想这种无条件的实践必然性是道德特有的。他认为它是无条件的等于说它完全不基于欲望：以这种必然性呈现在我们面前的行为总是我们有理由去采取的行为，**不管我们碰巧想要什么**，而只有道德理由能够以这种方式超越欲望。然而，我前面说到，实践必然性不必在这么强的意义上独立于欲望。的确，我区分出两种“必须”，一种“必须”是有

条件的，依赖于**行为者只不过碰巧具有的**某个欲望，另一种是无条件的；但实践必然性的结论本身却可以是一种欲望，只不过它不是行为者碰巧具有的。这种欲望是行为者的根本所系，他不得不加以满足。我们对实践必然性的理解与康德的理解之间的区别当然不只是定义不同或逻辑分析不同。康德的实践必然性基本上就是我们平常所理解的这一种，只不过对它做了一种出奇极端的解释，依照这种解释，只有绝对不以任何欲望为条件的结论才是必然的实践结论。在康德那里之所以可以有在这种极端意义上不依任何欲望为条件的实践结论，是因为他所描述的理性自我完全摆脱了因果性，因为他那里的行为理由只依赖于理性行为者而不依赖于该行为者本也可以没有的任何东西（例如欲望）。[16]

实践必然性的结论现在既然被理解为单单属于道德的，于是， 190
康德把达到这种结论描述为认可道德法则的要求，当他从心理学方面说到此点之时，他指的是一种特殊的感情或情怀，“对法则的敬重之情”。当代道德家不大会使用这种用语，不过他们觉得不难了解康德描述的是什么。（他们中有一些仍愿采用道德法则的概念。另一些不大愿意采用，但他们采用的观念也默示道德法则概念。）康德并不认为是对道德必然性的强烈感受本身——作为一种感情——为道德行为提供了理由。只作为一种感情，它并不比其他仅仅心理上的东西具有更多的理性力量。理性不在这种感情所是的东西那里，而在它所表现的东西那里，在这一真理那里：道德普遍性是实践理性自身的要求。

这对康德来说是真理，这意味着，如我们在第四章所见，道德具有客观基础，而康德认为，道德要求这种经验表现了这一基础。不过，我们又不得不说，它同时也误现了这一基础。这种经验就像是在对抗某种东西，对抗一个法则，这个法则是人们生活在其中的世界的一部分。[17]但依康德，道德法则的力量并非且绝无可能来自一个人自身之外的任何东西。它的力量来自它的客观基础，而没有任何经验足以表现那种客观性。客观性的来源在于，唯当道德考虑在生活中发挥基本的、与众不同的作用，实践理性的要求才会得到满足；而道德考虑不同于别的动机，它们若要发挥基本作用，就得以客观要求的形式呈现。但怎么一来一种考虑就会作为客观要求呈现？这不可能是因为它作为客观要求的呈现方式与它所得到的上述论证联系在一起。它必须具有某种别样的心理形式，而这种形式，就所说的这些而言，是误人的。

不过，依康德的预设，我们可以至少设法理解为什么，以及怎么一来，这样一种经验注定会误人，而这种理解将有助于让这种经验在反思那里稳定下来。如果康德是对的，那么，我将会理解“对法则的敬重之情”是什么而不丧失我对这种感情或对道德法则的
191 尊重。还有另一个观念有助于这种稳定性，即，在一种意义上，这种经验可以正当地把法则表现为在我之外的：这一法则也同样是在他人之中的法则。道德法则是道德行动者名义共和国的法则。的确，那只是名义上的共和国，但其中的行为者是实实在在的，因为法则是每一个行为者理性地施加于自我的，因此它是实在的法则。

我们一旦不再相信康德自设的基础或诸如此类，我们就完全无法这样来解读这种经验了。它不多不少就是实践必然性的结

论，它似乎“来自外面”，正像所有实践必然性的结论似乎来自外面一样——它们都来自深深的内部。既然现在说的是伦理考虑，行为者的结论通常就不会是孤孤单单或无人后援的，因为它是伦理生活的一部分而伦理生活在很深程度上是与他人共享的。就此而言，倒是道德系统，由于它强调“纯粹道德”，以及罪感和自责这些个人感受，实际上掩盖了伦理生活处在个体之外的那个维度。

若我们已经知道识辨义务是怎么回事而仍然把它当作伦理经验的特殊中心，那我们就是围绕着一个幻象建设伦理生活。甚至依康德自己的看法，这种经验也包含一种误现，只不过它是必要的、可接受的误现，是把客观性从先验层面转移到心理层面的结果。但若这种经验只在心理意义上是特殊的，那它就比误现更糟：根本没有任何东西(或任何特殊的东西)可由它来表现。

康德建构的体系还说明了为什么道德法则能够无条件地适用于所有人，包括那些要在法则之外生活的人。谁若不接受他建构的体系但仍然接受道德系统，他就需要说明为什么拒绝道德义务的人也要受其约束。他需要说明怎么竟会有道德**法则**这回事。[18] 一个法条适用于某人，这从来不只是一种语义关系，从来不只在于那个人符合该法条所包含的某种描述。一国的法律适用于某人，因为那人属于一个能够施用①权力的国家。上帝的律法适用，因 192
为上帝施用之。康德的道德法则适用，因为人作为理性存在者有理由把它施用于自己。而现在，道德法则若适用，那只能是我们来

① 这里译作**适用**和**施用**的都是 apply 或 apply to。——译者

施用它。

一个人没有依照规约要求的或可欲的方式去行事,我们会说,他应当以这些方式去行事,我们有时也说对他来说**有理由**以这些方式去行事——例如,因为他曾做出承诺,或因为他的做法损害了他人的权利。我们可以这么说,但我们似乎没有任何可靠的途径把这种说法和**他有理由**以这些方式去行事连在一起。他也许没有任何理由要这样行事。他破坏了义务,这很差劲,却不一定是非理性的或不合情理的。我们有这种那种理由愿望他行为良好,但我们不能想当然反过来认为他有理由行为良好。我们是怎么对待这样的人的呢?我们实际上知道人们往往做不到我们在伦理上希望他们所是的那样,他们的失欠之处五花八门——法律以笨拙的方式识认这种情况,非正式的实践则少一点笨拙。一个极端是缺乏审思能力。另一个极端是信从不同宗派的那些真诚而强干的人众。此外却还有各式人等,各有不同的弱点或恶品——恶毒、自私、残暴、不顾他人、自怜自恋、懒惰、贪婪。我们的伦理世界中哪种人都可能出现。从来没有哪个伦理世界没有身带这些恶品的人(尽管相关文化对这些恶品的分类自可不同);每个个体的一生也时有这几样时有那几样。同理,对这些恶品也有形形色色的负面反应,最极端的有憎恨和惊怖,此外有气恼、遗憾、纠正、谴责。如果说的不是国家法律的正式场合,那就还有一个谁做出反应的维度:并非每个人都能够或应该抱有每一种不满。道德法则这种虚构带来的后果之一是让我们不去想到这一点,就仿佛名义共和国里的每个成员都被赋予了逮捕一个公民的权力。

在上述弱点与恶品里,有一批特定的坏恶,很大一批,我们日

常对它们会动用谴责机制。其中包括对义务的多种违背，但并非
所有违背：最严重的违背义务的情况有些超出日常谴责之外，它们
事涉对基本人权的违背。另一方面，遭到谴责也并不只是因为破 193
坏了义务，只是性情表现出缺陷也会受到谴责，尤其在教养孩子的
过程中是这样。但谴责通常与技术意义上的道德义务共享一种特
别的实践性质。这种负面反应密集聚焦于是否采取了某种行动或
因忽视而没有采取行动，人们正是对这些加以谴责。此外，唯当不
可欲的结果是由特定场合中的自主行为造成的，人们才认为应予
谴责；当然，在实际情况里不可避免会出现多种变异。

我们在伦理上对人们所行之事还有其他种类的负面反应或敌意反应（记取在谴责之外还有很多很多，这十分重要），谴责机制则与它们形成对照，它似乎与行为者本来有理由采取另一些做法这个想法有某种特殊的联系。我前面说过，事情往往不是那样。[19]我们最好是这样看：谴责机制涉及某种虚构，依照这种虚构，我们对待那个行为者的时候就好像相关的伦理考虑对他构成理由。这样一来，虽然我们是用“本来应当”进行谴责，但现在却仿佛我们是在用“本来应当”对目的相同的伙伴提出建议，而他却不愿采纳这个建议。这个直觉有好几样功能。其中一个功能是，如果我们对待这个行为者就像他挺看重伦理考虑似的，这也许有助于让他变成这样一个人。

上述机制在调和转化人们之间的两种可能关系时会起到特殊的重要作用。一种可能关系是，人们共享某些审思性实践，这时，人们在很大程度上具有相同的性向，互相帮助以达到实践结论。另一种可能关系是，一个群体以暴力或威胁来使另一个群体就范。

谴责系统之下的这个虚构能够发挥的最佳正面作用是，为这两种可能性架起桥梁，不断为审思共同体吸纳新成员。另一方面，这种虚构也可能起到多种坏作用，例如，促使人们产生误解，把他们自己的恐惧与愤恨——他们产生这些感情很可能是正当的——误解为法则的宣告。

审思共同体这一虚构是道德系统的正面成就之一。这里，以及在其他一些虚构那里，有一个真实的问题：我们若明白了这个虚
194 构是怎么起作用的，它还能不能继续起作用？这个问题背后是一个远为更加巨大的问题：我们若以反思的、非神话式的方式理解我们的伦理实践，那么，在这种理解的光照之下，哪些东西需要并能够重建起来？有一点是肯定的：谴责这种反应，以及更广泛说来，人们对他人的负面伦理反应的种类和方式会发生改变。在我看来，道德系统将不再有助于人们以可欲的方式做出负面的伦理反应。原因之一是道德把过多的压力压到自愿性上。

谴责机制在一定程度上是以前后一致的方式起作用的，之所以能够一致，因为它所做的不像道德要求它去做的那么多。我们问：某人做某事是否出于自愿，这大致是在问：是否真是他采取了这种行为，他是否知道他在做什么，后来发生的事情的这个方面那个方面是否是他有意造成的？这种问法是连同行为者的性情一起来问的，但并不提出他是否有选择另一种性情的问题。谴责系统大多数时候密集聚焦于某项个殊行为的周边条件；它之所以能这样做，因为它不是单独起作用的。它周边还有很多其他的活动，鼓励与遏制，接受与拒斥，这些活动作用于欲望和性情，塑造它们以使它们合乎伦理生活的要求和可能性。

道德忽视这些周边活动，眼中只见聚焦的、个殊化的判断。道德内部有一种压力，要求我们去找出纯粹自愿的东西，把性情以及心理决定或社会决定统统抛开，然后把纯粹自愿的因素分离出来，以便把谴责与责任只施加于行为者自己做出的那部分，不多也不少，从而做到终极的公平。以为我们能满足上述要求(与之对照的是对自愿性的不那么雄心勃勃的要求，它大体上把性情视作给定的东西)，那是一种幻觉。差不多人人都知道这个事实，因此我们很难相信必须刻意否认这个事实的系统能有长久的未来。但只要道德系统还在，承认这个事实就有危险，因为依照这个系统，能够取代理性谴责的，我们只剩下这种那种劝导，而道德系统原则上不承认这些劝导形式与强力和束缚有什么区别。

道德总是把两个极端选择摆到我们面前，可说实话，几乎所有值得去过的人生都处在两个极端之间。道德一味强调一系列对照：强力与理性、劝导与理性说服、羞耻与罪感、不喜欢与不赞成、只不过拒绝而已与谴责。引导道德去强调这些对照的是一种总体 195
态度，我们可以给这种态度贴上个标签：**道德纯粹性**。道德纯粹性坚持把道德意识从其他种类的情绪反应或社会影响抽象出来，这样一来，它不仅掩盖了它用以对待共同体中不正常成员的手段，而且也掩盖了这些手段的德性。它会掩盖这些手段的德性，这不足为奇，因为这些德性只有站在系统之外才看得见，只有从能够赋予道德系统以价值的视角才看得见，而道德系统却拢合于其自身，它必定会认为，把道德本身的价值之外的任何价值应用于这个系统是一种不大正派的误解。

道德纯粹性本身表现了一种价值。它表达了一种理想，在康德那里，再一次，这种理想呈现出最绝对的形式，同时也是最动人的形式：人类生存可以达到终极公正。人的优势，人的可羡品质，落在这些人身上而不是那些人身上，多数情况下，即使不说不公平，至少说不上公平，而有时不过是有人比较幸运罢了。道德所怀的理想，道德理想，则是超越于幸运的价值。因此，它必须落在任何经验决定性之外。它必须落在努力之中而非成功之中，因为成功多多少少要靠运气；不仅如此，体现道德价值的努力是另一个层面的努力，因为在通常层面上，做出努力的能力本身有可能是种幸运。还有，这种价值必须是至高无上的。你可能在尘世意义上不幸福，没才能，性情糟糕，不受待见，但道德价值可不能只是作为补偿为你颁发了安慰奖。在终极意义上，道德价值必须是唯一要紧的价值。

这在某些方面像是宗教观念。但它又不像任何一种实际的宗教，尤其不像正统基督教。基督教的神恩教义意味着不存在一条人能够计算清楚的道路，从道德努力出发到达救赎；救赎处在劳绩之外，人的努力，甚至人的道德努力，并非上帝之爱的量尺。[20]而且，当基督教说终极要紧的是救赎，它设想人人都看得出是否得到救赎是有区别的，都看得出那是**唯一要紧的**区别。现在，人们从一种特定的立场出发，认为纯粹道德价值有其价值，而由之获得这种认识的那个立场，再一次，只是道德自身的立场。它唯有通过内转依靠自身才有望超越幸运。

庸俗马克思主义会把道德理想看作只是某种非尘世的意识形
196 态而已。与这种看法相反，道德理想毫无疑问起过一定的作用，给这个世界带来某种实际的公正，把能量和社会机会调动起来去具体地补偿坏运气。但若以为有一种超越一切运气的价值，那只是幻觉，我们也不能继续从这种想法那里汲取信心来制定政治目标。但再一次，把道德视作意识形态这种认识也帮不上我们。它只是促生这样的想法——这种想法总有一批贪婪的拥护者——上述幻觉消失之后，就不可能再有言之成理的社会公正，剩下的只是效率，或权力，或无可补救的运气。

道德之中织入了很多哲学错误。道德误解了义务，看不到为什么义务只构成伦理考虑的一种形态。它误解了实践必然性，认为它是伦理领域所特有的。它误解了伦理实践必然性，认为它单单属于义务。除了所有这些，道德还让人认为，在十分特殊的义务之外，剩下的只有偏爱；在道德的完完全全的自愿性之外，剩下的只有强力；在终极的纯粹公正之外，就没有公正。这一切背后，是对生活的误解，根深蒂固且至今仍十分强大的误解，上述哲学错误只是以最抽象的方式表达了这些深层误解。

补　　论

197 本书的论证不断回到两种张力。从哲学问题及其核心兴趣着眼,存在着古代与近代的张力。在实际生活中,是反思与实践的张力。我曾提示说,比较起大一半近代道德哲学,在某些基本方面,古代世界的哲学思想来得更好些,所问的问题更有意义。虽然它也关心怎样去限制某些物事,例如,希望减少运气对人生的影响,但它通常不像近代哲学那么执迷于这个方面,那么一心一意把理性强行贯穿于还原式的理论之中。不过,有些古代哲学家对哲学曾经抱有的希望已成明日黄花,哲学思想现在面对的世界已经不可逆转地是另一个世界,不仅有别于古代世界,而且也有别于人类曾尝试生活在其中并在其中使用伦理概念的任何一个世界。

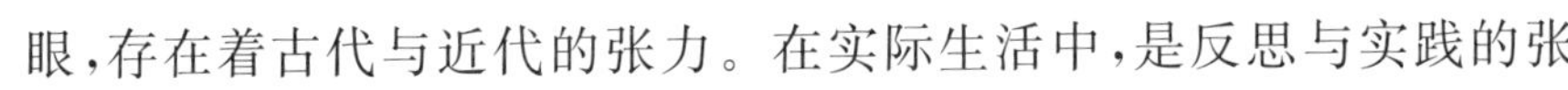

多数近代道德哲学的资源没有随着近代世界得到恰当的调整。我尝试表明,这一部分是因为它们过多地而且过于浑然不觉地被羁绊在近代世界之中,不加反思地诉诸理性的管理观念。另一方面,它们又没有充分涉入近代世界——突出的例子是各种接近康德的道德哲学形态;它们被理性共同体的梦想支配,如黑格尔所言,远离社会—历史现实,远离个殊伦理生活的具体意义——它们离开这些物事那么远,在有些方面比它们所取代的宗教还要远。
198 道德哲学的这些形形色色版本共同拥有一种错误的想象——关于

反思怎样联系于实践的错误想象，关于理论的错误想象，于是，那些形形色色的版本枉费心力去不断精雕细琢它们之间的差异。

在这些很新的境况下，很老的哲学可能比近代的新哲学为我们提供更多的东西，这并没有什么悖谬之处；我们可以讲述一个历史故事来表明内中缘由。这个故事会讲到基督教的到来和离去（这有助于说明为什么古代世界也许比它看上去靠我们要近）以及启蒙运动的失败（这使得它的那些最有代表性的哲学几无益处）。在得到这般结论的论者当中，有些人，也许多数人，认为这般结论意味着启蒙运动的诸种价值的破灭——尼采（就这一刻画对他适用的那一部分而言）是个突出的例子。另一些论者，如很多黑格尔派，则以保守方式来解释这些价值。我不认为我们非得追随他们不可。的确，对自由和社会公正的敬重，对压迫性的、欺骗性的制度的批判，要成就这些，今天也许并不比以往来得容易，很可能来得更困难，但我们不一定要认为我们没有任何思想观念来为它们开辟一片基地。抽象的伦理学理论声称只有它能为这些思想观念提供智识环境，但面对这样的声称，我们不能让步。

这本书主要探讨的是事情是怎样的而非事情可以怎样，我所表达的希望眼下还只是些希望。这些希望依栖于一些预设，有些人会认为过于乐观的预设。这些希望可以浓缩为对三件事情的信念：相信真理、相信诚实、相信个体生活的意义。我将逐一简论这三点，以此结束本书。

我前面曾主张，至少自然科学能够获得客观真理。有些论者否认这一点，这是错误的，这个错误突出地表现为一套关于安慰的错置的说辞。他们说，那些相信科学可以告诉我们世界真实所是的人抱着对科学的迷信不放，那不过是出于一种绝望的信仰，相信还残留着一点儿坚实的东西。但我们同样可以说，人们会在相反的方向上寻求安慰：有些人相信他们据有知识或理性实践，但与科学比照，这些东西显得颇为孱弱，这时，如 17 世纪曾发生过的那
199 样，针对科学的怀疑论给他们带来了温暖。近代科学是绝对认知所应是的东西，这个想法有可能让人坐立不安，而把科学说成只不过是另一套人类习俗，或不过是在处理另一套文本，这可以让人长舒一口气。

关于是什么提供了安慰或夺去了安慰，我们可以随便在哪个方向上提出自己的主张，这些主张哪一种都毫无意思。有点儿意思的而且也许跟安慰或乐观有点儿关系的是：客观真理的概念在多大程度上可以延伸到社会理解上。我在第八章说到，社会理解无须努力加入自然科学的行列去提供对世界的绝对认知，但我们若有望实现更好的自我理解，我们就需要某种反思性的、能够赢得不带成见的共识的社会知识，包括历史学在内。我们需要这种知识，这样我们才能实现这样的批判——这种批判要能在伦理层面上提供对种种制度的识见：说明它们是怎么运作的，尤其是能够说明这些制度怎样产生出对它们自身的信念。我们在讨论积极的伦理学理论时已经有好几处提到一个要点，现在值得加以重申：这样的理论不可认为它用不着拥有这样的社会理解，或认为只要站稳了纯粹的道德主义立场它就无须提供这一类说明。它需要这种理解来回答它到头来无法回避的关于它自身的问题：它与社会生活是怎样联系的？它在社会层面和心理层面上怎样与实践相联系？

它可以期望通过哪些方式把它自认为拥有的理性权威转变为力量？

接下来说说诚实。对诚实抱有希望根本上是说：伦理思想应经得住反思，其建制和实践应该可以成为透明的。我曾试着说明，为什么伦理思想绝无可能完全是它似乎所是的那样。即使伦理思想能据有坚实的基础来确定良好生活的观念，其结果如何，还是只能靠证成一种**接受某些伦理陈言的性向**，而不能靠直接显示这些陈言的真理性：但对于那些已经接受了这些陈言的人来说，这却不是自然而然出现的情况。何况，我们不大可能建成这种基础。

的确，伦理思想永远不会完全如其所是的那样显现出来，永远不可能充分显明它依栖于人的性情这一事实，不过，这一点在伦理 200
思想的某些情况下会对反思产生更大的阻碍。造成差别的事情之一是：伦理生活在何种程度上仍能依靠我称之为厚实伦理概念的东西。厚实概念的确可能被反思动摇，但它们仍可能在一定程度上经受反思而存续，就此而言，尽管现代生活对伦理判断的真理性展开了普遍的、结构性的反思，运用厚实概念的实践，比较起不运用它们的实践，还是来得稳定些。运用那些概念所做的判断可以直截了当地为真，与此相应，运用那些概念的人将会尊重合乎那些概念的主张。

我希望我已经清楚地表达了这一点：透明性的理想，以及我们的伦理实践应经得住反思这一希望，这些并不要求完完全全的明述性，也不要求反思立意要把一切都同时晾晒出来。无论在个人层面上还是在政治层面上，这些要求都基于对理性的误解。关于个人实践有这样一种想法：应当把我的所有计划、目的、需求都造做成明白表述的、直截了当的**为了**我的考虑。我们必须拒绝这条思路造就的所有模式。我必须**从我是什么样的人出发**开始审思。诚实同样也要求信任这样的审思，而不是执拗地要去消除这样的审思，那原注定是无果之举。

我们要诚实地面对既存的自我与社会，这该怎样与反思、自我理解和批判结合在一起？这个问题不是哲学本身所能回答的。这一类问题只能通过反思着的生活得到回答。发现答案，或营建答案，这些都只能是个人生活和社会生活过程的结果；从根本上说，生活过程不可能事先把答案表述出来，除非这种表述来得十分宽泛。在这个过程中，哲学可以做出一份贡献，就像哲学在确定这个问题时做出贡献那样，但哲学无法取代这个过程。正是由于这个缘故，只是出于错误的理解才会问出除了理论家已经提供的表述之外“还有什么别的可能”这样的问题。伦理理论家常常这样问，他们的意思是：在他们的表述之外，我们还有什么可能的表述——无论是关于答案的表述还是关于能启发我们找到答案的过程的表述；然而，别无可能的表述了。也有可能会出现对真实问题的答
201 案，那的确会是他们的表述之外的一种可能选择；但他们对何为答案有一种特定的要求——它须是哲学的一部分，而现在出现的这种回答不是以他们所要求方式出现的。在他们看来，如果拒绝了他们的表述，我们就**什么都没有了**；这个看法采用了一种十分奇怪的眼光来看待社会生活和个人生活中有哪些东西是些东西。

我谈到的这种种希望都带着一幅图画作为背景，而这幅图画的确要求——最终得要求——有那么一些个体，他们禀有脱俗的性情，特立独行。（我在第一章说过，这并不意味着我们一定要追

随希腊人——他们偏爱从一个角度来看待人生传记，即把完整的自然生存视作伦理的基础。）在一个意义上，个体的优先性，个体性情的优先性，是一条必然真理，至少在克隆、共享脑存储（pooling of brain stores）以及诸如此类的剧烈技术改变到来之前是这样。无论极端的结构主义者在对社会进行描述的时候都会怎么说，但在我们所说的意义上，就连他们也认为，有那么一些个体，他们培植出某些特定的性向和目标，通过他们的行为表达出来。如果结构主义者是对的，那么，这些人的性向将会更多是由阶级之类的社会因素所决定的，其内容将更加单一，而不像传统上所认为的那样更多从个体自身得到理解。但结构主义的这些主张不能否认性向的存在以及它们的因果作用。如果社会结构不是通过某些青少年的欲望和生活习惯呈现出来——无论这种呈现多么混乱或含混——就没有哪一套社会结构能够驱动青少年在足球赛场上闹事斗殴。在这个意义上，社会生活或伦理生活必定存在在人们的性向之中。把这个社会跟那个社会区分开来的，是不同的性向内容——它们的可理解性，以及它们的个殊程度；造成对现代社会的不同解释的，也是不同的性向内容。

上面所说的个人主义还是形式上的；但若与社会计划和社群仪式对照来讨论伦理思想特有的内容，那么，我们肯定还必须有一种不那么形式性的个人主义；着眼于我在这里所表达的这些希望，显而易见，事关紧要的是一种更实质性的个人主义。这也是本书其他一些论述的关键点，例如，在我论述义务只是种种伦理考虑中的一种的时候，在我论述实践必然性的时候。我的第三个乐观的信念是：饶富意义的个体生活有可能继续存在，这样的个体并不拒

202 斥社会，实际上，他相当深度地与他人共享对世界的感知，但同时，无论从他深深埋藏的混沌无序来说，还是从他清明有序的意图来说，他都不同于他人，足够不同，从而，**他就是他**。哲学可以协助造就一个社会，使得多数人能够在其中过上这样的生活，即使哲学自己还需要学知怎样才能更好地从事这项工作。有些人甚至可能借哲学之助过上这样一种生活——但不是像苏格拉底设想的那样，并非每一个反思的人都要借助哲学过上这样一种生活，也没有谁需要从根基处开始去过这样的生活。

文本评述

A.W.摩尔/文

导　　论[1]

人们普遍认为《伦理学与哲学的限度》是伯纳德·威廉斯最伟 203
大的著作。它也确实堪称其道德哲学观念的核心经典。威廉斯自20世纪60年代早期开始在这个领域撰述，在一段时期里，这个主题陷入关于道德语言的抽象的二阶争论之中，例如：说某人"你这种做法应受到谴责"或诸如之类的道德指责行为是否包含真正的论断。威廉斯热切地努力与激活我们的日常伦理经验的那些真实关切重新建立联系。从很多方面看，《伦理学与哲学的限度》都是这一事业的顶点，在这里，他的长期努力取得了惊人的成功。它令人钦佩地表明了道德哲学可以取得多大的成就。这样来看，下面这个事实包含着一种深刻的反讽——本书的一大主题（如书名的后一半部所告示的）是道德哲学所能成就的是多么少。具体言之，道德哲学所不能提供的，恰恰是人们也许一直期望它提供的：一种可用以指导伦理推理的理论。我们的伦理推理已经从别处获得了指导，而道德哲学所能做的是协助我们对这些推理获得自我理解。这就是说，它能够有助于提供对活生生的伦理经验的批判。而这

（如本书标题的前一半所暗示的）正是威廉斯在这些篇章中要做的工作。

204 威廉斯借本书的“序言”和“补论”从不同方面反思了他所成就的东西。在这两处，他都格外关注一种看起来悖谬的情况：虽然他认为“现代世界对伦理思想的需求是没有前例的”[第 v 页（“文本译述”所涉及页码为原书页码，即本书边码，全文下同——编者）]，但他也认为，要满足这些需求，现代伦理思想的资源不如古代伦理思想的资源充足。这是他在前言中提出的两个主要论点中的第一个。另一个论点谈的是风格，即他这本书大致可以被称作一部“分析”哲学的著作。倒不是说他很在意这一点。如他接下来提到的，他更在意的是他这本书是否具备分析哲学最为自诩的优点：明晰。它确有一种明晰性，但这种明晰并不就使得此书易读好懂。威廉斯从不饶费口舌去讲那些显而易见的事情；有些东西，他认为已经蕴含在他说过的东西里了，他很少再去把它们明述出来。故此，威廉斯的著述密度极高。它把巨量的工作留给了读者。它的明晰性在于其内容：它是一种理解的明晰性，读者的工作最终将因明晰的理解得到回报。

威廉斯在“补论”中写道，他在本书中所表达的希望“可以浓缩为对三件事情的信念：相信真理、相信诚实、相信个体生活的意义”。（第 198 页）他接下来说明了这些话的意思。他所希望的是：首先，他致力于促进的那种自我理解会是完完全全依据于真相的，特别是依据于关于我们的社会生活和历史生活的真相；其次，我们的伦理经验能够经受得起这种自我理解，即使这种自我理解表明我们的伦理经验并不像它似乎所是的那样；最后，如果我们的伦理经验的确经受得住这种自我理解，那么，这将使得个体能够自由地在自己的生活中领会生活。尽管威廉斯对哲学的力量抱持怀疑，本书仍然是对实现所有这三种希望的一大贡献。

第一章　苏格拉底问题

威廉斯从一个问题开始。在柏拉图的《理想国》里，是苏格拉
底提出了这个问题，[2] 他于是把它称作苏格拉底问题。如苏格拉 205
底所说，这可不是个无足挂齿的问题，这可是**人应该怎样生活**的
问题。

威廉斯一开始就指出，在这个问题上，我们对哲学的期望应该是多么少：我们肯定不应该期待这个问题有个答案。但哲学有可能帮助我们理解这个问题。相应地，第一章的很大篇幅致力于考察苏格拉底问题，尤其是致力于确定它有多少预设。在威廉斯看来，它的预设很少，适合成为道德哲学的最佳出发点。但威廉斯坚持认为它并非没有任何预设。它的一个预设当然是，我们可以在这样高度一般的层面上恰当地讨论怎样生活的问题——如果不能说它预设了什么是“人之为人的正当生活”的话（第20页）。

然而，苏格拉底问题**并未**预设的事情之一是威廉斯所称的“道德”——伦理思想的一种特殊样式。威廉斯在最后一章回到道德上，并把它视作现代世界的一个无处不在而又有害的特质。固然，“伦理学”不过是道德哲学的另一个名称，因此，探讨苏格拉底问题的各种样式的进路都与它相关；但威廉斯通过区分“伦理”和“道德”表明了一种有益处的对照，依照他的用法，“道德”是使用某些

特点十分鲜明的概念工具来探讨苏格拉底问题的一种特殊进路。[3]这些工具中最基本的两个，一是纯粹自愿行为的观念，一是道德义务的观念。道德系统把苏格拉底问题解释成这样一个问题：什么样的纯粹自愿行为是有某种道德义务去履行的，又有什么样的纯粹自愿行为是有某种道德义务去避免履行的，这里，道德系统把道德义务视作一种盖过其他任何考虑的无法逃避的要求。

威廉斯对这两个观念都提出了挑战。他认为，“纯粹”自愿行为的观念，以及道德进路的概念工具箱里与之相关的所有其他观念——责任、罪感、指责，诸如此类——都是“一种幻觉”（第196页）。而且他对在道德义务观念中发现的强求和傲慢感到愤懑。威廉斯强调，**一切**种类的考虑都能够用来回应苏格拉底问题，而非

206 只有义务方面的考虑。它们包括例如总体福利的考虑以及美德的考虑这些不同类型的伦理考虑。而且它们还包括非伦理的考虑，例如美学的考虑，实际上还有自利的考虑。

我们也不应当认为，无论伦理考虑还是非伦理考虑，它们最终都能够各自被还原成一种基本类型。本章的一个基本主题就是，对苏格拉底问题的任何现实主义的回答都必须反映生活本身的多维交织的复杂性。

第二章　阿基米德支点

上面提到了“伦理的”考虑和“非伦理的”考虑。威廉斯本人就使用这组语词；他刻意不去明确界定这组对照，在他看来，这组对照是直觉上的，含糊的。关于这组对照，眼下要说的重点是，伦理

考虑——它们是涉及我们在社会中与他人共同生活的情境的考虑，包括公正的考虑和相互尊重的考虑等等——有时会与浮面的自我利益的考虑相冲突。[4]

这就意味着，如果我们的确能用它们（伦理考虑）来回应苏格拉底问题，就必定有如何为这种考虑辩护的问题。本书下面五章正是依循这个问题安排的。然而，在讨论这个问题之前，我们必须澄清我们对辩护究竟能期待些什么——不管所提供的是何种辩护。特别是，威廉斯说，我们必须澄清以下几点：

1. 辩护是针对什么给出的；
2. 辩护是向谁给出的；
3. 辩护是从何处给出的。

威廉斯这里是在回应他在道德哲学那里经常看到的惊恐。这种惊恐由两个要素合成。一个要素是这样一种确信：如果某人是完全非道德的，就是说，如果他完全不为伦理考虑所动，[5] 我们应当有可能通过给予他一种有适当说服力的**论证**来使他得到矫正，而道德哲学的任务正是要提供这种论证。产生这种惊恐的第二个 207
要素是对道德哲学提供任何此类论证的前景感到绝望。威廉斯分享这种绝望，但不接受那种确信。换言之，他同意道德哲学无望提供任何这样的论证；但他不同意道德哲学的任务是去做这件事情。这是他对哲学能够产生这类效力抱持怀疑论的又一个例子。分享这种确信（认为道德哲学的任务**正在于**提供这种论证），大致相当于认为对伦理考虑应当能提供这样一种辩护：这种辩护**针对**非道德论，**向**非道德论者给出，**从**某种阿基米德支点**出发**，也就是从我们可以期望非道德论者自己也会分享的一组假设出发。

威廉斯的期望则较为节制——如果不是较为节制，那也肯定有所不同。他要为伦理考虑寻求的是这样一种辩护：它能够**针对**非道德论者给出；但不是**向**非道德论者给出；因此并不必定要**从**阿基米德支点**出发**。他所寻求的是这样一种辩护，这种辩护能够向这样的人给出——对他们来说，伦理考虑已经具有某种效力了。换言之，这里的着眼点不在于**劝导**任何人去做任何事，而在于促进自我理解，在威廉斯看来，这种自我理解才是道德哲学的真正任务。

辩护并不“必定”要从阿基米德支点出发。如果我们并不期望把辩护用作转变信念的工具，当然也就不能用同样的道理来要求我们努力从非道德论者会共享的假设出发来进行辩护。即使这样，这个要求仍有**某种道理**。因为，辩护所依赖的预设越弱，它就能越深入地促进自我理解。

这一切都没有问题；但这些预设可以弱到什么程度？从阿基米德支点出发是可能的吗？威廉斯在第二章中并未回答这个问题。他在本章最后所做的只是指出，**假使有**阿基米德支点，它必须在哪里：“在理性行为的观念中”（第 28 页）。接下来两章探讨了从这样的支点出发的两种最著名的尝试，实际上也是两种最好的尝
208 试：一种是亚里士多德的尝试，他的理性行为观念是比较丰厚比较确定的；一种是康德的尝试，他的理性行为观念是尽可能薄瘠和抽象的。如果这两个尝试都不成功，那么从阿基米德支点出发为伦理考虑提供辩护的计划，或者用威廉斯的另一个说法来说，“自下而上”（第 28 页，第 202 页）的计划，就必须被摒弃。

第三章 基础：良好生活

上一节的开头就曾经提示，伦理考虑有时候会与表浅的自利考虑发生冲突。对亚里士多德来说，“表浅”是个有实际功能的(operative)词。按照亚里士多德的观点，依伦理考虑行事，就是依**真正的**自利行事，或曰，依**最根本的**自利行事。

为什么人们会认为伦理考虑与自利的考虑最终是吻合的，这有各种各样的理由，他们可以用其中任何一个来表明依伦理考虑行事是理性的；换句话说，他们可以在从上一节最后所描述的那类阿基米德支点出发援引其中任何一个理由来为伦理考虑做辩护。例如，他们可以声称，那些不按照伦理考虑行事的人将会受到神的责罚。不过，对亚里士多德来说，伦理考虑与合理性的联系要比那更为深入。他认为，依伦理考虑行事，或像他会说的那样，以有德的方式行事，这本身就是内在地理性的，因为这使得一个人的所欲所感所为获得最大程度的一致；这符合一个人的自我利益，因为人类幸福最根本的要素就在于理性的生活，这种理性的生活把人类与其他动物从本质上区分开来(所以，在某种意义上，亚里士多德认为，有德地行事既是理性的，因为如此行事符合一个人的自我利益，又是符合一个人的自我利益的，因为它是理性的)。

正因为亚里士多德以与威廉斯一样的方式看待伦理学的主要
辩护任务——就好像是对已皈依者布道，对于那些对他们来说伦 209
理考虑并无效力的人，他无可奉告。他**对**他们无可奉告。但他需要**就**他们说点儿什么。用威廉斯的话说，他需要提供“**一种关于错**

误的理论，它实质性地说明人们怎么一来就会认识不到自己的真实利益”（第43页，黑体是我加的）。亚里士多德从培养（upbringing）的角度提出这种说明。对亚里士多德来说，缺失正确的训练，就不可能成为有德的——理性生活的其他特质（例如识字和计数）也是如此。那些其培养过程中缺失了正确训练的人养成了追求快乐的不良习惯，这些不良习惯败坏了他们的判断。

威廉斯不为这种说明所动，这很大程度上是因为他不为这一说明所据的目的论所动——这种目的论使得谈论人类良好生活的最基本的因素成为恰当之举。威廉斯也怀疑任何现代科学的发展——例如进化论生物学或心理学中的发展——是否能够用来弥平这个鸿沟。他确实认为亚里士多德的图景提供了某些有活力的洞见，其中特别包括：无论伦理考虑具有何种效力，这种效力都是从表达在人类性向中的人性中获得的。但是，如果没有根底下的目的论，这一点并不足以确定那些考虑会是什么。人性受制于形形色色的社会和历史条件，并在形形色色的性向中表现出来。这些性向可用来支持许多不同的伦理观，其中有些观点是相互排斥的。（威廉斯在关于相对主义的倒数第二章中更多地谈到这一点。）重复一遍前面引用过的话，并没有“人类本身的正确生活”这回事。

第四章　基础：实践理性

在拒斥了亚里士多德从阿基米德支点出发为伦理考虑所做的辩护尝试之后，威廉斯把目光转向康德。康德同样希望表明依伦

理考虑行事——或者用他的话：出于义务行事——是理性的。但
与亚里士多德不同，他主要并不是从人类良好生活的角度来理解
这一点。他把理性行为的观念本身作为他的出发点，完全不考虑 210
人类——不管是作为物种还是作为个体——可能倾向于欲求什么
或感受什么。康德争辩说，被伦理考虑激发是一个人作为一个理
性行为者的前提条件。

威廉斯看到沿着这些思路展开的论证有**某种**希望。更具体地说，他看到这个论证中的这一思路——一个人珍视他自己的自由乃是他作为一个理性行为者的前提条件——有某种希望。但那不足以达到康德的要求。珍视一个人自己的自由并不等于被伦理原则激发（它并不等于珍视任何其他理性行为者的自由）。康德怎样迈出这额外的一步呢？

康德的办法是把**一切**都抽象掉，只留下理性行为者的理性能动性。康德认为，如果一个理性行为者要忠实于他自己的本质，他就必须根据**纯粹的**理性能动性（“纯粹实践理性”）的原则行事。这就是说，他必须根据适合于调节**所有**理性行为者的行为的原则来行事。这确实要求他珍视自由，而且实际上就是珍视合理性；但并不是他自己的自由，也并不是他自己的合理性；而毋宁说是自由和合理性**本身**。他必须为着他们本身的缘故而珍视所有的理性存在者。如康德所言，“一个理性存在者必须总是把自己当作目的王国的立法者”，这里所谓“目的王国”，他指的是被当作目的本身的理性存在者的一种由法则支配的联合。[6]

对康德来说，在这个方面，行为是与思想类似的。除非一个人与适合于调节**所有**理性思想者的思想的原则相一致地思想，他就

不是在理性地思想。因此,认为一个对象的真正的颜色就是一个人最初看到的颜色,这就是非理性的。这就留下了这样一种可能性,一个人最初看作黄色的一个对象,在不同的照明条件下,最初被另外某个人看作是橙色的。(它的真正的颜色不可能**既是**黄色的**又是**橙色的。必须有某种原则性的方式来在这些冲突的表象之间做出决定。)

威廉斯认为康德的进路中的错误恰恰在于行为与思想之间的这种类比。对威廉斯来说,行为与思想在这方面**并不相同**。除非
211 一个人以一种有助于相信真相的方式思想,否则,他就并不是在理性地思想,在这里,一个人信之为真相的东西与其他任何人信之为真相的东西是一样的。但是一个人可以通过按一种有助于满足他的欲望的方式行为,从而理性地行为,在这里,一个人当作满足他的欲望的东西可能与另一个人当作满足他的或她的欲望的东西截然不同,甚至两者可能互相冲突,而这个人仍然是在理性地行为。在威廉斯看来,康德从一个阿基米德支点出发为伦理考虑进行辩护的尝试并不比亚里士多德更为成功。

第五章　伦理学理论的类型

从某种与阿基米德支点不同的东西出发为伦理考虑进行辩护的事业也许仍然是有某种真实前景的。例如,也许有可能把伦理考虑能够具有的那种效力视作当然之事,从而为某些**特定的**伦理考虑做辩护,表明它们优于其竞争者。而且也没有什么理由认为,亚里士多德式的和康德式的辩护——就其本身而言它们也许都已

经失败了——不可以在提供这种辩护的过程中加以利用。(因此，虽然也许并不存在康德所设想的那种理性的要求——我们在审思怎样行为的时候必须引入一种无偏私性，这种无偏私性等同于我们在审思怎样思考的时候所引入的无偏私性——然而，也许有一种**伦理上的**要求，要求我们在审思怎样行为的时候引入一种无偏私性。)这种辩护要采取的最明显的形态就是一种**伦理学理论**的形态。威廉斯在第五章和第六章里追问是否有可能获得伦理学理论这类东西，在这一过程中，他不但讨论了伦理学理论这个观念，而且讨论了实际上已经被提出的某些伦理学理论——其中包括功效主义的一个版本，它与亚里士多德主义和康德主义相连，常常被当作在道德哲学中占据支配地位的一个辩证的三角形的第三个顶点。

威廉斯把伦理学理论定义成“关于什么是伦理思考和伦理实践的理论阐论，这种阐论或者意味着存在某种一般的检测，可用来确定基本的伦理信念与原则是否正确，或者意味着不存在这样的一般检测”(第72页)。这个析取定义相当奇特，其理由在于这两 212
类阐论都是要基于哲学理据告诉我们在伦理领域应该怎样进行思考。人们也许会认为只有第一种阐论是这样做的。但请考虑一下第二种阐论(按照这种阐论，不可能有基本伦理信念和原则之正确性的检验量尺)；再考虑一下这种阐论的起限定作用的论据会是什么。它会是这样一种观点：“伦理立场无非在于选择一个立场然后抱住不放”(第74页)。就连这种观点也同样要基于哲学理据告诉我们在伦理领域应该怎样进行思考。它告诉我们，“在伦理领域我们实在没什么很多可思考的”(第74页)。

相反，威廉斯希望对何谓伦理思想和实践给出一种阐论，依这种阐论，我们确实能够在伦理领域进行思考，以各种各样的方式进行思考，但是“**哲学**并不能确定我们应当怎样进行这种思考”（第74页，黑体是我加的）。就如同他怀疑上文所见的亚里士多德和康德所从事的建基事业能有希望获得成功，他也怀疑能有希望建成一种健全的伦理学理论。

威廉斯在第五章中投之以怀疑目光的伦理学理论的两种类型分别是契约论和功效主义。契约论是康德主义的近亲，它认为伦理学理论关注的是知情的和不被强制的人众能够达成的协议。功效主义则坚持，伦理思想关注的是福利及其最大化。这两种类型的理论都为进一步细化留下了很大空间（例如在功效主义那里，要按照福利最大化来评价的是个体的行为，还是规则、实践抑或制度，以及福利究竟如何界定，这些问题都悬而未决）。威廉斯集中讨论的契约论版本和功效主义版本分别是罗尔斯的和黑尔的版本，它们都是特别清楚有力的版本，因此，它们是理想的而非稻草人式的靶子，正适合威廉斯用来表达他对两种类型理论感到的不安。

第六章　理论与成见

213 现在让我们转向伦理学理论的观念本身。正如已经表明的，这是威廉斯本书的主要标靶之一。

这样一种理论能够具有什么样的权威？它必须对谁负责？首先，它必须对我们拥有的直觉负责（例如，关于在各种情形中怎样做是可接受的怎样做是不可接受的直觉)。这并不是要否认一种伦理学理论最终能够被用来批判和代替我们的某些直觉。实际上,这样一种理论被期望去发挥的一个作用就是消除我们的直觉之间的冲突,用其中的某些直觉压倒另一些直觉。然而问题在于,除非把某种一致的、可控的结构,一种尽可能保护更多直觉的结构,强加给我们的直觉,否则就没有一种伦理学理论能够做到这一点。

除非以这种方式,不然没有一种**伦理学理论**能够发挥这种作用。不过,另有消除我们的直觉间的冲突的其他较少一贯性的方式。例如,在每一次出现某种特定冲突时,我们可以直接行使我们的判断。伦理学理论并不能单凭其消除冲突的能力就声称它们拥有独特的权威。那么,它们的这种假定的权威是从哪里来的?基本上来自于威廉斯所谓"对理性的理性主义认知"(第 18 页)。这是在把一种公共生活的理想应用于个人审思,通过这种应用,"原则上每一个决定……都要基于能够以说理方式得到说明的理据"(第 18 页)——当我们只是通过在某个特定的场合行使我们的判断而做出决定时,就不能实现这种理想。但是为什么我们就应该许可把这种理想应用于个人审思呢?它不是在鼓励我们追求一种观念的有序化、系统性和经济学吗?而这完全不适宜于真实生活中的个人审思的复杂性。而且不管怎么说,这种理想为直觉本身增加了什么内容呢?如威廉斯在别处坚持认为的,"作为一个理由,'你不能杀他,他还是个孩子'比任何有可能作为一个理由提出的理由都更有说服力"。[7](参见第 113－114 页)

的确,对我们来说,对我们的直觉进行反思是重要的。一旦我

们这样做了，我们就有可能发现某些直觉是非理性的成见；但这里
214 的非理性在于它们基于自欺或社会的欺骗等等，而不在于它们与我们建构的某种伦理学理论相冲突。得出一种理论并不是对反思的要求。说到这一点，我们也不应该在我们的伦理看法中赋予由反思产生的看法以格外的权重。

功效主义者有一种声名狼藉的做法：在我们的伦理看法中格外看重那些由反思产生的看法。说它“声名狼藉”，是因为它是功效主义理论的一个既广为人知又招人反感的特质——这一理论**加剧了**我们的伦理看法中那些反思的部分和非反思的部分之间的不和谐。[依它的较不令人反感的形式，这种对照是我们在不同时间所具有的不同观点之间做出的：也就是反思的“冷静时段”和活跃期之间做出的。依它的更为令人反感的形式，这种对比是在我们中间的不同团体具有的不同观点之间做出的：也就是反思的精英和其余人众之间做出的。后一种形式就是威廉斯所谓的“议院功效主义”（第 108 页）。]功效主义之所以具有这种特征是因为有利于它的那些直觉本身——功效主义的鼓吹者把这些直觉看成启蒙反思的产物——提供了一个理由，去保护和鼓励非反思层次上的非功效主义思考：这是因为，按照不是把福利最大化的方式行事，人们更有可能在那个层次上把福利最大化。

在第六章的最后，在威廉斯关于哲学伦理学的一般怀疑论的逼视之下，建构一种伦理学理论的想法多多少少破灭了；这种怀疑论，如他在第 74 页所云，“与其说这种怀疑论是关于伦理学的，不如说就是关于哲学的”。

第七章 语言转向

道德哲学中的某些重大争论与价值的形而上学有关。例如，事实与价值之间，事物的不以我们的思想为转移的存在方式与我们投射在其存在方式上的评价之间，是否有某种根本的区分？迄今为止，这些争论一直都处于背景之中。在第七至第九章，威廉斯把它们带到了前台。他在第七章中关心的是，通过使用分析哲学的主要方法论工具——也就是语言分析——我们能够为这些争论 215
带来什么样的洞见。

许多人相信，我们可以在诸如“可恨的”、“份外之责”、“应受谴责的”和“善好的”这样的评价性词汇与诸如“硫的”、“八十多岁的”、“防水的”和“亚麻色的”这样的非评价性词汇之间做出区分；而且，只使用后一种词汇完全不可能定义前一种词汇。摩尔发明的“自然主义谬误”[8] 这个名称，常常用来指要去完成这种不可能完成的事情的误入歧途的尝试。[但正如威廉斯在第121页指出的，“很难想得出还有哪个哲学史上广泛使用的词语像是这么惶然的误称”。这是因为“谬误”通常是指推论中的错误；而一种“自然主义的”观点通常是指这样一种观点，“依这种观念，伦理须从此世的角度来理解，不牵涉上帝或任何先验的权威”(第121页)；但这些都与只用非评价性词汇定义评价性词汇的尝试没有多大关系。]倘若确有这种要引出的区分，我们就可以合理地预期通过关注两种词汇的不同用法获得关于价值的形而上学的大量洞见。

然而事实上，威廉斯认为这是一种前后倒置。在他看来，如果我们在某种程度上多多少少知道我们应去关注的是什么，实际上，如果我们在某种程度上真可以在语言上做出这样的区分，那么，这只是因为我们有某种事涉事实和价值的形而上学区分的识见，因为我们已经能够把这些识见置放到语言之上。“在某种程度上”(in so far as)无论如何是有效力的词组。这是因为，虽然威廉斯自己承认事实与价值之间有某种区分，但那是一种非常微妙的区分，在他看来，我们的语言绝不曾清楚地反映出这种区分。相反，他认为我们的语言通常掩盖起这种区分，并助长了关于价值形而上学(以及更一般地关于伦理的本性)的种种幻觉。

实际上，我们在语言中发现的是大量“混合”词汇，诸如“贞洁
216 的”、“不守信的”、“残暴的”、“骄傲的”。这些词汇代表威廉斯所谓“厚实的”伦理概念。对威廉斯来说，厚实的伦理概念这个观念是特别重要的。厚实的伦理概念**既有**评价性的方面——把这种概念应用于一种给定的情境部分地就是在评价这种情景，**又有**事实性的方面——把这种概念应用于一种给定的情境就是在做出一个判断，如果情境原来不是这样的，这种判断就要接受校正。因此，我说你不守信，我就是在谴责你；但是如果结果证明你事实上并未违背任何重要的约定，那么我就确实是说错了。这并不是说背信这个概念只不过是插着不赞成的信旗的与价值无涉的概念。与已经考察过这些概念的许多人相反，威廉斯坚持认为事实与价值在这些概念中是**不可分离地**缠绕在一起的。为什么表述这些概念的语言提示不出多少藏在下面的形而上学，这是一个原因。

因此，语言分析在道德哲学中的用处是非常有限的。不过它还是有某些作用的。它能够用来提醒我们，我们的伦理生活，就像我们的伦理语言一样，是一种随着时间和群体而改变的复杂的、千差万别的社会现象；而需要对这种变化做出说明的伦理理解因此也“需要一种社会说明的维度”（第 131 页）。

第八章　知识，科学，会同

第八章是本书的核心。正是在这一章中，威廉斯则直接地处理了关于价值形而上学的这些问题（事实与价值之间是否存在某种根本区分的问题，以及类似的问题）。

在某种意义上，这些问题也是关于我们的伦理思考的**客观性**的问题，而威廉斯正是用这些术语提出这些问题的。在他看来，只要我们以现实主义的眼光来看待事情，有一种客观性无论如何都用不到我们的伦理思想上，虽然它确实可以用到我们在其他领域

的思想上。（这与他在前面提出的事实与价值的区分的主张有 217
关。）问题在于这里说的是**哪种类型的**客观性。

“客观性”这个词是以让人眼花缭乱的多种方式被使用的。但是，按照任何一种解释，客观性都与一致（agreement）有某种联系。谈论能否将客观性赋予我们对一个给定领域的思考，就是在谈论我们在该领域中达成原则性一致的前景，或者用威廉斯的话来说，就是我们在该领域的信念上**会同**的前景。这些都没有什么争议；问题在于，威廉斯打算谈论我们在我们的某些信念上会同的前景，而不打算谈论我们在我们的伦理信念上会同的前景，这样说究竟是什么意思？我们将会看到这是一个大费周章的问题。

威廉斯并非主张，我们可以合理地预期我们的有些信念会会

同,但不能合理地预期我们的伦理信念会会同。他更不是主张,我们的有些信念实际上发生会同,但我们的伦理信念实际上从不会同。他的主张也无关乎——**实际出现**会同的时候——相关信念是否配得上“知识”这个称号。必定有关的是对会同的不同**说明**方式——无论那是什么样的会同。根本的对比是在科学与伦理学之间。

威廉斯的立场如下。我们有时候确实在我们的伦理信念上会同,而且那些信念有时候确实堪称“知识”。当所说的信念包含厚实的伦理概念时,就可能发生这种情况。因此,那些使用“贞洁”这个概念的人在一种特定行为是否贞洁的问题上达成一致并无困难,或者说,在知道这一点上并无困难。然而,问题在于在他们最初使用贞洁这个概念时所涉的是些什么。假定这种概念是评价性和事实性的独特结合,使用这种概念就是生活在一个特定的社会世界的题中应有之义,在这个世界中,有些事得到赞扬,有些事遭人厌恶。人们必须生活在**某一个**这样的社会世界中。但正如历史充分证明的,人们必须生活在其中的这种社会世界并非只有一个。他们确实并非必须生活在一个支持贞洁概念的世界中。因此,对于为什么人们在他们关于何谓贞洁的信念上会同的任何良好的反
218 思性说明,都必须包含如下说明:说明为什么他们竟使用贞洁这个概念;说明为什么他们生活在**那样一个**社会世界中。(这就是威廉斯在第七章最后谈到的“社会说明的维度”。)这种说明本身不能援引贞洁的概念,因为它必须从一个外在于所谈论的社会世界的反思的地位出发。因此它不能直接地证明他们的信念为正当。(就是说,它不可能遵照如下格式:“这些人在他们关于 x 的信念上会

同，因为他们能适当地感知 x 的真相。”它不能认为他们是因为他们对于何谓贞洁具有的识见而在何谓贞洁上达成一致。）相反，为什么人们在他们关于特定范围的科学问题的信念——例如关于氧是什么的信念——上会同，对此的一种良好的解释就能够援引在这些信念中起作用的概念本身，而且因此，假定这些信念已经被恰当地得出，这种说明就能够证明这些信念为正当。（它**能够**与上面指出的格式相一致。它能够认为这些人是因为他们在氧是什么的问题上已经具有的识见——由于他们关于氧所做的种种发现——而在氧是什么的问题上达成一致。）

这种立场的一个结果是，不管人们具有什么样的伦理知识，他们都是通过无所犹豫无所旁顾地使用他们厚实的伦理概念而具有这种知识的。通过反思那些概念是否用得“恰当”不可能带来任何伦理知识。这就是为什么威廉斯要借助虚构一个“超级传统的”社会——一个“高度同质的、极少进行一般反思的”（p. 142）社会——来论证伦理知识的确存在。对威廉斯来说，只有在那里才能找到伦理知识的最明显的例子。

但威廉斯走得更远。他争辩说，在一个像我们这样充分反思的社会中，反思会具有一种令人不安的后果。人们会因为例如，认识到厚实的伦理概念是与虚假信念联系在一起的，或者仅仅因为他们意识到了别有选项就摒弃这些概念。这就使得他们不可能保持他们通过运用这些概念而获得的任何伦理知识。正是在这里，威廉斯得出了他在本书中最令人震惊的和最有争议的结论之一， 219
也就是他所谓的“值得注意的非苏格拉底的结论”：“在伦理学中，**反思能够摧毁知识**”（第 148 页，黑体是他加的）。这个结论是非

苏格拉底的，这是因为，苏格拉底——其反思的追问开启了这一整部探究，同时，他坚持认为一种非反思的生活（一种“未经审察”的生活）是不值得过的——相信“非反思的东西本来就不是知识”（第168页）。

第九章　相对主义与反思

威廉斯在第八章中把科学与伦理学做了对比，这一探讨让他得出结论说：“科学有可能多多少少是它似乎所是的那样，即是对世界实际所是的系统理论阐论，而伦理思想却绝不可能完全是它似乎所是的那样”（第135页）。尤其是，伦理思想“永远不可能充分显明它依栖于人的性情这一事实”（第199-200页）。威廉斯在“补论”中表达了这样的希望：即使我们的自我理解揭示出我们的伦理经验并非像它似是而非的那样，我们的伦理经验仍可能经得住这样的自我理解。第九章开头的那一段已经提示了这一点。这一章处理的问题是：第八章做了一番扫荡之后，我们的伦理经验怎样能做到这一点。

威廉斯说：我们需要的是**信心**。信心是一种社会现象。虽然具有自信的是个体，但自信通常是通过诸如培养、制度支撑以及公共言说这样的社会设置而得到培育和强化的。（威廉斯坚持认为，对信心并无多大帮助的——他在这里继续开展他的一个主要论题——是哲学。相反，哲学倒促生对信心的需求。）信心使个体能够抗衡反思的侵扰，依凭其厚实伦理概念而持守自身。有信心是件好事。但并不是至高无上的好事。靠压制理性争论或诸如此类的方法来达获信心则过度牺牲了其他善好，因此必须予以抵制。

这一章的另一个问题是：依照威廉斯的看法，不同社会世界持有不同的厚实伦理概念，在有些情况下，它们是那么不同，乃至无法互相调和。第九章讨论的另一个问题就是，他这种看法是否意 220
味着相对主义？如果是，那将是何种形式的相对主义？威廉斯坚持认为，那不会是那种最粗放的相对主义，按照这种相对主义，我们“将对无论是谁的伦理信念都一视同仁”（第159页）。他的看法中没有任何东西阻止我们发现有些群体的伦理信念可恨可厌，如果那些信念要加到我们头上，我们就要起而斗争。这是怎样可能的？威廉斯指出，认为伦理信念方面的相对主义会导致“普遍宽容的非相对主义道德”，这是一种“糊涂透顶”的看法（第159页）。但另一方面，威廉斯的阐论让我们特别关注我们自己的伦理观与其他社会的伦理观之间存在着巨大的差异，因此，他的阐论必定不会让我们仍然满足于“举世皆错唯我正确”这样简单的想法。那么，这不正意味着**某种形式的**相对主义吗？

威廉斯认为，严格地说，回答是否定的。这是说，他的阐论并不禁除“举世皆错，唯我正确”这个简单想法。不过，他的阐论已经让我们看到这种想法十分空洞乏味，从而也就为某种形式的相对主义，为超出这种简单想法留下了空间。在这个背景下，威廉斯引入了他所称的“远距离相对主义”（第162页）。这是这样一种观点：只有当一个社会足够“接近于”我们的社会，即粗略地说，惟当采纳那个社会的伦理观对我们来说是一个真实的选项时，才谈得上对它做评价（例如把它评价为“对的”、“错的”、“不公正的”等等）。威廉斯的确认为他的看法为某种相对主义留下了空间，但这是一种限定版的相对主义——说“限定的”，是因为他并不否认我们可以对遥远社会的伦理观进行某种评价，而事涉公正这一特殊方面的评价之时，进行评价甚至可能是必要的。这种限定的远距离相对主义可能看上去几乎不是相对主义了。但它与科学对照仍然有一种反差。一个社会不管多么遥远，我们仍必须把它在科学上的一般观念判定为是对或是错。

第十章　道德这种奇特建制

第十章可以视为本书其余部分的一个附录。我们看到，威廉221 斯在第一章就已经提示他对他称之为“道德”的这种特殊样式的伦理思想抱有反感。在第十章中，他解释了何为道德，“以及为什么我们没有它会更好些”(第 174 页)。

对这方面已经说到的可做两点补充。第一点是，虽然威廉斯反对道德义务的观念，但他并不反对**一切**义务观念。他乐于承认，为了在社会中共同生活，我们需要有某些基本的、多多少少绝对的预期(例如预期他人不是在说谎，预期不被杀掉)；这里，伦理生活能够有所助益的一种方式是培育一些性向，把相应的要求(在上述两例中，即不撒谎的要求和不杀人的要求)作为义务来对待。接受这类义务的人可能下结论说，他或她绝对**不可**那样做，或绝对**必须**这样做。但威廉斯坚持认为，这种类型的结论并不像道德主张的那样为伦理所特有。一个人得出同一类型的结论，“其理由可能是审慎，自保，审美或艺术方面的关切，或仅仅是为了自我肯定。”(第 188 页)

第二点是，威廉斯对道德的吸引力给出了非常有说服力的诊断。它表达了“人类生存可以达到终极公正的这个理想”（第195页）。这是因为，依道德系统的刻画，有道德是比其他所有品质都更重要的个人品质，这是说，与幸福、才具、被爱等等对照，有德这种品质超越一切幸运。但这正是威廉斯对道德持有最大异议之处。他坚持认为：“以为有一种超越一切运气的价值，那只是幻觉”（第196页）。依照这种想法，这种价值“落在任何经验决定性之外”，它“必须落在努力之中而非成功之中，因为成功多多少少要靠运气；不仅如此，体现道德价值的努力是另一个层面的努力，因为在通常层面上，做出努力的能力本身有可能是种幸运”（第195页）。而在威廉斯看来，不存在这另一个层面。在结束本章的那个句子中，他把道德贬斥为“对生活的根深蒂固的至今仍十分强大的误解”（第196页）。

进 阶 阅 读

222 威廉斯的著作中有几部与《伦理学与哲学的限度》(以下记作*ELP*)联系最为密切:*Morality*: *An Introduction to Ethics*,Cambridge: Canto edition, 1993,这本书是道德伦理这个议题的精要导论,勾画出了 *ELP* 中的许多主要观念的梗概。*Utilitarianism*: *For and Against*, Cambridge: Cambridge University Press, 1973,是与 J. J. C. Smart 合著的,威廉斯撰写的“*A Critique of Utilitarianism*”代表反方观点。*Shame and Necessity*, Berkeley and Los Angeles: University of California Press, 1993,这本书突出体现了他在古代希腊伦理思想方面的兴趣。与 *ELP* 相关的还有 *Descartes*: *The Project of Pure Enquiry* ,London: Routledge, 2005,他在这本书中提供了一些基本工具,借以展示他所认识到的伦理思想与科学思想之间的根本对比。*Truth and Truthfulness*: *An Essay in Genealogy*, Princeton: Princeton University Press, 2002,他在这本书里对准确和真诚这些德性提供了一种尼采式的阐论,由此阐述了 *ELP*“补论”中表达的某些希望。

威廉斯的下述文章与 *ELP* 关系最为密切:*Problem of the Self*: *Philosophical Papers 1956 - 1972* ,Cambridge: Cambridge University Press, 1973,该书中的后面六篇。*Moral Luck*: *Philosophical Papers 1973 - 1980* ,Cambridge: Cambridge University Press, 1981,该书中除了最后两篇以外的所有文章。*Making*

Sense of Humanity and Other Philosophical Papers 1982 – 1993, Cambridge: Cambridge University Press,该书中的所有文章,特别是第一部分和第三部分的文章。"Truth in Ethics",载于 Brad Hooker (ed.), *Truth in Ethics*, Oxford: Basil Blackwell, 1996。*In the Beginning was the Deed: Realism and Moralism in Political Argument*, ed. Geoffrey Hawthorn, Princeton: Princeton University Press, 2005,该书中的所有文章。以及 *Philosophy as a Humanistic Discipline*, ed. A. W. Moore, Princeton: Princeton University Press, 2006,该书第二部分中的所有文章。这些文章中的每一篇都以某种深度探讨了道德哲学中的一个或一组特定问题。

有很多关于 *ELP* 的书评。最出色的两篇是:Simon Black- 223
burn,"Making Ends Meet: A Discussion of Ethics and the Limits of Philosophy", *Philosophical Books*, 27 (1986),在同一期杂志上有威廉斯做出的回应。John McDowell,"Critical Notice of *Ethics and the Limits of Philosophy*", *Mind*, 95 (1986)。

关于威廉斯的道德哲学,一部出色的论文集(主要受到 *ELP* 的激发)是:J. E. J. Altham and Ross Harrison (eds), *World, Mind, and Ethics: Essays on the Ethical Philosophy of Bernard Williams*, Cambridge: Cambridge University Press, 1995。在这个集子中,应当格外提到以下几篇:John McDowell,"Might There Be External Reasons?",这篇文章关心的是把伦理学奠基

于纯粹理性的计划；Martha Nussbaum，“Aristotle on Human Nature and the foundations of Ethics”，这篇文章主要关心的是亚里士多德的基本构想；Christopher Hookway，“Fallibillism and Objectivity：Science and Ethics”和 Nicholas Jardine，“Science，Ethics，and Objectivity”，这两篇文章关心的都是威廉斯在科学与伦理学之间所做的区分；J. E. J. Altham，“Reflection and Confidence”，这篇文章关心的是反思可能摧毁知识这一主张；Charles Taylor，“A Most Peculiar Institution”，这篇文章关心的是威廉斯对“道德”的处理。威廉斯在这本论文集的“回应”部分对以上所有文章都做了回应。

另一部主要受到 *ELP* 的激发的出色的论文集是：Edward Harcourt（ed.），*Morality，Reflection，and Ideology*，Oxford：Oxford University Press，2000 。格外值得推荐的是哈考特（Harcourt）为本文集撰写的导论；Miranda Fricker，“Confidence and Irony”，这篇文章进一步探讨了威廉斯的信心概念。这个集子也包含威廉斯的一篇极好的论文，“Naturalism and Genealogy”。

关于威廉斯的科学观念的一个批评性的讨论，参见 Hilary Putnam，*Renewing Philosophy*，Cambridge，Mass.：Harvard
224 University Press，1992。该书第五章，题为“Bernard Williams and the Absolute Conception of the World”。关于反思可能摧毁知识这一思想的进一步讨论，参见：A. W. Moore，“Williams on Ethics，Knowledge，and Reflection”，in *Philosophy*，vol. 78，

2003；以及 Warren Quinn，“Reflections and the Loss of Moral Knowledge：Williams on Objectivity”，in his *Morality and Action*，Cambridge：Cambridge University Press，1993。

注　释

227 第一章　苏格拉底问题

1　柏拉图:《理想国》,352D。

2　关于亚里士多德的《伦理学》,第三章的注释 6 提供了更多信息。

3　纳斯鲍姆(Martha C. Nussbaum):《善的脆弱性》(*The Fragility of Goodness*,New York: Cambridge University Press, 1985)探讨了古典文献和哲学中的这一观念以及与此相关的一些观念。关于超越幸运的道德观念,参见第十章。

4　这一论述显而易见,如果有哲学家觉得它难以理解,原因可能是他们预设我们只能诉诸一种类型的考虑来回答这个"加到一起"的问题。在本章后面部分,我会论证这种预设是错的。

5　见布拉德雷(F. H. Bradley):"我的岗位及其职责"(My Station and Its Duties,in *Ethical Studies*,2nd ed., Indianapolis: Bobbs-Merrill, 1951),初版于 1876 年。

6　麦金泰尔(Alasdair MacIntyre)在《追寻美德》(*After Virtue*,Notre Dame: University of Notre Dame Press, 1981)中,桑德尔(Michael Sandel)在《自由主义与公正的限度》(*Liberalism and the Limits of Justice*,New York: Cambridge University Press, 1982)中,都阐述了这一要点。桑德尔强调一种"社会性地构成的自我",这让他遭遇到了新黑格尔主义作家们常遇到的那些困难。也可参见第十章注释 16,以及本章后面注释 13 中有关麦金泰尔的内容。

7　吉奇(P. T. Geach):《德性:斯坦藤讲座,1973 - 1974》(*The Virtues: The Stanton Lectures, 1973 - 1974* ,New York: Cambridge University

Press, 1977);富特(Philippa Foot):《德性与恶德》(*Virtues and Vices*, Berkeley: University of California Press, 1978);瓦勒斯(James D. Wallace):《德性与恶德》(*Virtues and Vices*, Ithaca: Cornell University Press, 1978);麦金泰尔:《追寻美德》。忽视德性概念的主要原因在于人们用狭隘的眼光来看待伦理关切,一心只关注道德;另一个可能的原因是德行研究一直与宗教预设连在一起(这在吉奇的著作中很突出)。对德行观念有一种异议值得我们认 228
真对待:德性观念招来了品格观念,而这个品格观念对于我们不再有意义或不再有很大意义。我在"补论"中会论及这个问题。我认为,把这种异议展开来看,它反对的将不是伦理思想的某种进路,而是伦理思想本身。

8 例见法兰克福(Harry Frankfurt):"意志自由与人格概念"(Freedom of the Will and the Concept of a Person),载于《哲学杂志》(*Journal of Philosophy*, vol. 67, 1971);阿玛蒂亚·森,"选择、排序和道德"(Choice, Orderings and Morality),载于克讷(Stephan Körner)编:《实践理性》(*Practical Reason*, New Haven: Yale University Press, 1974);杰弗里(R. C. Jeffery):"偏好中的偏好"(Preference among Preferences),载于《哲学杂志》(*Journal of Philosophy*, vol. 71, 1974);赫士曼(A. O. Hirschman):《牵连的转移》(*Shifting Involvements*, Princeton: Princeton University Press, 1982),第四章。

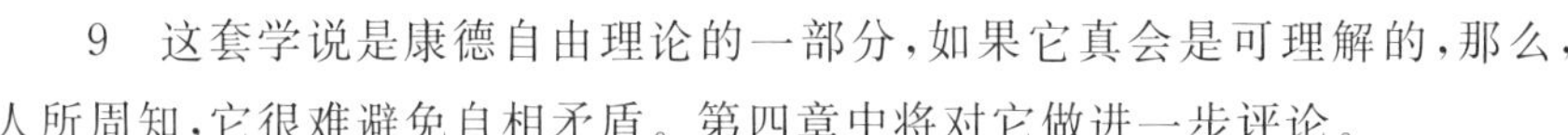

9 这套学说是康德自由理论的一部分,如果它真会是可理解的,那么,人所周知,它很难避免自相矛盾。第四章中将对它做进一步评论。

10 我在《道德:伦理学导论》(*Morality: An Introduction to Ethics*, New York: Harper and Row, 1972)中论述过这一点。

11 这里所介绍的"道义论的"和"目的论的"两者的区分是很粗放的。我们大概能在另外一个层面,在关于道德的重要性何在的争论那里,发现这种区分带来的益处(参见第十章)。人们曾做出多种多样的区分,眼下这一区分只是其中之一。对伦理考虑的多种多样的分类,参见弗兰肯纳(W. K. Frankena),《伦理学》(*Ethics*, 2nd ed., Englewood Cliffs: Prentice-Hall, 1973)。

12 摩尔:《伦理学原理》(1903)(*Principia Ethica*, Cambridge University Press, 1959),第17节和第89节。他后来对这种看法提出反驳,见摩尔:

“对批评的回应”(A Reply to My Critics),载于施利普(P. A. Schilpp)编:《摩尔的哲学》(*The Philosophy of G. E. Moore*,La Salle: Open Court Publishing Co.,1942)。摩尔在《伦理学》(1912)里似乎已经在拒斥这种看法,尽管在那里他只是说他不愿断称这种看法。

13 对明言的说理理性的要求的某些形式十分古老,可以追溯到苏格拉底那里,并非因近代的影响才产生。但现行的最强大的辩护模式以及对唯一一批理由的要求,则无疑是近代官僚理性的表现。这里的问题与不由社会界定的“赤裸裸”的自我的历史有关,前面注释6曾提及这一点。麦金泰尔把对明言的说理理性的要求说成纯粹近代的看法,这是过于夸张了。关于什么样的理性会合理地要求有一个决策系统,甚至要求它由形式语汇得到表述,参考阿玛蒂亚·森:《集体选择与社会福利》(*Collective Choice and Social Welfare*,San Francisco: Holden Day, 1970)以及“理性的傻瓜”(Rational Fools),重印于他的《选择、福利与衡量》(*Choice, Welfare and Measurement*, Oxford: Blackwell, 1982);阿玛蒂亚·森和威廉斯合编:《功效主义及其他》(*Utilitarianism and Beyond*, New York: Cambridge University Press, 1982),引言部分,第16-18页。

229 14 邦德(Edward J. Bond)否定认这一点。参见他的《理性与价值》(*Reason and Value*,New York: Cambridge University Press, 1983)。

15 有关 *akrasia* 的讨论可参见戴维森(Donald Davidson):“意志薄弱如何可能?”(How Is Weakness of the Will Possible?)载于费伯格(Joel Feinberg)编:《道德概念》(*Moral Concepts*,New York: Oxford University Press, 1969);皮尔斯(David Pears):《有动机的非理性》(*Motivated Irrationality*, New York: Oxford University Press, 1984)。

16 这并不是要忘记“**我们**将怎么做?”它也是第一人称的提问;根本问题是说话者都把谁看作是复数形式的第一人称?要牢记的是,这位说话者仍然是一个**我**。

第二章 阿基米德支点

1 诺奇克(Robert Nozick):《哲学说明》(*Philosophical Explanation*, Cambridge: Harvard University Press,1981),第408页。

2　摩尔:"外部世界的证明"(Proof of an External World),重印于他的《哲学论文》(*Philosophical Papers*, Atlantic Highlands, N. J.: Humanities Press, 1977)。至于摩尔式回答对怀疑论有多大威力,请参考克拉克(Thompson Clarke):《怀疑论的遗产》(The Legacy of Skepticism, *Journal of Philosophy*, vol. 69, 1972)。

3　班波洛夫(Renford Bambrough):《道德怀疑论与道德知识》(*Moral Scepticism and Moral Knowledge*, Atlantic Highlands, N. J.: Humanities Press, 1979),第 15 页。

4　伯尼德(Myles Burnyeat),"怀疑论者能实践他的怀疑论吗?"(Can the Sceptic Live his Scepticism?)载于索菲尔德(Malcolm Schofield),伯尼德和巴纳斯(Jonathan Barnes)编:《怀疑与独断论》(*Doubt and Dogmatism: Studies in Hellenistic Epistemology*, New York: Oxford University Press, 1980);重印于伯尼德编:《怀疑论传统》(*The Skeptical Tradition*, Berkeley: University of California Press, 1983)。

5　参见"柏拉图理想国里的城邦与灵魂的类比"(The Analogy of Cityand Soul in Plato's Republic),载于 E. N. 李(E. N. Lee),摩尔拉托斯(A. P. Mourelatos)和罗蒂(R. M. Rorty)编:《解说与论证,希腊哲学研究:献给格里高利·弗拉斯托斯》(*Exegesis and Argument, Studies in Greek Philosophy presented to Gregory Vlastos*, Assen: Van Gorcum, 1973)。

6　在囚徒困境的难题那里可以找到这种不稳定性的精确表述:例见鲁斯(Robert D. Luce)和莱法(Howard Raiffa):《博弈与决策》(*Games and Decisions*, New York: John Wiley, 1957)。霍布斯的政治理论即立基于处理这个难题的一种方法。有关这些问题与伦理学的关联,参见乌尔曼—玛咖利特(Edna Ullmann-Margalit):《规范的生成》(*The Emergence of Norms*, New York: Oxford University Press, 1977)。

第三章　基础:良好生活

1　这里的 justice 一词是希腊词 *dikaiosyne* 的译名。在柏拉图那里,这个希腊词要比这个英文表达式用得更宽。我曾在一篇有关希腊哲学的文章里更全面地论述过古代人对这些事绪的看法,文章收录于芬利(M. I. Fin- 230 ley)编:《希腊的遗产》(*The Legacy of Greece*,New York: Oxford University Press, 1981)。这里的讨论与那篇文章里的内容部分重叠。

2 阿德金(A. W. Adkins)在《功绩与责任》(*Merit and Responsibility*, Chicago:University of Chicago Press,1975)这部广为人知的著作里认为,与现代伦理观念尤其是与康德的伦理观念相比,希腊的伦理观念较差。这个看法是这本书的一个无益的方面。

3 亚里士多德的主张实际上比这弱不少,参见下文,第 39 页及以下。

4 与此相关的近期文著,见赫尔姆(Paul Helm)编:《神圣诫律与道德》(*Divine Commands and Morality*, New York: Oxford University Press, 1981)。有关自我中心这一点,见"上帝,道德与审慎"(God, Morality and Prudence),载于"道德"部分。关于从**是**导出**应当**,见第七章。

5 "克里同问:'我们该怎样埋葬你?''随你们的便,'苏格拉底说,'只要你们能抓住我。'"柏拉图,《斐多篇》,115 C—D。

6 在亚里士多德的名下有两部题为"伦理学"的著作,分别是《尼各马可伦理学》和《优台谟伦理学》。这两部著作中有些内容是重复的。通常认为《尼各马可伦理学》是更可靠的真本,但请参考肯尼(Anthony Kenny):《亚里士多德的伦理学》(*The Aristotelian Ethics*, New York: Oxford University Press,1978)。有一部极有价值的评论著作,它是布罗迪(Sarah Broadie)的《亚里士多德伦理学评注》(*Ethics with Aristotle*, Oxford University Press, 1990)。另见 A.罗蒂(Amelie Rorty)编:《关于亚里士多德伦理学的论文集》(*Essays on Aristotle's Ethics*,Berkeley:University of California Press,1981)。

7 亚里士多德的确说过一个善良之人的朋友是"另一个自己"(《尼各马可伦理学》,1166 a 31),这话表达现出他思想中友谊和自足之间存在的真实张力。我曾在别处[《道德运气》(*Moral Luck*, New York: Cambridge University Press,1981,p.15)]强调这句话并对亚里士多德的一般观念做出批评,但我现在认为当时的批评过分了。在这个问题上我要感谢纳斯鲍姆:请参见她的《善的脆弱性》,第三部分。也请参考库柏(John Cooper):"亚里士多德论友谊"(Aristotle on Friendship),载于 A.罗蒂编,《关于亚里士多德伦理学的论文集》。

8 参见斯特劳森(P. F. Strawson):"自由与怨恨"(Freedom and Re-

sentment)，重印于《自由与怨恨及其他论文》(*Freedom and Resentment and Other Essays*，New York：Methuen，1976)。我在第十章中会谈到道德的特异之处和它的谴责概念。

9　引自《尼各马可伦理学》1113 b 18。有关亚里士多德和自由意志，请参阅索拉博济(Richard Sorabji)：《必然性、原因与谴责：亚里士多德理论的几个视角》(*Necessity，Cause and Blame：Perspectives on Aristotle's Theory*，Ithaca：Cornell University Press，1980)，特别是第五部分。

10　尽管亚里士多德在强调人由于不良的行为毁掉了自己的品格的那些例子时说人要对自己的品格负责(《尼各马可伦理学》1114 a 3－8，1114 b25－1115 a 2)；但在后面的那一段里，他的确又说，行为和品格状态并非以“同样的方式自由自愿”。参见伯尼德，“亚里士多德论习善”(Aristotle on 231
Learning to Be Good)，载于 A. 罗蒂编：《关于亚里士多德伦理学的论文集》，这篇论文讨论了亚里士多德相关探究的性质。

11　例见罗尔斯(John Rawls)：《正义论》(*A Theory of Justice*，Cambridge：Harvard University Press，1972)，第 45 节，第 293－298 页；第 63 节，第 409－411 页；第 64 节，第 416－424 页。帕菲特(Derek Parfit)持与其相反的看法，请参见他的《理性与人格》(*Reasons and Persons*，Oxford：Clarendon Press，1984)。

12　上面尝试的对真实利益(interest)跟有关纯粹认知兴趣(interest)的理论中的某些考虑之间存在相似之处。在很多有可能犯错的境况下，在这些境况之内所做的探究将改善你所了解的信息。一个结果是，你能由此学会不受骗。然而，还有另外一些可能犯错的境况，比如做梦，你无法在其中做什么探究(因此，它们对产生哲学怀疑起到特殊作用)。在这些境况下，关于这些境况为什么成问题的阐论同时也说明了为什么这一阐论无法在这些境况里面得到应用。参见我的《笛卡尔：纯粹探究的设计》，(*Descartes：The Project of Pure Enquiry*，Atlantic Highlands，N.J.：Humanities Press，1978)，第二章及附录三。

13　J.M. 史密斯(John Maynard Smith)：《演化与博弈论》(*Evolution and the Theory of Games*，New York：Cambridge University Press，1982)。关于一些核心论题，参考鲁斯(Michael Ruse)的《社会生物学：有意义还是没

意义?》(*Sociobiology*:*Sense or Nonsense*? Hingham,Mass.:Kluwer Boston,1979)给出了很好的批评性阐论。关于如何定义文中所使用的“适应”以及适应的意义,参见柏立安(Richard M. Burian),“适应”(Adaptation),载于格里恩(Marjorie Grene)编:《达尔文主义的几个方面》(*Dimensions of Darwinism*,New York:Cambridge University Press,1983)。对演化生物学和伦理学的一些进一步思考,尤其是关于建制可能受到何种限制这一点,参见“演化,伦理学和表征问题”(Evolution,Ethics and the Representation Problem),载于班达尔(D. S. Bendall)编:《从分子演化到人》(*Evolution from Molecules to Men*,New York:Cambridge University Press,1983)。

14 想了解弗洛伊德思想中这方面的内容,请参考里夫(Philip Rieff):《弗洛伊德:道德家的心智》(*Freud*:*The Mind of the Moralist*,3rd ed,Chicago:University of Chicago Press,1979)。

15 汉娜·阿伦特(Hannah Arendt)在这方面做了出色的论述,参见《耶路撒冷的艾希曼:关于恶之平庸的报告》(*Eichmann in Jerusalem*:*A Report on the Banality of Evil*,New York,1963;Penguin Books,1977)。善好的情况则刚好相反。

16 参见乔姆斯基(Noam Chomsky)的著作,尤其是他的《语言与心智》(*Language and Mind*,New York:Harcourt Brace Jovanovich,1972)。与此相关的概述,参考里昂(John Lyons):《乔姆斯基》(*Noam Chomsky*,London,1970;NewYork:Penguin Books,1978)。

17 我在“自我中心与利他主义”(Egoism and Altruism)里更加详细地讨论了这一点,该文载于我的《自我问题》(*Problems of the Self*,New York:Cambridge University Press,1973)。

18 我从外部观点来理解自己的性向,这不应该使我疏离这些性向。这一重要的要求在第六章里会在另一上下文(“理解”的一种意义)中出现。

232 **第四章　基础:实践理性**

1 要概括康德的进路,最好的说法也许是,他为道德和实践理性各提供了一套阐论,并把它们送达同一个地方。

2 我下面要展开的论证在不少方面与格沃斯(Alan Gewirth)在《理性

与道德》(*Reason and Morality*, Chicago: University of Chicago Press,1977)中提供的论证相似。格沃斯说:"虽然自古希腊开始人们就已认识到行为对道德哲学的重要性,但至今却没人注意到行为的本性一直深入到最高道德原则的内容和辩护之中"。(第26页)格沃斯的阐论包含了很多原创特质,但我认为这句话低估了他的计划与康德的计划的亲缘性。尽管格沃斯对相关事绪的解决方式在某些方面与这里所考虑的解决方式有所不同,但我认为他的解决方式会由于同样一些一般原因而以失败告终。

3　仅仅说所欲的结果包含你的所作所为还不够。这个公式对前面所说的那类情况也同样适用——例如,你想要的结果不只要包含她爱上你,还包含你向她示爱。关于更进一步的复杂含蕴以及所有这些与结果主义之间的关联,参见"功效主义批判"(A Critique of Utilitarianism),载于斯马特(J. J. C. Smart)和B.威廉斯:《功效主义:赞成与反对》(*Utilitarianism: For and Against*,New York:Cambridge University Press,1973),第二部分。

4　参见我的《笛卡尔:纯粹探究的设计》(*Descartes: The Project of Pure Enquiry*),第一章。

5　这类结构是意向性现象的特征。请着重参考格莱斯(H. P. Grice),"意义"(Meaning, *Philosophical Review*, vol. 66,1957),以及塞尔的《意向性》(*Intentionality*,New York:Cambridge University Press,1983)。

6　正如格沃斯指出的,参见其上引著作第53页。

7　霍布斯可能就认为可以,但我们很难把下面两个方面区分开来:一个方面是,在他看来,想要任何东西这件事必然包含些什么;另一个方面是他对下面这个问题的悲观看法——在没有君主的情况下,得到和保有任何东西将会包含些什么。

8　格沃斯就采用这种路径。

9　这一点是说行为的理由并非都基于评估,而不是说欲望不足以为一个人提供行为的理由——我已经说过,欲望足以提供(第一章)。

10　关于"规定",还可进一步参见第六章和第七章中我对黑尔(R. M. Hare)一些观点的讨论。

11　格沃斯采用的是一个这种类型的论证,参见其上引著作第80页。

12　施蒂纳(Max Stirner):《唯一者与他的本性》(*Der Einziger und sein*

Eigenthum, translated by S. T. Byington, T*he Ego and His Own*, James J. Martin ed., Sun City, Cal.: West World Press, 1982), 第 128 页。

233 13 《道德形而上学基础》(*Groundwork*), 佩顿(H. J. Paton)译作《道德法则》(*The Moral Law*, Totowa, N.J.: Barnes and Noble Books, 1978), 第 88 页。联系于绝对命令的另一种表述,康德说:"一个理性存在者必须永远把自己看作是在藉自由意志成为可能的目的王国之中制定法律——无论他作为成员还是首领"(第 101 页)。在我看来,这似乎是康德对这个观念的最富启迪的表述。

14 这是罗尔斯在他的正义理论中使用的测试,我会在第五章中讨论。另见阿玛蒂亚·森:"道德原理的信息分析"(Informational Analysis of Moral Principles),载于哈里森(T. R. Harrison)编:《理性行为》(*Rational Action*, New York: Cambridge University Press, 1979)。

15 例见《实践理性批判》定理 II。文中我提了一句康德对决定论的立场,但没有去考虑这一立场的核心谜团:对待一切事件,他都是决定论者;他认识到行为就是事件;他信奉自由意志;他反对把自由行动指为某种特殊的原因,藉此使自由意志和决定论彼此兼容,谴责这条进路是——用他自己的话说——"拙劣的托辞"。

16 威金斯(David Wiggins):"迈向自由主义的一种可信形式",载于洪德里希(Ted Honderich)编:《行动自由论文集》(*Essays on Freedom of Action*, Boston: Routledge and Kegan Paul, 1978)。针对想当然的对称性,也针对康德的"思想若被原因引起就不可能是理性的"这一主张——这一主张的流俗形式是自由主义作者们的拿手工具——威金斯提出了有趣的驳论。但若事实性思考和有关自由的实践审思实际上是不对称的,那对重建我正在讨论的那种论证可不是好消息:因为在尝试把无偏私性建立在实践审思的自由之上的时候,这一论证所依赖的恰恰是以这样一种方式来解释理性自由,就仿佛这种方式也同样会适合于用来解释事实性思考似的——就像康德曾认为的那样。

17 在探讨这一系列问题时,内格尔的著作以及与他的讨论让我受益匪浅。

18 这也是康德自己的部分观点,见《纯粹理性批判》,"纯粹理性的谬误推理”。这个先验的**我**在一般思想那里是形式性的，但在事关道德的讨论中，康德派给它大得多的用场。

19　然而，恐怕不大可能把每一个真相都跟一个个别的真相结合在一起，因为有些知识的性质是视角性的（见第八章）。

第五章　伦理学理论的类型

1　斯坎伦：“契约主义与功效主义”（Contractualism and Utilitarianism），载于阿玛蒂亚·森和威廉斯：《功效主义及其他》（*Utilitarianism and Beyond*），第 110 页。我的好几个论点受益于这篇论文。

2　同前书，第 116 页。 234

3　这一点可用来界定功效主义的特点：见阿玛蒂亚·森与威廉斯：《功效主义及其他》，第 2－4 页；另见阿玛蒂亚·森，“功效主义与福利主义”（Utilitarianism and Welfarism），载于《哲学杂志》（*Journal of Philosophy*, vol.76，1979）。各种形式的功效主义之间有哪些区别，请参考斯马特与威廉斯：《功效主义：赞成与反对》。格里芬（James Griffin）在“当代功效主义”（Modern Utilitarianism）中回顾了功效主义的近期工作，载于《国际哲学评论》（*Revue internationale de philosophie*，vol.141，1982）。

4　这个公式有复杂的蕴含，需要更精细的讨论，见“功效主义批判”（A Critique of Utilitarianism），载于斯马特（J. J. C. Smart）与 B. 威廉斯：《功效主义：赞成与反对》，第二部分。

5　严格说来，是加总排序式的福利后果主义，见上面注释 3。

6　这会在有关责任的问题上造成一些影响，相关讨论请参见“功效主义批判”，第三章和第五章；以及舍弗勒（Samuel Scheffler）：《拒斥后果主义》（*The Rejection of Consequentialism*，New York：Oxford University Press，1982）。

7　有些功效主义作者意在使其读者增加莫名的罪感。辛格（Peter Singer）就是一例。在《实践伦理学》（*Practical Ethics*，New York：Cambridge University Press，1980）一书中，他更在意的显然是制造这种效果而不是产生这种效果的理论基础——他对后者只做了十分草率的处理。作为一种道德劝说，这种策略的效果很可能适得其反，让读者因戒备和愤恼而减少了关切。这一点不仅已为研究所表明，今天，我们在自己身边也到处可以看到这一点。可参考的研究之一是费施金（James S. Fishkin）的《超越主观道德》（*Beyond Subjective Morality*，New Haven：Yale University Press，1984）。

8　见罗尔斯的《正义论》和本章注释 10 中提到的论文。丹尼尔（Norman Daniels）主编的《罗尔斯读本》（*Reading Rawls*，New York：Basic Books，1975）也是一本很有帮助的合集。

9　罗尔斯《正义论》第 60、83 页。302 页有对这一原则的结论性的、更加详尽的表述。

10　罗尔斯："康德的道德理论建构"（Kantian Construction in Moral Theory，*Journal of Philosophy*，vol. 77，1980）；"社会团结与基本益品"（Social Unity and Primary Goods），载于阿玛蒂亚·森与威廉斯：《功效主义及其他》。并参见斯坎伦："偏好与紧急情况"（Preference and Urgency，*Journal of Philosophy*，vol. 72，1975）。

11　海萨尼（John Harsanyi）的论证请见收录于他的《伦理学文集：社会行为与科学说明》（*Essays in Ethics，Social Behavior，and Scientific Explanation*，Boston：Dordrecht Reidel，1976）中的几篇论文。另见"道德与理性行为理论"（Morality and the Theory of Rational Behaviour），重印于阿玛蒂亚·森与威廉斯：《功效主义》。有趣的是，在注释 1 提到的文章中，斯坎伦对海萨尼的论证和真正的契约主义进路做出了区分。

12　这对人口政策有格外重要的意义。见 D. 帕菲特："为我们的子孙尽心尽力"（On Doing the Best for our Children），载于贝勒斯（M. D. Bayles）编：《伦理学与人口》（*Ethics and Population*，Cambridge：Schenkman，1976）；"未来的一代：进一步的问题"（Future Generations：Further Prob-
235 lems，*Philosophy and Public Affairs*，vol. 11，1982）；《理性与人格》。另见麦克马汉（J. McMahan）："人口理论问题"（Problems of Population Theory，*Ethics*，vol. 92，1981）。

13　这里指的是《道德思考》（*Moral Thinking*，New York：Oxford University Press，1981）里提供的理论。黑尔后来的理论另有发展。我还将引用他更早期著述中表述的一些观点，如《道德语言》（*The Language of Morals*，New York：Oxford University Press，1952；1961 重版）和《自由与理性》

(*Freedom and Reason*, New York: Oxford University Press, 1965)。

14 黑尔有他自己的理想观察者,他称之为"大天使"。福斯(Roderick Firth)的理论见他的"伦理绝对主义与理想观察者"(Ethical Absolutism and the Ideal Observer, *Philosophy and Phenomenological Research*, vol. 12, 1952, pp. 317-345)。对他的批评见布兰特(R. B. Brandt):《论善好与权利》(*A Theory of the Good and the Right*, New York: Oxford University Press, 1979)第225页之后的内容。对文中所述两个版本的评论,还可参考D.帕菲特:"后来的自我与道德原则"(Later Selves and Moral Principles),载于蒙特费沃利(Alan Montefiore)编:《哲学与人际关系》(*Philosophy and Personal Relations*, Montreal: McGill-Queens University Press, 1973),第149-150页以及注解30-34。

15 黑尔:《道德思考》,第170页。

16 J.麦基(John Mackie):《伦理学:发明是非》(*Ethics: Inventing Right and Wrong*, New York: Penguin, 1977),第97页。"把纯粹数目方面的区别排除在外"指的是,我是我你是你这个事实本身并不是区别对待你我的理由。我怀疑,就连这一点跟"道德语言"也没有什么特别的关系。关于普遍化,还可参见第六章。

17 阿玛蒂亚·森与威廉斯:《功利主义》,第8页。

18 见本章注释11提到的"道德与理性行为理论"。

19 黑尔强调(《道德思考》第101页及以下),这一方法本身并不总要求把福利最大化。是否有此要求取决于另一个问题:相对于其他"此刻对彼刻"和"此刻对此刻"的偏好,用来取代"彼刻对彼刻"的那些"此刻对彼刻"的偏好分量有多大。帕菲特细致探讨了对未来的慎思关切,以及这种关切与对他人的关切之间的相似之处,见本章注释12提到的《理性与人格》。

20 芬德利(John Findlay):《价值与意图》(*Values and Intentions*, Atlantic Highlands, N.J.: Humanities Press, 1978),第235-236页。

21 黑尔:《道德思考》,第95—96页。

22 黑尔:《道德思考》,第96页。

第六章　理论与成见

1 摩尔、罗斯(David Ross)(见第十章)、普理查德(H. A. Prichard)是

236 本世纪主要的直觉主义者。类似传统更早的代表人物有普莱斯(Richard Price),著有《主要道德问题评论》(*A Review of the Principal Questions in Morals*,1758)和韦维尔(William Whewell),著有《道德原理》(*The Elements of Morality*,1845)。

2 J.S.穆勒持续不断地攻击直觉主义,尤其是它的独断论,见他的《自传》(*Autobiography*, Jack Stillinger ed., Boston: Houghton Mifflin Co., 1964),第134-135页。直觉主义认识论在20世纪50年代受到了猛烈批评。除了黑尔的《道德语言》,还可参见,例如图尔敏(Stephen Toulmin):《理性在伦理学中的位置》(*The Place of Reason in Ethics*,New York:Cambridge University Press,1950)和诺威尔—史密斯(Patrick Nowell-Smith)的《伦理学》(*Ethics*,New York:Penguin,1954)。

3 这个问题后来被称作"有轨车问题",最初是由P.富特在"堕胎问题与双重效果学说"(The Problem of Abortion and the Doctrine of the Double Effect,重印于她的《德性与恶德》)一文中提出来的。公平地说,她最初提出这个问题,是要讨论一种情境的因果结构在何种程度上有可能与关于这一情境的道德结果相关——双重效果原则这一类学说涉及这样的问题。"有轨车问题"这样的事例,即使荒诞古怪,的确有可能跟上述问题相关联。但另有一些事例,它们之所以可能相关只因为它们荒诞古怪;汤姆森(Judith Jarvis Thomson)在讨论堕胎时就用过这样一个臭名昭著的例子,它之所以有效只因为它极端不现实:见"为堕胎辩护"(In Defence of Abortion),重印于科恩(Marshall Cohen)、内格尔和斯坎伦主编:《堕胎的是是非非》(*The Rights and Wrongs of Abortion*,Princeton:Princeton University Press,1974)。联系于日常道德直觉(尽管不是在道德思考的基础层面上)对使用这类荒诞事例的总体批评,见黑尔:《道德思考》。

4 这是一个又大又模糊的假设。它在艾克曼(Bruce Ackerman)使用的模式中发挥着重要作用,参见《自由主义国家的社会公正》(*Social Justice in the Liberal State*,New Haven: Yale University Press, 1980);相关批评请参考对艾克曼这部著作的一系列评论,收录于《伦理学》(*Ethics*, vol. 93, 1983)。

5 罗尔斯在《正义论》中描述了这一方法,见该书20页及以下,并把它与亚里士多德联系起来，见第48－51页。

6　罗尔斯称之为“公开性”的要求：见《正义论》第133页，以及其他地方，尤其是第29节。关于对虚假意识的批判，见第九章注释11中我围绕批判理论提供的参考文献。

7　哈贝马斯(Jürgen Habermas)的人类关系模式，作为一种免受统治的关系模式，包含了很强的康德式预设，也要承担对无限的明述性的要求。

8　例见《精神现象学》中“理性的自我意识通过其自身的活动而实现”那一节，米勒(A. V. Miller)的译本(Oxford:Clarendon Press,1977)。相关评论见泰勒(Charles Taylor)的《黑格尔》(*Hegel*, New York:Cambridge University Press,1975)；斯克拉尔(JudithN. Shklar)的《自由与独立性》(*Freedom and Independence*,New York:Cambridge University Press,1976)。

9　西季威克此书首版于1874年，他在此后几个版本里始终持此观点， 237
虽然其表述方式做了不少修改。这里的引文引自第七版(London,1907,reissued 1962)，第382页。“从宇宙的立场来看”一语后又出现在第420页，而且没有附加括号里的“如果”这一句。我在“从宇宙的观点看：西季威克和伦理学的雄心”一文中讨论了西季威克以及他这类理论特有的一些问题，载于《剑桥评论》(*Cambridge Review*, vol. 7, 1982)。本章的有些素材取自这篇文章。

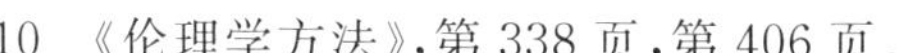

10　《伦理学方法》，第338页，第406页。

11　这是黑尔在“伦理理论与功效主义”(Ethical Theory and Utilitarianism)中的用语。该论文载于刘易斯(H. D. Lewis)主编的《当代英国哲学》(*Contemporary British Philosophy*, Atlantic Highlands, N. J.: Humanities Press,1976)，重印于阿玛蒂亚·森与威廉斯：《功效主义及其他》。

12　《伦理学方法》，第489—490页。帕菲特在《理性与人格》里详细讨论了一种伦理理论有可能是“自我驳斥的”或者是“自我取消的”，他在这一讨论那里考察过西季威克的观点。帕菲特探讨的重点是，一种伦理理论若出现这两种情况之一，是不是这就表明这个理论是错的。这是什么意思，我不像他那么肯定。本章讨论的问题则是：要落实这样一种理论，需要有哪般生活，哪般社会生活或者个人生活？

13　见巴特勒(Joseph Butler)的“在洛尔斯教堂布道的十五篇布道辞”

布道辞六。我们在冷静时段感到的是:“在我们无法确定某一追求是否益于我们的幸福,或至少不与之相悖之前”,我们无法为它们做出辩护。有意思的是,巴特勒是否认为这种感知足够健全,还有待商议。

14 见我的《笛卡尔:纯粹探究的设计》。有人拒斥这种绝对认知,例如,后面第八章中所讨论的罗蒂的观点。威金斯在他的《真理,发明及人生意义》(*Truth, Invention and the Meaning of Life*, British Academy Lecture, 1976)里把所有这样的视角都与适合于伦理学的各种一般观念区分开来;不过,他对后者的建构更接近于第八章里讨论的麦克道维尔(John McDowell)的见解,这些见解与本书的进路却不是那么接近。

15 这与某些理论物理学家和宇宙学家所讨论的“人择原理”并不矛盾,“人择原理”反倒是强调,仅仅基于我们存在并能够观察宇宙这一既定事实,就可以排除有关宇宙的某些假设。

16 洛克:《人类理解研究》,I. iii. 4。

17 图利(Michael Tooley):“堕胎与杀婴”(Abortion and Infanticide),载于科恩、内格尔和斯坎伦主编的《堕胎的是是非非》。

18 可悲的是,肯定也存在另一种可能:一种原则在应用于自身的实践之际提供了反对自身的理由。这一点在前面讨论间接功利主义时已经提到过。

238 19 有的“人格”阐论不认可图利类型的论证,见威金斯:《同一与实质》(*Sameness and Substance*, Cambridge: Harvard University Press, 1980),第六章,特别是169—172页。

20 这一用语大概是莱德(Richard D. Ryder)引入的,见《科学的祭品:用动物做研究》(*Victims of Science: The Use of Animals in Research*, London: Davis-Poynter, 1975)。近来有大量文献在研究我们与其他动物间的伦理关系,很多研究主张我们要尊重所谓的“动物权利”。我无法在这里充分展开这个主题,只十分简要地列出三点。第一,我们有很好的理由不给动物造成痛苦,但除了修辞之外没有什么特别的理由把这一要求建立在**权利**之上。权利是伦理理由里颇为独特的一类,从为预期提供保障的角度出发可对权利做出最佳说明(见第十章论义务的部分),而这种考虑对其他动物并不适用。[相反的观点见里根(Tom Regan):《为动物权利申一言》(*The Case for Ani-*

mal Rights, Berkeley: University of California Press, 1983)]。第二，如果这里要当作基础的是最简单的功效主义基础——把痛苦水平保持在最低限，那我们就不很明白，我们为什么不去遵从里奇(Ritchie)多年前就在《自然权利》(*Natural Rights*, 1894)里给出的指导，不遗余力地去管制自然。最后，有另一条不同的论证路线，它把我们与动物的关系建立在普遍目的论基础之上，促使我们不要把动物当作资源，而要与它们共享这个世界[见克拉克(Stephen R. L. Clark)：《动物的道德地位》(*The Moral Status of Animals*, New York: Oxford University Press, 1977)]。如此一来，无论基于哪一种现实主义的看法——无论事涉我们与其他动物的"自然关系"还是动物与动物之间的"自然关系"——我都看不出，人们为什么会认为这将不允许我们食用动物。

21　说它是成见，这倒与谢里丹(Sheridan)笔下 Jack Absolute 的"成见"颇有些相似："我承认我实该为自己选择一位有正常四肢、腰背匀称的姑娘做妻子；尽管只有一只眼睛说不定也蛮好，但成见却总让人们觉得要有一双明眸才算是好，我可不愿在这事儿上多有造次。"[《情敌》(*The Rivals*, III, I)]。

第七章　语言转向

1　关于这一阐论的讨论，见我的《道德：伦理学导论》中有关"善好"那一节。摩尔在"对批评的回应"(见第一章，注释 12)中承认，自己在《伦理学原理》中关于自然性质和非自然性质的区分的阐论实在不尽如人意，但他没有完全放弃这一阐论。

2　休谟：《人性论》(1739)，III. i. i。

3　曾有各式各样的论文解释休谟这段话的意思，见哈德森(W. D. 239
Hudson)编：《"是—应当"问题》(*The Is-Ought Question*, New York: St. Martin's Press, 1969)；另见麦基：《休谟的道德理论》(*Hume's Moral Theory*, Boston: Routledge and Kegan Paul, 1980)，第 61—63 页，以及他的《伦理学：发明是与非》，第 64—73 页。

4　黑尔：《道德思考》，第 21 页。

5　此处我受到威金斯的启发；见"真理，发明及人生意义"(Truth, Invention, and the Meaning of Life, British Academy Lecture, 1976)；又见"审

思与实践理性”(Deliberation and Practical Reason),载于 A.O.罗蒂编:《关于亚里士多德伦理学的论文集》。

6 “语言转向”是 R.罗蒂主编的一部哲学方法论文集的书名(Chicago: University of Chicago Press,1967)。

7 温奇(Peter Winch)是个例外,见《社会科学的观念及其与哲学的关系》(*The Idea of a Social Science and It's Relation to Philosophy*, London, 1958; Atlantic Highlands, N.J.: Humanities Press, 1970),以及他的另一些文著。

第八章 知识、科学、会同

1 把评价性还原到实践性,最广为人知的那条路径贯穿着指令性概念。上一章批评了这种策略。

2 见第七章注释 5 中提到的威金斯的文著。

3 R.罗蒂:《哲学和自然之镜》(*Philosophy and the Mirror of Nature*, Princeton: Princeton University Press, 1980),第 344-345 页。我曾在评论罗蒂的《实用主义的后果》(*Consequences of Pragmatism*, Minneapolis: University of Minnesota Press,1982)时详细讨论过他的这类看法,见《纽约书评》,1983 年 4 月 28 日。

4 在可以被称作经验的实用主义和先验的实用主义这两者之间存在某种混淆。维特根斯坦的后期作品中也有类似的问题,见“维特根斯坦与观念论”,载于我的《道德运气》,以及乔纳森·李尔(Jonathan Lear):“别去打扰世界”(Leaving the World Alone, *Journal of Philosophy*, vol.79, 1982)。

5 R.罗蒂:“丧失已尽的世界”(The World Well Lost),载于《实用主义的后果》,第 14 页。同时请参见戴维森:“论概念图式这个观念”(The Very Idea of a Conceptual Scheme, *Proceedings and Addresses of the American Philosophical Association*, vol.67, 1973-1974)。

6 第六章注释 14 已经提到过这点。另请参考嘉丁(N.Jardine):“绝对主义的可能性”(The Possibility of Absolutism),载于梅洛(D.H. Mellor)编:《科学、信念、行为》(*Science, Belief, and Behaviour: Essays in Honour of R. B. Braithwaite*, New York: Cambridge University Press,1980);以及麦克金

(Colin McGinn):《主观观点》(*The Subjective View*, Oxford: Clarendon Press, 1983)。

7 尤其值得参考的是麦克道维尔:“道德要求是假言命令吗?”(Are Moral Requirements Hypothetical Imperatives?, *Proceedings of the Aristo-* 240 *telian Society*, suppl., vol. 52, 1978);另参考他的“德性与理由”(Virtue and Reason, *Monist*, vol. 62, 1979)。麦克道维尔主要关心的是一个有德之人的心智状态和他的动机,但依我的理解,他的观点还包含我在正文里所讨论的那些更一般的蕴含。除非一个人分享一个评价性概念的评价旨趣,否则他也许全无可能掌握这个概念,这个想法从根本上说是个维特根斯坦式的想法。我在 1950 年代的一次研讨会上第一次听到 P. 富特和莫多赫(Iris Murdoch)表达这个想法。关于维特根斯坦后期哲学在伦理学上的应用,例见皮特金(Hanna F. Pitkin):《维特根斯坦与公正》(*Wittgenstein and Justice*, Berkeley: University of California Press, 1972)和罗威邦德(Sabina Lovibond):《伦理学中的现实主义与想象》(*Realism and Imagination in Ethics*, Minneapolis: University of Minnesota Press, 1983)。卡维尔(Stanley Cavell)的《理性的主张》(*The Claim of Reason*, New York: Oxford University Press, 1979)代表了深受维特根斯坦思想影响的范围广大的一系列反思,尤其其中的第 3 和第 4 部分。维特根斯坦本人对伦理问题的一般观念则另当别论:见作者身后出版的“关于伦理学的一次讲演”(A Lecture on Ethics, *Philosophical Review*, vol. 74, 1965);里斯(Rush Rhees):“维特根斯坦伦理观的某些发展”(Some Developments of Wittgenstein's View of Ethics),出处同上;以及麦克吉尼斯(B. F. McGuiness):“《逻辑哲学论》的神秘主义”(The Mysticism of the Tractatus),出处同上,第 75 期(1966)。

麦克道维尔本人在心智哲学里得出了一些重要的结论,他拒绝理性行为的“信念和欲望”模式。我不接受这些结论,但并不打算在这里争辩这个问题。本章后面部分会考察伦理信念和感官感知之间的差异,其中有些内容与这个问题密切相关。

8 麦克道维尔(“德性与理由”)认可这种可能性,但他没有从中引出任何结论,同时也完全忽视文化间的冲突。事涉对伦理领域中客观性的怀疑,他追溯其根源,一方面追溯到他所称的“庸俗科学主义”——这一点颇说明问题，另一方面则追溯到一种哲学病态——面对不建基在什么东西之上的实践就头晕目眩。且不论他对待科学的态度，他甚至对历史也几乎漠不关心，对伦理观在不同时代的差异只字不提。值得提到的是，在一次主要围绕亚里士多德展开的美德讨论中，他举出好心肠为例，而好心肠并不是一种亚里士多德所认的美德。

9　关于命题知识的讨论，据我所知，最精致巧妙的是诺奇克在其《哲学解释》第三章中的相关论述。这一阐论中的一些核心部分——尤其是虚拟条件式的使用——在德雷茨科（Fred Dretske）那里已有预示，诺奇克在该章的注释 53（第 630 页）中明示了这一点并给出了参考文献。

10　有多粗略？也许我能把六点读作 6 却不能把四点读作 4。如果我只会把六点读作 6 而把其他点数都读作非 6 呢？

11　塔斯基（Alfred Tarski）："形式化语言中真这个概念"（The Concept of Truth in Formalized Languages，*Logic*，*Semantics*，*Meta-Mathematics*，Indianapolis：Hackett Publishing Co.，1981）。关于眼下这个问题，见 D.威金斯："一种实质性的真理理论会是怎样的？"（What Would Be a Substantial
241 Theory of Truth？）载于斯特拉滕（Zak van Straaten）编：《哲学课题：献给斯

特劳森的论文》（*Philosophical Subjects：Essays Presented to P. F. Strawson*，New York：Oxford University Press，1980）。威金斯的讨论引出了一个更进一步的问题：如果观察者不能对某些句子应用去括号的真理公式，他是否还有可能理解它们的意思。在这点上，他受到戴维森的"真理与意义"（Truth and Meaning，*Synthese*，vol.17，1967）一文的影响。可能有这样的观察者，他抱有同情但并不表认同；这一事实表明，一个人尽管自己不愿去断言某事却对此事有所理解，这不是不可能的。

12　见斯阔卢布斯基（John Skorupski）：《符号与理论》（*Symbol and Theory*，New York：Cambridge University Press，1976）。

13　见威金斯：《真理，发明及人生意义》；麦金：《主观观点》，第 9—10 页，第 119—120 页。

14　在西方传统中，有关第一性与第二性之间差异的表述与充足理由律的自觉使用几乎同样古老。

15　这里有两句话取自我的"伦理学与世界织物"（Ethics and the Fabric

of the World)，发表于洪德里希(Ted Honderich)主编的《道德与客观性》(*Morality and Objectivity*, London: Routledge and Kegan Paul, 1985)，这是一册纪念J.麦基的论文集，讨论麦基对这些课题的见解，尤其是他的这一看法：感知经验和道德经验各自包含一个可以互相参照的错误。另见麦金：《主观观点》，尤其第七章。

16　所有专注于伦理真理概念的伦理理论都会遭遇“找到一个关于错误的充分理论”这一困难。当伦理学采用**道德**这种特殊形式，这一困难就会与**道德主义**这种特殊变种连到一起。评论人坚持认为一个人是错误的，同时没有提供任何途径来理解那人是怎么成为错误的，这会让评论者完全置身于那个人之外对他说教。

17　这个结论与第三章结尾的旨点相连，即，在某种意义上，任何价值都依栖于品格的性向。另见本书“补记”。

第九章　相对主义与反思

1　特别参见哈曼(Gilbert Harman)的“为道德相对主义一辩”(Moral Relativism Defended, *Philosophical Review*, Vol. 84, 1975)，重印于克劳茨(Michael Krausz)和梅兰德(Jack W. Meiland)编：《认知的与道德的相对主义》(*Relativism, Cognitive and Moral*, Notre Dame: University of Notre Dame Press, 1982)，这是对我们所讨论的主题很有帮助的一本文集。

2　我把这种观点称为庸俗相对主义(vulgar relativism)，曾在《道德：伦理学导论》中予以讨论。

3　我在“相对主义中的真理”(The Truth in Relativism)里提出了这个 242
概念，并在那里做了更加详细的论述。该文载于《亚里士多德学会会报》(*Proc. Arist. Soc.*, vol. 75, 1974 - 1975)，重印于《道德运气》。下文有些文句即采自该文。该文说，对有些伦理观来说，以这种方式界定的相对主义立场是正确的(《道德运气》第142页)。读者可以看到，我现在不愿再不加限定地这样说。

4　关于一个传说，或不如说，一系列不同传说是怎么出现的，例见霍尔特(J. C. Holt)：《罗宾汉》(*Robin Hood*, London: Thames and Hudson, 1982)。

5　B.斯密特(Bernard Smith)对这个大话题贡献了一些特别有趣的东西,见《欧洲眼界与南太平洋》(*European Vision and the South Pacific*,New York: Oxford University Press, 1969)。

6　基于同样的理由,那些不是以久远时代为内容的奇幻故事已经把它们的主角从异乡人换成了外星人。即便是最简陋的幻想,外星人也无法就细节对它提出抗辩,因此它们才会简陋到病态反胃。

7　在这个话题上,麦金泰尔的著述饶多意趣,不过,他对我这里所说的神话欠缺抵抗力。见《追寻美德》。

8　“面纱一经撕开,便无法缝合。无知有种奇特的本性:一旦驱逐,便不可能重返。它本来不是一物,而只是知识的缺场:虽能够让人滞留于无知,却无法把人**造就**为无知。”潘恩:《人的权利》(*The Rights of Man*),第一部分。

9　霍松(Geoffrey Hawthorn)讨论过这一点,见《很有可能的世界》(*Plausible Worlds*,Cambridge University Press, 1991)。

10　在《正义论》里,罗尔斯似乎并不是就特定的历史时期考虑这个问题的。不过,在最近的文著中,他开始强调:他的正义论述特定地适用于现代社会。

11　能提供帮助的二手著作包括盖斯(Raymond Geuss):《批判理论的观念》(*The Idea of a Critical Theory* , New York: Cambridge University Press, 1981);杰伊(Martin Jay):《辩证的想象》(*The Dialectical Imagination*, Boston: Little, Brown, 1973)及《阿多诺》(*Adorno*,Cambridge: Harvard University Press, 1984)。批判理论素有晦涩的思想风格,又可厌地把激进的修辞与专业权威主义合为一体,它为此已经付出了应有的代价,尤其是在过去这十年。不过,我们在那里能够学到一些东西,更好的途径是把其中的一些洞见吸收到公正理论之中,而不是像法兰克福学派自己强调的那样,把它们跟自由联系在一起。

12　一个重要的问题是,公正的一种普遍形式在多大程度上能够被不同
243 的社会给予不同的内容:对于沃尔策(Michael Walzer)在他颇富教益的《公正的领域》(*Spheres of Justice*, New York: Basic Books, 1983)中给出的正义观,这一问题据有核心地位。另一个问题是,既然我们知道我们所珍视的一切差不多都归功于过去,那么我们又如何可能把过去看作是不公正的。在

《羞耻与必然性》(*Shame and Necessity*, California University Press, 1993)第五章中,我讨论了古希腊人拥有的一些关于社会不公正的概念,以及那些概念与我们的概念之间的关系。

13　这个观点最著名也最令人激动的版本是萨特曾主张的那种存在主义。他在"二战"后的一段时间持有这种看法,不少论者一直觉得这种看法滑稽可笑,而萨特自己后来也开始觉得它滑稽可笑了。不久以后,这种看法在哲学界又几乎成了习以为常的东西,只是说法变得比较缓和。例如,麦基说:"道德不是被发现的而是被制成的:我们必须决定要采纳哪一种道德观点"(见《伦理学:发明是非》,第106页),而他说这话时没觉得有什么异常。但"我们"说的是我们一个一个人,还是我们大家?不管说的是哪一种,我们必须要做的是什么?这些都并不清楚。在这样的段落里,作者似乎错把心理学的形式安到了逻辑的、形而上学的教条头上。

第十章　道德这种奇特建制

1　本章后面我会简要地论及几点。关于自由意志的讨论大多未能充分留意,因果解释会从不同的方面对我们关于行动和责任的思考产生不同的影响。值得考虑的是,审思只要求**能够**,而责任则要求**本来能够**。

2　我在几篇文章中讨论过冲突问题,参见"自我问题"和"道德运气"。要点是,假使两种实际义务在逻辑上不可能发生冲突,那么即便是我的过错,我也不会陷入义务冲突的境况。若我陷入的不是义务冲突,我陷入的又该是什么呢?

3　我在"道德运气"一文中讨论过这一点,参见同名文集。该文表述了一个一般性的观点:尤其突出的是,道德系统把负担压在无法确定的自愿结构之上。

4　见W. D·罗斯(W. D. Ross):《正当与善好》(*The Right and the Good*, Oxford: Clarendon Press, 1930),第21页及其后。

5　即使施惠是他人希望我参与的一般实践的一部分时也是如此。在《无政府,国家与乌托邦》(*Anarchy, State and Utopia*, New York: Basic Books, 1974)的第五章中,诺奇克出色地论证了这一观点。

6　在这个例子中,发生冲突的是一项义务和一项乍看起来并非义务的

244 考虑。但我们也可以很容易把它呈现为另外一种冲突，私域与公域的冲突。对这类冲突的各种考虑，尤其是功效主义考虑在公共生活中所扮演的角色，见汉普谢尔(Stuart Hampshire)编：《公域道德与私域道德》(*Public and Private Morality*，New York：Cambridge University Press，1978)。

7　在这类例子中，道德的确鼓励这样的观点，但道德并不总是坚持这一观点，至少并不总是坚持以如下形式表达的观点：唯我的另一项义务可以压倒我的一项义务。如果履行一项承诺将会牺牲我的某种重大利益，尤其若这项承诺不那么重要，即便是最苛刻的道德主义者也会同意我有权利违背承诺，而无需要求我是基于义务才这样做[这一点我得自哈曼(Gilbert Harman)]。这是对的，但除非那个承诺的确无足挂齿，否则，我怀疑，所涉及的利益非得性命攸关，严苛的道德主义者才会同意我有违背承诺的权利。这里蕴含的解释仍然是：我的义务其实仍然是被另一个义务压倒的，只不过那另一个义务不是我的义务。如果坚持只有要命的利益才算数，那么，当道德主义者说我有维护自己利益的权利，他很可能并不是简简单单说我可以这样做，而且说我有所谓的要求权(claim-right)去这样做：也就是说，他人有不妨碍我这样做的义务。这样一来，受诺人就有义务放弃他或她要求我履行承诺的权利，**而受诺人的这项义务**取消了我最初的义务。

8　什么算作“碰上”，这是个真问题，尤其对医生来说，这是个非常实际的问题。我马上要论及这一问题，对“无可转圜”(immediacy)给出一种无需借助**出亦义务入亦义务原则**的阐释。众所周知，在现代都市中，人们愈益不把援助险境中人认可为义务，甚至从现场开溜却心怀罪感的人也并非因为视之为义务而怀有罪感。

9　这一点与第一章中对审慎问题的讨论相关。

10　我们这里也可以回想一下第一章中指出的一个要点：随着某个特定伦理动机(比如某种美德)出现的考虑也许根本没有直接考虑到那个动机。

11　之所以提起契约主义，我是想说，这种阐释在某种意义上是个人主义的。对这个方面更进一步的说明请参见本书“补论”。

12　认为它必须对每个人都同样可接受则是一个错误的想法。某些人也许比其他人更有权利提出抱怨。

13　这里可以谈论**同一类型的**情况吗？可以。但某些具体事实也可能很要紧,例如这是他(一年之内)第二次违背(对她的)许诺。

14 我在“实践必然性”(Practical Necessity)里曾提示这个想法,见《道德运气》,第124—132页。

15 有多近似呢?这触及到了一个我无法在这里展开的重要问题—— 245
羞耻与罪感之间的区别。详细的讨论可参见《羞耻与必然性》,特别是第四章和尾注1。这两者的确有区别,而且这种区别具有伦理意义,但它比通常所设想的要复杂得多。主要之点是:把罪感看作一种成熟而自主的反应而把羞耻看作一种原始反应,因此前者在伦理经验中占有一席之地而后者没有,这种想法是错误的。道德在看待它与羞耻的关系时常常表现得自欺欺人。莫里斯(Herbert Morris)为上述区分做出了富有启发的评论,见“罪感与羞耻”(Guilt and Shame),载于《论罪感与天真》(*On Guilt and Innocence*, Berkeley: University of California Press, 1976)。

16 这一点关系到康德与他的黑格尔主义批评者们持有不同的自我概念,见第一章,注释6。在这里,至关重要的是区分两种不同看法。对于我本可能拥有不同理想与计划这件事,别人,甚或我自己,可以取一种“外部”看法,比如“假如我的成长经历不同呢”;没有什么理由支持却有很多理由反对下述说法:假如我的成长经历不同,我就将不再是我。这是形而上学必然性领域里的问题。但还有一种不同的领域,实践必然性的领域——基于我拥有的是我实际拥有的理想和品格,对我而言什么样的行动路线和计划是可能的。在这个层面上我们必须拒斥康德的观点,他认为,对真正的伦理主体来说只有理性行为主体本身是必然的,此外都不是必然的。这一点也与我们在第三章讨论过的真实利益问题密切相关。

17 道德法则模式有助于说明:道德系统为什么会难以处理那些——依我前面的说法——多于义务或少于义务的行为。无足为奇,被解释为法则的东西将只区分三个范畴——被要求的、被禁止的、被允许的。康德本人也试图在他的义务框架内部解决这些其他伦理动机的问题,这涉及他对完全义务和非完全义务这一传统区分的解释(他的解释随时间而变化)。关于这一点,请参考葛雷果(M. J. Gregor):《自由的法则》(*Laws of Freedom*, New York: Barnes & Noble, 1963),第7章至第11章。

18 P.富特写了多篇论文探究绝对律令问题以及它与行动理由之间的

关系问题,这些论文辑为《德性与恶性》。尽管她与我的结论不同,它们仍然让我受益匪浅。安斯康姆(G. E. M. Anscombe)那篇"当代道德哲学"(Modern Moral Philosophy)雄健有力,她攻击了几个标靶,**道德应当**是其中的一个。该文重印于她的《论文集》(*Collected Papers*, Minneapolis: University of Minnesota Press, 1981),第三卷,"伦理学,宗教与政治"(Ethics, Religion and Politics)。

246 19 当然,这在很大程度上依赖什么才算有理由。我相信,不可能存在一种绝对"外在"的行动理由,它不诉诸于任何行动者已有的动机(就像我强调过的,康德也认为这不可能)。某些区别的确存在,例如,仅让行动者注意他已有的理由和劝导他以一种特定方式行动之间的区别。但根本的重要的是,这更像是一种光谱,所以这类区别比道德系统和其他理性主义概念所要求的要模糊得多。参见"内在理由与外在理由"(Internal and External Reasons),载于拙著《道德运气》。

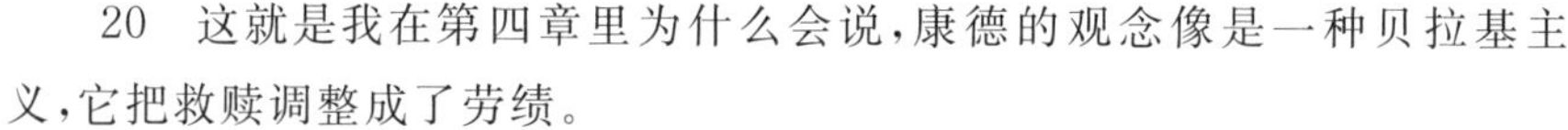

20 这就是我在第四章里为什么会说,康德的观念像是一种贝拉基主义,它把救赎调整成了劳绩。

文本评述

1 我曾为《主要哲学著作》(*Central Works of Philosophy*, Chesham: Acumen Publishing,即将出版)第五卷,尚德(John Shand)主编的《20 世纪:蒯因及其后》(*The Twentieth Century: Quine and After*)[本书已于 2006 年出版——中文版编者]写了"伯纳德·威廉斯的《伦理学与哲学的限度》"(Bernard Williams: *Ethics and the Limits of Philosophy*)一文。这篇述评是该文的缩略版,并做了少许修改。我十分感谢尚德和相关出版公司允许我再次发表该文的内容。我也十分感谢尚德和阿弗拉米德斯(Anita Avramides)对一份初稿的评论。这篇述评大致是威廉斯这本书的概要,与文末建议的进阶阅读合在一起,意在帮助读者了解本书的大致走向,并可用做一份备忘录。

2 柏拉图,《理想国》,硕雷(Paul Shorey)英译,载于汉密尔顿(Edith Hamilton)和凯恩(Huntington Cairns)主编:《柏拉图对话全集》(*The Collected Dialogues of Plato*, Princeton: Princeton University Press, 1961),352d。

3　虽然这种对照是有益的，但这样使用术语却不见得总是有益的；读者需要留意，“道德的”及其同根语词另有不少惯常用法，这些用法与他所称的“伦理”的关系更近于与他所称的“道德”的关系，而威廉斯本人也采用这些惯常用法。“道德哲学”这个短语本身就是这一点最明显的例子。我们马上就会遇到另一个例子，那就是他用“非道德的”一词来描述完全不为伦理考虑所动的人。

4　这个说法并不是要说自利的考虑**总是**浮面的；参见下节开头的讨论。

5　见本述评第268页注释。

6　康德：《道德形而上基础》（*Groundwork of the Metaphysics of Morals*），葛雷果（Mary J. Gregor）英译，载于康德：《实践哲学》，葛雷果主编并翻译（Cambridge：Cambridge University Press，1996），4：433－434。

7　威廉斯：“价值冲突”，重印于《道德运气》，第81页。 247

8　摩尔，《伦理学原理》，§10。

索　引

（本索引页码为原书页码，即本书边码）

① 只在“进阶阅读”中出现的人名未译成中文。——译者

① 传统上更常见的是把 deliberation 译为“慎思”。——译者

译 后 记

B.威廉斯的《伦理学与哲学的限度》被广泛认为是20世纪最重要的哲学著作之一。好几年前，周濂曾建议与我合作翻译此书，后来听说已经有人在译，作罢。我曾在首都师范大学的研讨班上带学生读这本书，为此为全书逐节做了述义，有些文节差不多已基本翻译出来。去年春，知道并没谁在翻译此书，跟商务印书馆的陈小文商议正式将其翻译成中文出版。中国社会科学院哲学所的陈德中帮助联系了版权，并协调处理了其他一些出版事宜。

本书的翻译得到多方帮助。首师大及其他学校的不少青年学子参与了对全书的讨论并在讨论中做出贡献。翻译过程中，我参考了德译本和法译本。傅金岳初译了第九章的脚注，冯文婧初译了其余全部脚注。A.W.摩尔的述评采用了应奇的译稿做底本。王宇光仔细审读了译文的全部初稿，指出误译、漏译以及其他不妥之处，我在此致以特别的感谢。傅金岳、冯文婧、麦嘉言、周濂、陈茜、李静文、张婉、陈怡凝、邓明艳、徐韬、刘晓丽、袁城等各自审读了部分译稿，指出舛错和不妥，提出进一步改善译本的种种建议，我在此一并致谢。各方提出各种批评、建议，是我最后决定取舍。这个译本里如仍存留错误和不妥，其责任在我。

我相信《伦理学与哲学的限度》是20世纪的一部哲学经典，中译本也会不断再版。译事无止境，我企盼各路高人批评指点，不断完善这个译本。

陈嘉映

2016 年 3 月 9 日于北京

图书在版编目(CIP)数据

伦理学与哲学的限度/(英)B. 威廉斯著;陈嘉映译. —北京:商务印书馆,2017
(汉译世界学术名著丛书: 120 年纪念版:珍藏本)
ISBN 978-7-100-14624-1

Ⅰ. ①伦… Ⅱ. ①B… ②陈… Ⅲ. ①伦理学—研究②哲学—研究 Ⅳ. ①B

中国版本图书馆 CIP 数据核字(2017)第 152509 号

汉译世界学术名著丛书
(120 年纪念版·珍藏本)
伦理学与哲学的限度
〔英〕B. 威廉斯 著
陈嘉映 译

商 务 印 书 馆 出 版
(北京王府井大街 36 号 邮政编码 100710)
商 务 印 书 馆 发 行
北 京 冠 中 印 刷 厂 印 刷
ISBN 978-7-100-14624-1

2017 年 12 月第 1 版 开本 710×1000 1/16
2017 年 12 月北京第 1 次印刷 印张 19¾
定价:100.00 元